重說陶希聖

李楊、范泓 著

【序】

廣州社會科學院歷史所所長李楊女士、記者出身的文史學者、南京范泓先生，多年來致力於鑽研上世紀初葉中國社會形態的發展與變遷，對於活躍在那個時代的學者如胡適、陳獨秀、陶希聖等人的學術成就與政治理念，以及他們三人之間錯綜複雜的關係，作出了獨到的、卓然有成的研究。他們把研究有關先父陶希聖的專文集結成書，身為陶氏家族成員之一的我，深感欽佩。我每讀李、范二君的文章，嘗對他們發出這樣的感歎：「你們對我父親瞭解之深，令我兄弟們既生感佩，又覺汗顏。」雖然兩位作者的研究領域與撰文風格不盡相同，但他們從各自不同的角度切入、觀察、分析與評述先父一生的播遷起伏，其細膩生動的敘事方式則一。他們參考並引用了許多外界從未得見的材料，如家兄陶泰來編訂的二十五萬字《陶希聖年表》、一九四八年四月至一九四九年十一月蔣介石下野前後先父的日記及一九五〇年手稿《從徐蚌戰爭到昆明事變》、先母陶萬冰如親撰的《逃難與思歸》、家信……等，因此，這本書堪稱目前研究陶希聖事蹟內容最為豐富的文獻。

上世紀二十年代末期，中國思想界為討論中國革命的道路與前途，曾經就中國社會性質和社會史的發展，進行了持續數年的論爭。父親是參與這場「中國社會史論戰」的一名要角，他的《中國社會之史的分析》、《中國社會與中國革命》等著作為當時的知識份子爭相購閱，以致一版再版，言論遠播海內外。這個時期有所謂「陶希聖時代」之稱。一九三四年，父親創辦《食貨》半月刊，主張應以史料的整理與分析為基礎，根據史實立論，重寫中國社會史。他所主持的中國社會與經濟史的研究，在中國學術史上，佔有一席重要地位。一九三七年抗戰軍興，以讀書、寫書、教書為業的歷史學者陶希聖，因緣際會開始參與政治活動，不旋踵間竟躍入了政治漩渦。

由於受到意識形態對某些單一事件不同觀感的影響，長年以來大陸方面對陶希聖其人其事的表面評價，往往以先入為主的「備受爭議」，甚至「廣受詬病」概乎論之，而鮮有進一步關注及探索其時代背景與歷史真相者。我深信二位作者以新實證主義的史學觀，和冷靜客觀的治學態度，將能層層剝除一些成見，或對某些相對偏頗的觀點起一定程度的導正作用。

范泓在《公竟渡河的悲劇——陶希聖從政之痛》中寫道：「從某種角度來看，陶希聖是當年從政學人中『誤搞政治』的一個典例，若以小見大，既是他個人的不幸，也是那個紛亂年代政治的不幸。……而讓後人異說爭鳴，褒貶兩歧，大概也不會出乎他本人的意料。」李楊慨歎「簡單中的複雜，往往為一般人所不易看透，更不是罵一兩聲『漢奸』就可蓋棺了事。其率爾操觚者，應當說是對歷史的一種不負責任」。信然。

大陸有人說先父早年曾加入共產黨，關於此事，李楊在《向左、向右：陶希聖加入中共？》文中有極具見地的剖析，饒富心得。我讀後曾給她一信，說：「……當年先父回鄉，他的三叔公見他言行叛逆不滿現實，劈頭說『你回來了，你做共產黨了。』幾十年後的一九四六年，我在南京唸高中，因北平發生『沈崇案』，全國民眾反美情緒高漲，各地學生紛紛串聯組織

『抗暴聯合會』、『抗議美軍駐華暴行聯合會』，發表宣言擴大反美鬥爭，又發起『抵制美貨運動』公開反對美援。後來又舉行『反饑餓大遊行』、『吃光運動』等罷課運動，集體前往國府門前抗議。這些運動，血氣方剛疾惡如仇的我，幾乎無役不與，且在校中與同學張貼壁報批評當道。一天我參加遊行很晚回家，父親見我神色亢奮豪情未消，似笑非笑地說：『你回來了，你做共產黨了。』當時誰不反對政府？誰不討厭國民黨？誰不嚮往共產黨？可誰又真正是共產黨員呢？」

綜觀父親一生的學政經歷，大致可分為四個階段：一、上海的中國社會史的論爭（1926-1931）；二、北大教授及《食貨》治史方法的提倡（1931-1937）；三、從「牯嶺茶話會」到委員長侍從室（1937-1948）；四、臺灣政治及《食貨》思想的繼續（1948-1988）。父親在各階段中的活動與事蹟，李、范二君的研究均有廣泛涉及，茲不贅述。

*　*　*　*　*　*　*　*

從一九二六年起，父親陸續在報章上發表分析中國社會組織及演變的文章，認為中國自封建制度崩潰以後，社會的構造並未改變，仍然是士大夫階級與農民兩大階層，因此中國社會不是封建社會，而是殘存著封建勢力的商業資本社會。他指出近百年來在帝國主義列強的侵略下，工業革命未能完成，而農業工業轉趨衰落，這就是中國社會的型態，亦為中國革命的起因。這種論調與馬克思唯物史觀論者之認為中國社會乃封建社會或半封建半資本主義社會相抵觸，他們主張農民革命推翻地主階級，要在民主革命中爭取「非資本主義的前途」。父親針對這些見解和主張，以及論戰中為了支持唯物史觀理論而犧牲歷史材料的普遍風氣提出了批評。一時之間，這場辯論形成了思想界有力的潮流。這是所謂「中國社會史論戰」的濫觴。

一九二九年，父親出版《中國社會之史的分析》和《中國社會與中國革命》兩本書。一九三一年應聘回母校北京大學教書，講授「中國社會史」與「中國政治思想史」。美國儒學學者、漢學家牟復禮（Frederick W.Mote,1922-2005）珍藏著一部王崇武教授送給他的北大當年出版的《中國社會史研究》講義，他八十一歲那年曾說：「我珍藏這本書超過50年，最近又讀了一遍，覺得書寫得非常好，論點廣博，對於想要瞭解當年的『社會史』這個基本新觀念到底是怎麼一回事的初學者，相當有用。我曾經讀過陶希聖於1929，1931及1933年出版的另外兩三本比較小的書，但沒見過他1944年在重慶出版的同名書。我認為，比起我所讀過的幾本較早的版本，這本北大版本是最完整、最實用的。」(2003, 2. 16 致鮑家麟信）

一九三四年，父親完成《中國政治思想史》共四卷。其時持續了五年的社會史論戰已接近尾聲，父親覺得與其在理論上爭個你死我活而得不到結論，不如退而從書本著手，埋頭尋找支持理論的脈絡。同年十二月，他創辦《食貨》半月刊，呼籲思想界與史學界講究正確的方法，搜集社會經濟史料，以尋找社會發展的歷史法則，不久成立「食貨學會」。當時為《食貨》寫作的青年學者俱為一時俊彥，逐漸形成「食貨學派」。這段時期，父親除了編輯、講學之外，專心致力於寫作，成果豐碩，也由此初步奠定了他在中國理論界的地位。顧頡剛曾經稱陶希聖和郭沫若為

「研究中國社會經濟史最早的兩位大師」。父親的北大學生與「親兵」、史學大師何茲全先生嘗說：「我想所謂大師級的史學家，應該是一些對中國史學提出有創始性、突出性的著作，更確切地說，應該是有創始性、突破性而又站得住的思想和著作。二十世紀已經過去了。二十世紀中國的史學，有哪些大師級史學家，有哪些代表時代的著作。史學史家應該來為二十世紀的中國史學作作結論了。」

一九三七年七月七日，抗日戰爭爆發。已擔任北大法學院政治系主任的父親隻身離開北平輾轉到廬山，十七日參加蔣委員長主持的「牯嶺茶話會」。蔣單獨接見父親，鼓勵他情勢好轉後回北平指導國民黨的言論。

七月三十日，胡適會見外交部亞洲司司長高宗武，認為外交路線不能斷，應由高負責打通此路線。次日，胡適向蔣委員長建言，「外交事應尋高宗武一談，此人能負責任，並有見識」。蔣於當日下午召見高宗武。八月六日，父親與胡適聯名密陳國事意見，由陳布雷轉呈蔣委員長。父親主張採取「一刀兩斷」的作法，「即放棄力所不及之失地，而收回並保持冀察之領土行政完整。……而以外交手段收回平津。此種意見之意義在運用我國可戰之力與必戰之勢，不輕啟大戰，亦不避免大戰。蓋大戰所耗之力亦即我國之統一與現代化之力。若輕於用盡，必使中國復歸於民六、民八敵方紛爭時也。」胡適則主張「解決中日兩國間一切懸案，根本調整中日關係，消除兩個民族間敵對仇視的心理，建立兩國間之友誼與合作，以建立東亞的長期和平。」陳布雷在致蔣介石的簽呈中寫道「……所言或未必有當，而其忠誠迫切，不敢不以上聞……。」他們這種傾向避免戰爭，通過外交手段謀求和平的方案雖然未被立即採納，但次年二月高宗武被派往香港，九月胡適奉派出任駐美大使，這些舉措似不無受到胡陶建言的影響。

當時一些知名學者和黨政要員，時常聚在一起議論局勢，有人戲稱為「低調俱樂部」。其實，「高調」、「低調」這些名詞，父親早在一九三六年就在《獨立評論》上提出了，他說高調低調沒有絕對的是非，不適應現實的高調，有時反而是一種妨礙。胡適也在刊物上說過「要辦一個唱低調說老實話的刊物」這樣的話。（《獨立評論》第101號，1936. 5. 20）

一九三八年二月高宗武到香港後，在「日本問題研究所」的掩飾下進行對日情報工作，曾一度密訪東京，後來加入汪精衛的對日「和平運動」。七月六日，國民參政會在漢口成立，父親被選為參政員。十二月五日，父親赴昆明，十九日隨汪精衛飛往河內，旋即轉往香港。一九三九年八月二十六日，赴上海參加汪日和平談判。次年一月三日與高宗武一同脫離汪偽，潛往香港。二十一日與高宗武聯名致香港《大公報》揭發汪日密約「日支新關係調整要綱」及附件。這段過程即抗戰初期震動中外的「高陶事件」。

「高陶事件」是父親政治生涯中一段為時短暫的插曲，但不可諱言，它卻是中國抗戰史上一件扭轉局勢的大事：它揭發了日本軍閥脅騙汪組織簽訂賣國條約以遂其侵吞整個中國的惡行與野心，徹底破滅了欲藉對日談判取得和平的幻想，因之更加強了我國全民抗戰到底的決心。一九四〇年六月起，父親在香港創辦「國際通訊社」，編印《國際通訊》週刊，選譯國外報章雜誌的論文，及編譯者撰寫的國際時事評論，為國內提供世界局勢及國際問題的參考材料。

一九四一年十二月八日太平洋戰爭爆發，九龍、香港相繼失陷。次年一月父親隨惠陽還鄉隊逃離香港，歷經艱險經韶關、桂林，二月廿五日回歸重慶，在委員長侍從室第二處（主任陳布雷）擔任第五組組長。工作是研究與撰述，與中央宣傳部保持密切聯絡，參加宣傳部社論委員會，討論戰時報紙的宣傳方針。一九四三年初，父親任《中央日報》總主筆。從此改變教授的生活方式為記者的生活方式。

一九四九年遷台後，父親主管國民黨中央及地方黨報言論，及負責黨改造的文宣工作。百忙之中，他仍不忘為文多篇回憶當年參與對日和談時的心路歷程，《潮流與點滴》即在此時出版（一九六二年起在《自由談》及《傳記文學》連載，一九六四年出書）。他在序中寫道：「在中國革命的潮流中，我只是一個點滴」。

從一九四九年到一九八八年逝世為止，父親在台曾經擔任過的主要職務，包括中央宣傳部副部長、中央日報總主筆、中國國民黨總裁辦公室第五組組長、中央改造委員會設計委員會主任委員、中央黨部第四組主任、革命實踐研究院總講座、立法委員（法制委員會召集人）、國民黨中央常務委員（連任九屆至一九六八年）、革命實踐研究院副主任委員、中央日報董事長、中央評議委員（連任十二屆至一九八七年）、中華戰略學會理事長（時年八十歲，副理事長蔣緯國將軍）。

* * * * * * * *

父親一生的最愛，其實就是母親所說的「辦刊物、開書店」。母親指的是一九二九年父親在上海與友人合開新生命書局，一九三四年在北平創辦《食貨》半月刊，一九七一年在臺北開設食貨出版社，及復刊《食貨》為月刊的事。臺北《食貨》連續出版了十七年，至一九八八年七月停刊。父親把《食貨》當成自己撫養五十多年的兒子，臺北復刊期間為他嘔盡心血，也背負了不少的債務，但他不願把這個擔子交給後代去挑，因此抱有「人亡政息」的消極態度。晉生弟非常希望《食貨》能繼續辦下去，他的學生們甚至願意自己掏腰包維持《食貨》繼續出版。學界亦認為《食貨》有其傳統的榮譽地位，是中國拿得出去的一本刊物，不應讓這份在國際間受到重視的刊物消聲匿跡。儘管後來《食貨》未能延續而令愛護他的學人們深感惋惜，這套代表中國社會史學派的文獻，卻長存於世界各大圖書館中，供後世學人研讀。

父親一生研究數千年中國社會的性質、變遷、組織與倫理，在社會史學界中自成一格，學術界六十年來尊之為「中國社會史學派」的領袖，桃李滿天下。從社會史論戰，創辦《食貨》，寫作、講學、演說、辯論，到後來由名教授變成「名政論家」，父親從未放棄學術工作。他在臺北出版的主要的書，包括：《論道集》、《中國社會史》、《清代州縣衙門刑事審判制度及程式》、《中國法制之社會史的考察》、《拿破崙兵法語錄》、《孫子兵法（中英對照）》、《克勞塞維茨戰爭原理》、《中國之分裂與統一》、《世局的轉變與中國統一的機運》等等，及有關中國社會史、經濟史、法制、司法、漢學……等等論文，不計其數。從一九五九年開始，連續二十一年為《法令月刊》撰寫定名為《夏蟲語冰錄》的「法務漫話」，共二千多條，臺灣法界無人不捧讀傳誦。

父親嘗說：「家學所傳者為史學，大學所受者為法學。史學與法學兩道思潮，匯合為中國社會史學。此生若有可稱為學者，只是中國社會史學而已。」他晚年的學生們，也認為父親在七十歲離開政治權力中心以後，專心從事著述的的二十年中，其學術理論更見圓融。

而政治上，從重慶侍從室時代的《中國之命運》，到臺北國民黨中央黨部時代的《蘇俄在中國》、《民生主義育樂篇》以及重要文告，莫不竭盡其力，執筆數十年不輟。回溯過往，他的一生，有過驚濤，有過駭浪。父親八十歲對其一生做了評斷：

> 區區一生，以讀書、作文、演說、辯論為業，人自稱為講學者我志在求學。人自命為從政者，我志在論政。我不求名，甚至自毀其名，而名益彰。我自覺國家社會所許與我者，超過我應受與願得之程度與範圍。我無以為報，只是常抱一顆感謝的心，庶可遙望論語所謂「學不厭，教不倦，不怨天，不尤人」之境界，年至八十，猶未及也。（《八十自序》）

九十歲那年，他在給我的信中這樣寫道：

> ……活到九十歲，可以「這一生」。這一生，前一半教授，後一半記者。教授與記者的生涯，便是寫作、演講、開會。前一半抽煙、後一半喝茶。八十歲有感慨，九十歲自覺輕鬆，連感慨都沒有了。

這是父親給我們的最後一封信。他老人家說「沒有感慨」，其實是充滿感慨的。他說「這一生，前一半教授，後一半記者。」這「教」與「記」的分際，正是他一生學、政兩種生涯的寫照。

李、范二君的文章，雖不乏春秋之筆，然多屬經過歷練、摒除成見的持平之論，讀後不禁慨然繫之。誠然，重新評述一位曾經遭至橫議的歷史人物，並非一件簡單之事，不僅需要勇氣，或許更需要一種獨到而又敏銳的目光。由此而言，這本書將有助於今天的人們更好地感知在大革命潮流中一位「從政學人」的點點滴滴，值得學術界及史學界重視。

陶恒生

2008年6月於美國舊金山

【目錄】

中編 國民革命與抗戰時期的陶希聖

上編

亦學亦政的陶希聖

第一章
書生論政而猶是書生——真實的陶希聖

從若干歷史事實來看，陶希聖之所以在後來成為一個備受爭議的人物，這一切，均以他本人於1937年參加廬山牯嶺茶話會後，而成為其命運的一個重大轉捩點。這一年，北大教授陶希聖棄學從政，未料捲入魂夢不堪的政治旋渦之中，並與若干重大歷史事件出人意表地纏糾在一起，從而成為某些正統史學家眼中「首鼠兩端的投機文人」，或「政治上的投機人物」，甚至是為人不齒的「漢奸」。然而，對於這樣一位曾經創立著名「食貨學派」、研究社會經濟史最早的大師級人物（顧頡剛語），在今天似不應再以傳統意識形態規定性的認識要求和敘述模式簡單地加以評判，否則本來就諱莫如深的歷史將變得更加撲朔迷離，無法讓今天的人們冷靜而客觀地回到歷史現場，對當時的中國政治作出最理性的判斷。此章簡要地介紹陶希聖亦文亦政的一生，大致梳理出這位歷史人物的真實面貌。

一、從五四到五卅：思想開啓與震盪

1899年，陶希聖出生在湖北省黃岡縣孔家埠陶勝六灣。陶氏家族自江西遷移至黃岡縣西鄉倒水之旁，至其父時已為十八代。陶希聖母親揭氏家族本為黃岡縣周山鋪大族，在清末時亦即衰落。至陶希聖十三歲時，歷經時局之變，其身家亦在搖盪之中。最明顯的有三件事：一，陶氏家族累世務農，至陶父丁酉拔貢，癸卯經濟特科一等，以實缺知縣分發河南，歷署夏邑、新野、安陽、葉縣與洛陽縣事；二，黃岡為鄂東大縣，「以文風之盛著名」，其父入兩湖書院，治史地，致力於經世之學；三，陶希聖三歲隨家父至河南，自四歲至八歲從父就讀於夏邑、新野任所。後清廷改法制，行新政，廢科舉，陶希聖九歲隨其兄入河南最早開辦的旅汴中學就讀。在如此這般「廢科舉、講新學」的際會之中，少年陶希聖受業新舊參半，歷史一課優為之，「每值考課，常交頭卷，取高分」。1915年，在國會議員湯貫如、北京大學總務長舒先生幫助下，十六歲的陶希聖投考北大預科。考試那天，他從草廠二條步行至前門，轉東城，才到了北河沿譯學館，那裏是北大預科的校舍。考試在一間小教室裏進行，即國文與英文。初春的北京，依然嚴寒料峭。陶希聖與其他考生所帶墨盒與毛筆皆被凍住，不得不放在煤爐旁烘烤。在北大預科期間，陶希聖師從沈尹默、沈兼士等先生，課本即《文心雕龍》、《呂氏春秋》、《淮南子》、顧亭林《日知錄》、章太炎《國故論衡》、錢大昕《十駕齋養新錄》等，尤以自修宋儒學案與明儒學案最為得心應手。1917年，陶父升任河南省汝陽道道尹（1914年5月北洋政府頒佈《道官制》，分一省為數道，改各省觀察使為道尹，管理所轄各縣的行政事務。），家境頗裕，陶希聖在北大預科「只是勤學而非苦學」，考試成績每每名列前茅。

五四運動爆發時，陶希聖已是北大法科（後改稱法學院）學生。5月3日這一天，法科大禮堂擠滿了學生，政治系學生謝紹敏登臺演講，「在慷慨激昂之中，咬破手指，撕下衣襟，寫了『還我青島』的血書」，其場面催人沸血盈腔。5月4日，天安門大會之後，章宗祥挨打，趙家樓被燒，一時間秩序大亂。趙家樓胡同沒有支巷。陶希聖隨大隊伍後退，「眼看著保安隊向胡同裏走進來，只得靠到一個住宅的門口，作出旁觀者的姿式，才避過保安隊，然後從容走出趙家樓和石大人胡同」。當晚北大學生又在法科大禮堂集會，校長蔡元培登臺講話，先生聲音低微沉重：「現在已經不是學生的事。已經不是一個學校的事，是國家的事。同學被捕，我負責去保釋。」次日，北大法科學生照常到譯學館上課。第一堂課是刑法，學生們最關心的是這場運動的法律問題以及被捕同學的責任問題，刑法教授張孝簃先生遂被團團圍住。張兼任總檢察廳首席檢察官，出言謹慎而又斬釘截鐵：「我是現任法官，對於現實的案件，不應表示法律見解。我只說八個字：法無可恕，情有可原。」第二堂課上憲法，陶希聖清楚地記得，憲法教授鍾庚言先生神情淒然步入課堂，「聲隨淚下，全堂學生亦聲淚並下」。就陶希聖個人而言，五四之前，原本對白話文運動無甚興趣；雖然《新青年》、《每週評論》在校園中亦流行，「但白話文，或者文學革命，或新文化運動，還未發生多大的影響」，尤其在相容並包的北大，「學生們喜歡聽哪一位教授講的，就去聽，不喜歡也就不聽。黨同伐異的風氣還未興起」；五四之後，陶希聖開始「對一時風動之新書，如柯茨基階級鬥爭論與克魯泡特金互助論，一併購買，同樣披讀，無所軒輊」。此時的中國，頗有點看取晚來風勢、「別求新聲於異邦」的亢奮或無奈，「世界上各種社會政治思想都向中國學術界源源輸入，而學生青年們對於各種社會政治思想也都感興趣。於是五四以前初見萌芽的『民主與科學』口號才獲得滋長的機會。同時，國家主義、馬克思主義、無政府主義、基爾特社會主義，乃至工團主義，亦風起雲湧」。儘管後來陶希聖不願對所親歷的五四運動作褒貶式的評判，但這場運動對他的思想成長卻有著或多或少的開啟與震盪。在陶希聖看來，北京政府之所以仇視所有思想流派，「因為從五四運動起，無論哪一種思想，哪一個流派，都是掘挖北洋軍閥的根基的鋤與犁」，他惟篤信只有孫中山的三民主義才能更加「大度包容」。不過，陶希聖猶然一書生也。在五月至六月間，他參加了所有的學生會議，但在大會之外，又在八旗先賢祠宿舍裏研讀羅馬法，或趕至福壽堂旅館侍候來京的父親；六三大遊行，則慶倖自己「未曾被拘」，其複雜矛盾的性格初見端倪。

這一年陶希聖二十歲。六年之後，即1925年，在上海遭遇五卅慘案。陶希聖時為商務印書館編譯所法制經濟部編輯。在上海各界掀起的罷工風潮中，陶希聖先被上海學生聯合會聘為法律顧問，繼而又是商務印書館三所一處罷工最高委員會顧問，並參加上海學術界十人連署的宣言，對英國巡捕槍殺民眾的慘案表示抗議。《上海商報》以社論為其聲援，執筆者即名記者陳布雷。陳、陶二人後成為至交。《東方雜誌》推出五卅慘案專刊，首篇即為陶希聖分析南京路巡捕房應負相關法律責任的論文。在陶希聖晚年回憶中，這件事對他來說「非同小可」。在此之前，他的文章大多見刊於章錫琛主持的《婦女月刊》或朱赤民主編的《學生》雜誌上。《東方雜誌》通常只刊發名流的一些文章，「至此時，我的論文開始在那樣的大雜誌上發刊」，這對於陶希聖是一次重大的鼓勵。從五四到五卅，陶希聖在政治上獲得前所未有的覺醒。若干年後，他在回憶中這樣說：「民國八年（1919年），我在學生時期，參加了北京的五四運動。十四年（1925年），我在自由職業者時期，遭遇了上海的五卅事件。這兩個事件對於我的學業、思想與生活都有重大影響，也是自然和必然的事。」

二、「武漢大風暴」前後

在這之後，《東方雜誌》因五卅慘案而捲入訟案，王雲五代表商務印書館出庭應訴，辯護律師即大名鼎鼎的陳霆銳，陶希聖則擔任辯訴狀的撰述工作，並隨同出庭聽審。在商務印書館充當編輯之餘，陶希聖仍潛心研究法學、民族學以及中國社會組織等課題。由於他對中國社會問題漸次留心，五卅慘案之後，《孤軍》雜誌何公敢登門拜訪，力邀為雜誌撰稿，「那些稿子主要的談社會問題，有時涉及政治見解」。這一期間，陶希聖先後結識《醒獅週刊》曾琦、李璜、陳啟天等中國現代史上的重要人物，與《東方雜誌》、《小說月報》、教育雜誌社的胡愈之、樊仲雲、鄭振鐸、葉聖陶、周予同等人過從甚密，又在于右任創辦的上海大學講授《法學通論》。《醒世週刊》一班人標榜「國家主義」，鼓吹「內驅國賊，外抗強權」，此時已結為中國青年黨；何公敢、林騤諸人亦傾向國家主義，由孤軍社發展為獨立青年社；獨立青年社之下有一週刊，即《獨立評論》，亦邀陶希聖擔任其主編；上海大學實為國民黨黃埔軍校之滬上前哨，「有志從軍之學生進上海大學轉廣州投黃埔，比比皆是」……儘管如此，此時陶希聖的政治傾向之於上述黨派或社團仍有一定距離。「我的社會政治關係左至共產主義，右至國家主義，可以說是廣泛。但是我的社會政治思想路線，左亦不至共產主義，右亦不至國家主義」。陶希聖主編《獨立評論》時，曾提出「民族自決，國民自決，勞工自決」這樣的口號，其主張與醒獅派人士有所不同。國民黨上海執行部認為這「三自決」之主張，符合三民主義要旨，力勸其加入中國國民黨，遂成陶希聖接近國民黨的第一步。

第二年6月，陶希聖不慎患傷寒轉肋膜炎，病勢危急，家中竟一文不名。他特意發函老家請求匯點醫藥費來，說「與其等我死後，寄錢來買棺材，不如先寄點錢來，救我的命」，其語悲涼哀絕。三個月後，陶希聖扶病前往上海法政專科學校兼職講授親屬法，以及東吳大學講授政治學。及至歲末，《親屬法大綱》甫畢，逕交商務印書館，獲稿酬五百四十元，其中一半還債，眼睛此時卻已變為近視。1927年1月，陶希聖忽接中央軍事學校武漢分校來電，聘為政治教官，兼任軍事委員會總政治部政工人員訓練委員會常務委員，與國民黨有了實際接觸。但陶希聖仍志在教壇，同在武漢大學任政治法律教授，講授《社會科學概論》、《各國革命史》、《無產階級政黨史》，或是《帝國主義侵華史》等課程，均著重於列強的侵略與不平等條約的束縛，以闡明國民革命的本質與意義。儘管陶希聖認為自己的政治立場「左不至共產主義，右不至國家主義」，但此時有點居中偏左則未可知也？陶希聖三叔公迪先生一家在漢口。陶去拜見時，三叔公劈頭就是一句「你回來了，你做共產黨了」。此話未必空穴來風。陶的故鄉黃岡當時到處設有農民協會，而佃農對地主的鬥爭似並不激烈。陶希聖曾寫信讓一葉姓佃農到武昌來，對他說：「田地於我沒有幫助。我也決意不靠家產為生計。請你們把我自己應得的一份田地分了吧！」此人不肯承受。陶氏家族中人據此認為他已加入共產黨（1991年南京出版社《民國軍政人物尋蹤》一書，在「陶希聖」詞條下有其1924年加入中國共產黨，1927年脫黨一說。陶希聖之子陶恒生先生曾對筆者言：似未聞父親證實此事。）；還有更重要的一點，大革命時期武漢的實際政治氛圍簡直不容置疑。陶希聖這樣說：「武漢各界不知道中國國民黨的中央，只看見，總司令部總政治部主任鄧演達的活動，及各軍師政治工作人員的宣傳活動，還有總工會與農民協會……漢口新市場的一個大廳裏，經常有工人集會，高唱國際歌。那裏的遊人都聽得見。總工會之下有工人糾察隊……總政治部發表土地問題的一項統計，表明中國的土地大部分在地主的手裏，中國的農民大部是佃農。」從有關史料看，早年即加入中國同盟會的鄧演達從內心十分認同中國共產黨的「工農聯盟」，對國民黨的「四聯盟」（即民族資產階級、小資產階級、工人與農民）則大不以為然，甚至認為「倘如共產黨是工人階級的黨，他就以農民的領導者自任。四階級聯盟是不可靠的，惟有工農聯盟才是革命的中心力量」。鄧演達每到武漢分校演講時，常以手指向聽眾，高呼「現在，農民是起來了」。實際上，陶希聖對於共產主義與三民主義的分野並不陌生。在上海大學兼任時，門首有一書局，出售瞿秋白、蔡和森等人編譯的小冊子，其中就有布哈林的《唯物史觀》。陶希聖讀了這類小冊子，遂對馬克思與列寧的論著，求購其英文及日文譯本，做過認真研究。但此時目睹北伐中之突變，他更需要瞭解實際政情，「與童冠賢、李超英、周炳琳、梅思平、呂雲章等，每星期到漢口福昌旅館，一間小房子裏，鎖了房門，交換消息和意見」。陶希聖雖然授銜中校，卻「從來沒掛過一天軍刀、佩過一天手槍」。1927年5月，北伐軍唐生智領軍北上，繼續討伐北洋軍閥殘部。駐紮宜昌和沙市的夏斗寅部隊，佯稱腹背受敵，遭楊森川軍攻擊，撤退東進，企圖乘虛而入武漢。夏斗寅的先頭部隊，是萬耀煌指揮的一個師，迅速進佔了紙坊，距武漢不足二十公里。武漢北伐軍政府下令，將武漢軍政學校師生與農民運動講習所師生，合併為中央獨立師，與葉挺率領的十一師會合，由武昌出發，西往迎戰萬耀煌部。農民運動講習所的主任是毛澤東。2004年12月，陶希聖外孫沈寧在《美洲世界日報》撰文時透露：萬耀煌是外婆萬冰如的堂兄，從小讀軍校，一直讀到陸軍大學畢業，論打仗很有一套，武軍校一班文人墨客和講習所一批農民，非他的對手。所以陶希聖隨軍出發時，陶太太早有交代，如果軍校打敗，乖乖舉手投降，叫夏軍捉去，只說是萬師長的親戚……實際上只是虛驚一場，「夏斗寅為保存實力，並不想真打仗，一見武漢出兵，就把武樵公（萬耀煌）部隊撤走了」。之後陶希聖隨軍西進，沿途參加當地革命運動。在咸寧縣，碰見開農民大會，農會書記報告會前槍斃五個農會叛徒。「那五個窮困鄉民不過是先參加農會，後來不想幹了，農會就把他們捉起來，槍斃示眾」。陶希聖時為中央獨立師軍法處長、咸寧縣政府委員會常務委員兼司法科長，聞之大發雷霆，不准農會書記隨便槍斃農民，並警告那書記，如果得知他還敢槍斃農民，就把他抓起來槍斃。農會書記大吃一驚，急奔武漢，指控陶希聖是「反動軍閥」。未出幾天，武漢政府就派人替換了陶希聖。幸而當時陳獨秀的主張仍然主控局面，陶希聖總算留下一條性命。陶希聖因此對陳獨秀終生感激。後來陳獨秀出獄，在武漢期間，陶希聖曾悉心照料。

這時政治分歧業已出現。一派指責「農民運動過火」，另一派則力主更加急進，實行農民革命，組成農民軍。陶希聖這樣回憶：「前一派是鮑羅廷的指示，與陳獨秀的主張。後一派是羅易的主張，與瞿秋白等的支持。鮑羅廷是第三國際派到中國來的代表。羅易是印度共產黨人，亦是第三國際派到中國來的。此刻莫斯科是在進行著史達林與托洛斯基的鬥爭。史達林對中共的指示，總是模棱與含混。所以他們二人的見解不同，也影響中共內部的爭論。」當陶希聖被政治總教官惲代英召回軍校時，周佛海已逃往上海，其政治部主任由施存統（施復亮）接任。陶希聖被任命為政治部秘書，並在施存統未回武昌之前，代理主任。此間共產國際第八次執行委員會在莫斯科開會，通過「中國問題決議」，指示中共擴大土地革命、武裝工農、擴充軍隊、改造國民黨左派。7月15日，汪精衛政府在武漢宣佈「分共」，並通過「取締共產黨案」。惲代英找到陶希聖，對他說：「今日時局在變化中。程潛主張東征，張發奎主張南下。我們決定將軍校改編為教導團，跟隨第二方面軍南下，回到廣州。第二方面軍政治部主任是郭沫若，請你擔任教導團政治指導員……」隨著上海「四一二」及武漢「七一五」政變相繼發生，國民黨『聯俄』『容共』之政策，至此均告結束。陶希聖的革命激情亦被嚴峻的現實所澆滅，孱弱的書生性格再次畢露。他對妻子坦承：「時局有大變化。我必須隱藏。……渡過兩三個月，我就可以出頭做事。」在福壽庵分租的一間房子裏，陶希聖「每日躺在竹床上，把僅餘的一部鉛印資治通鑒，從頭到尾，讀了一遍」。偶爾寫一篇短文，由妻子萬冰如帶到糧道街投入郵箱，寄給漢口《中央日報》副刊。陶希聖之所以藏匿其身實際上是不願隨軍校教導團南下，亦即不願擔任教導團政治指導員。直至有一天《中央日報》副刊主編孫伏園在報上尋他，才走出福壽庵寓所。中共「八七會議」之後，陶希聖與施存統有過一次交談。施對他說：「共產黨未拉你入黨，是留下一個左派，在黨外與他們合作。」又說：如果你入了黨，今天的生命如何，就不可知了……陶希聖驟聞此言，直如冷風灌背，不禁「毛骨悚然」（陶原話）。不久便「脫離軍校，既不從汪精衛，也不隨惲代英，遠離政治，獨自回到上海，專心研究中國社會史……」（沈寧語），試圖以此弄清民族之本性，找到一條正確的救國救民之途。陶本人也說：「民國十六年一月，我回武漢；十二月，我離武漢。有如黃鶴樓與晴川閣對峙之下，滾滾江流之中，一葉扁舟，翻騰風浪之際，死裏逃生，仍返上海。當一身一家西上之初，決投筆從戎之志。及其捲入風暴之內，所得職名多種，而工作則不出演說，作文，開會，遊行之範圍。在此一年中間，我見知與觀察所及，對國際共產黨之思想理論與戰略戰術，有深切之瞭解。」

三、七年教授生涯：創立「食貨學派」

1928年春上，陶希聖再次來到上海。「沒有錢，也沒有職業，只有一番痛苦的經歷，融化了他的思想，增加了他的見識，助長了他的文筆的毫芒」。一度到南京任總政治部宣傳處編纂科長，後改任中央陸軍軍官學校政治總教官，兼任政治部訓練科長。然而及至年底，又將所有職務辭去，回上海賣文為生。其夫人萬冰如女士在自傳《逃難與思歸》中回憶：「新生命月刊每一期都登他的文章，另外好幾家書店雜誌要他的稿子，他賣稿子運氣很好，可以先拿稿費，也可以送現洋取稿。」與此同時，陶希聖在復旦大學中國文學系與新聞學系講述中國文化史，每星期二小時；又在暨南大學、中國公學及上海法學院兼課。這一時期，他的文稿大都收錄在《中國社會之史的分析》、《中國社會與中國革命》兩書中，均由新生命書局出版。另有一些小冊子，如《中國之家族與婚姻》、《中國封建社會史》，均以每千字五元的稿費賣給其他書店。陶的同鄉堯鑫在臺灣湖北同鄉會出版的《湖北文獻》中撰文說：「這時期陶先生絳帳授徒，閉門寫集，過的雖是文人的刻苦生活，不過硯耕心傳，逐漸建立了學術地位。」陶希聖常穿一件古銅色線春長袍，煙癮甚大，雙袖龍鍾，儘是燒痕，更顯其文人的神采與無行。妻子萬冰如也說：「希聖衣服陳舊，又不喜歡理髮，有一天在街上遇見熟人，兩眼看他一下，沖口而出，問他，你怎麼搞得這樣，[他]一言不發，轉身就走。」其時，陶希聖在滬上已加入「粵委」顧孟餘、陳公博、王法勤等人的「中國國民黨海內外各省市黨務改組同志會」。至1930年，該總部遷往北京時，屢催陶希聖北上，陶力辭不赴，卻應上海商務印書館新任總經理王雲五之邀，出任總經理中文秘書。但不久即發生一件意外之事。王雲五擔任總經理之先，曾赴美國考察大工廠的科學管理。王在就任總經理後，提出科學管理的原則以及實施的決心。一時間商務館內反對聲驟起，三所一處職工提出十九條意見。人事部門所擬答覆不甚中肯，王雲五遂交陶希聖改訂。三所一處職工大嘩，編譯所同人尤為激烈。他們推舉代表三人，包括周予同在內，來到海寧路陶希聖寓所，勸其辭職。代表們說：「商務同人第一次罷工的時候，你站在職工這一邊。現在你是當局待遇了，你替公司出主意，寫法律文稿。大家說你是資本家的尾巴，要張貼標語驅逐你。我們先來拜望，並勸你辭職。」陶希聖在笑談中應答：「我明天辭職，但是我今天勸告你們復工。」第二天，陶希聖果然提出辭呈，揚長而去……這一年年底，南京中央大學校長朱家驊聘請陶希聖為法學院教授；一學期之後又被母校北京大學法學院聘為教授，朱家驊冒雨來到陶的宿舍，再三挽留未果。就這樣，有心疏離現實政治的陶希聖開始了自己六年北大教授生涯，陸續出版四卷本煌煌七十餘萬字的《中國政治思想史》，初步形成「中國社會發展分為五階段」之論說；其間又創辦《食貨》半月刊，開啟中國社會經濟史學之新風氣，成為上世紀三十年代史壇上一件影響深遠的大事。

陶希聖作為一書生，而立之年即為著名大學教授包括在當時所獲的知名度，主要得力於他對中國社會組織及其演變的獨到研究。早在他主編獨立青年社之下的《獨立評論》週刊時，就在一篇分析中國社會的文章中認為：士大夫階級與農民乃是中國社會構成的主要成分。所謂士大夫階級是一種身分，而不是階級，農民亦未嘗構成一個階級，因此中國社會不是封建社會，而是殘存著封建勢力的商業資本主義社會。近百年來，在列強帝國主義的侵略之下，工業革命未能完成，而農業工業轉趨衰落。這就是中國社會的形態，亦即為中國革命的起因……這一見解引起中國學界的一場大爭論，亦即1928年中國社會史論戰之濫觴。當時上海左翼文化界和左派學界，對陶希聖提出尖銳批評，他被扣上兩頂帽子：一頂是布哈林派，一頂是社會民主主義者。陶希聖對此不加理會，坦承自己的思想「接近唯物史觀而不墮入唯物史觀的公式主義圈套。使用的方法是社會的歷史方法（Socio-historical Method）、與桑巴德的《資本主義史》、與奧本海馬爾的《國家論》，如出一轍」。而1934年春秋之間的中國社會史論戰，實為1928年論戰的延續，但此時三派嚴重對立。陶希聖分析道：「一派是共產黨的幹部派，認為中國社會是半封建半資本主義社會；一派是反對派（很廣泛，不是一個小團體，與托洛斯基有連絡），如陳獨秀、劉仁靜屬之，認為中國是商業資本主義社會；我自成一派……反對派用馬克思主義唯物史觀，幹部派則與蘇聯史達林派有關係，此外，自由主義與實證哲學這一派則是受杜威的影響。」這場論戰儘管依然發生在上海，北平各大學的左翼學生對於「中國社會是什麼社會」這個問題卻興趣不減，其中的分歧卻也深刻地影響了他們的思緒，而分裂成不同的陣線。「當某一大學的學生團體邀請某一位先生演講的時候，那位先生上了講臺，若是提起中國社會是封建社會，反對派的學生立刻跺地板、捶桌子，表示異議。若是他一開口，就說中國社會是資本主義社會，幹部派學生也作同樣的反對表示」。施存統曾去北平大學法商學院講述好友陳獨秀其人其人，第一段講文學革命，推崇陳獨秀幾句，遭至幹部派學生的一片噓聲；第二段講到武漢時期，他批評了陳獨秀，又差點被反對派學生轟下臺。陶希聖並沒有參與這次論戰，因為他「反對公式主義的史論，力主以資料為根據，尋求社會演變的軌道」。在他看來，「中國社會史論戰各方爭辯，以唯物史觀為問題之焦點。單憑唯物史觀之理論與方法，使用貧乏的歷史資料，填入公式，加以推斷，達成預定之目的。此可謂論戰各方共通弱點或缺點」，這也是他後來之所以創辦《食貨》半月刊的真正內因，即試圖矯正中國社會史兩次論戰的公式主義，「使中國社會經濟史的研究走上依據歷史資料以來每一時代的經濟結構及其演變的軌道」。關於陶希聖創立的「食貨學派」，長期以來由於他在歷史舞臺上所扮演的特殊政治角色，「學術界對其學術傾向的判斷存在很大差異，其學術價值一直為政治的強光所遮蔽」（陳峰語）。中國社科院著名經濟史研究專家李根蟠認為，「《食貨》對中國經濟史學科發展的貢獻是不應抹殺的，全盤否定並不公允」。《食貨》自1934年12月創刊至1937年7月停刊，陶希聖傾注了大量的心血。他在這個刊物上發表論文三十六篇，其他七篇，翻譯二篇，共計四十五篇，位居作者之首。上世紀八十年代初上海書店向海內外推出《食貨》半月刊影印本，可見其學術價值至今猶存。

四、棄學從政，捲入政治權力漩渦

1937年盧溝橋事變，對山河破碎的中國來說，是一個危急存亡的時刻。或許天下興亡，匹夫有責的古訓始終壓在中國知識份子的心頭，陶希聖毅然決然走出書齋，捨棄了那份飲茶夜讀、著書立說的從容與自得，奉約從北平上了廬山。在由遠及近的隆隆炮聲中，對三十八歲的陶希聖來說，這簡直是一個不由分說的選擇。從此，再也沒有重返大學校園。7月17日，他與胡適、張伯苓、蔣夢麟、梅貽琦等人一同出席「牯嶺茶話會」。就在這個會上，當時中國最高領導人發出「戰端一開，只有打到底」的決心。中共工農紅軍即被正式收編為國民革命軍第八路軍，後改編為第十八集團軍，國共兩黨第二次合作，拉開了中國抗日戰爭的序幕。這一年8月，陶希聖加入軍事委員會委員長侍從室第五組，從事國際宣傳工作；9月，應聘為國民參政會議員。國難當頭，少數知識份子棄學從政在其本質上彰顯潛在救國意識的一種擔當，同時也宥於「學而優則仕」的傳統，或許就像丁文江所說的那樣「中國的前途全看我們『少數人』的志氣」。其實，素來自詡「為國家做一個諍臣，為政府做一個諍友」的胡適，在一時心情之下也差點加入國民黨。西安事變發生時，國民政府下了三道命令：一，軍事委員會委員長不能行使職權時，由常務委員代行職權；二，行政院長一職由副院長孔祥熙代理；三，特派何應欽擔任討逆總司令。胡適在一次聚會上對陶希聖說：「希聖，你們國民黨有讀書人，否則無法下這種命令，這是春秋大義。」陶希聖說：「……我推想這件事處理過程中，最具影響力的可能是戴（季陶）先生。」胡適又說：「我不是國民黨，我一向反對國民黨、批評國民黨，但是今天我要加入國民黨。」之後胡適雖未加入，則以「國家到這地步，自己沒有法子逃」為自我期許，而接受了駐美大使的任命。陶希聖則更加艱難，從政之路一開始就佈滿了荊棘，其中最遭人詬病的一件事，就是在1938年12月跟隨汪精衛出走河內，並於1939年11月起參與汪組織與日本和談代表為時兩個月之久的密談。這件事實際上有著深刻的時代背景。抗戰之初，全國上下，無不同仇敵愾。由於中日兩國軍力懸殊，到了1938年夏秋之際，「國土精華盡失，真已到了內無糧草，外無救兵的絕境。……此仗如何打得下去」（唐德剛語）？胡適在戰前似乎也不甚樂觀，認為「中國是一中世紀的國家，斷不能抵抗近代國家的日本，必須認清戰爭的後果」，也說過「苦撐待變」這樣的話。以唐德剛的解釋：胡之所謂待變者，就是認為西方民主國家，尤其是美國，遲早必會捲入亞洲戰場。一旦美國捲入中日之戰，那麼「最後勝利」就「必屬於我」了。後來歷史證明完全是正確的。但胡適在盱衡全局時，又深感「戰難和亦不易」，較之當時失敗主義者的心態又有所不同。面對「焦土抗戰」的口號（係李宗仁率先提出），陶希聖心情複雜萬端。1938年12月31日，他在給駐美大使胡適的一封信中說：「自武漢、廣州陷落以後，中國沒有一個完全的師，說打是打不下去了。財政是一年廿七萬萬，收入不到兩萬萬。壯丁補充大成問題。焦土政策引起人民怨恨，至長沙事件而達於極點。這樣不可樂觀的內容，到了這樣一個外交情勢，當然應考慮存亡絕續的辦法。」所謂「存亡絕續的辦法」就是與日本的和議，陶是反對一元外交的。不過，他還是向胡適解釋了為何隨汪出走的原因，「見國家淪陷到不易挽救的地步，連一句負責任的老實話都不能說。幻想支配了一切，我們才下決心去國。沒有帶出一個多的人，只有公博、佛海及希。我們不想作積極的打算。我們第一，想從旁打開日本與中國談判的路，戰與蔣戰，和與蔣和，再向蔣公建言力勸其乘時談判。如果做不到，我們便退隱不問政事……」既然是「戰與蔣戰，和與蔣和」，如果從這一角度來看陶希聖，他也就絕無另立政府之意了。儘管他與汪、蔣二人的私交都不錯，只由於1928年在上海即加入國民黨改組派，與汪的關係似乎更加密切一點。其妻萬冰如在回憶錄中證實：「公博電報來，他接到電報，臉色大變，心神焦灼，這才告訴我，說他決定去昆明，在昆明與汪精衛、陳公博諸人會同出國。他叫我隨後往昆明，暫且住下，等候他的消息。我又疑惑，又憂慮。他也知道事情不妙，但是他從十七年（1928）在武漢，十九年（1930）在上海，二十六年（1937）再到武漢，一直是汪派，他們決定走，我阻止不了，也只好走。」陶的得意門生、著名史學家何茲全也認為：「陶先生和汪精衛的關係在1928年前後就建立起來了。揆諸三十年代國內政治情況，國民黨內的派系鬥爭和陶先生的思想情況，那時他靠近汪就比靠近蔣的可能性大」。在陶希聖看來，當時「主和」與「投降」是兩回事，應理智分開。他堅持「主和」不是「投降」，「談判」絕非「通敵」，「和」與「戰」並非不可相容；調停行動乃交戰雙方取得戰爭利益減少傷亡的手段之一，放棄調停則可能失去戰爭的最終目的。但在「一寸山河一寸血、十萬青年十萬軍」的抗日激情中，「抗戰八年，說穿了就靠這股氣維持下去的。而這種民氣則非當時『低調俱樂部』諸公，所能體會和掌握的了……」（唐德剛語）1938年12月22日，日本近衛首相發表第三次聲明，提出「日華調整關係之基本政策」，妄言「徹底擊滅抗日之國民政府，與新生之政權相提攜，以建設『東亞新秩序』」。此時心神不寧的汪精衛跌了一交，在河內的臥榻上起草聲明，回應和議；此稿由陳公博帶至香港，交與顧孟餘商議；顧表示堅決反對，認為「萬萬不可發表，這是既害國家又毀滅自己的蠢事。」12月29日，汪仍按原文發表，此即歷史上臭名昭著的「豔電」。1939年5月6日，汪精衛夫婦在日本特務影佐禎昭等人的保護下，由河內逃抵上海。8月底，陶希聖從廣州抵達上海。這時已漸察日方的目的不在和談，旨在滅亡中國。而他之所以又同意進入上海實在是想做春秋時的申包胥，「立志要存楚」。他對女兒琴薰這樣說：「周佛海、梅思平兩先生立志要送汪先生進到南京，我立志要去阻止他。我留在香港沒有用，一定要到上海去救出汪先生。我要保存中華民國的體制，要去把『主和』與『投降』兩件不同的事分開。」又說：「從前我把周佛海、梅思平引見汪先生，現在竟成為我良心上的苦痛，這是我追隨汪先生十餘年來唯一對不起他的事。現在我便是想賭著生命到上海去糾正他們，以盡我心。」這未免太書生氣了！實際上汪精衛在河內遭遇曾仲鳴被刺一案時，即已鐵了心，一頭栽進在日本佔領區組織「新中央政府」的深淵之中。8月28日至29日，汪精衛等在上海召開所謂「中國國民黨第六次全國代表大會」，會後指定周佛海為「中央」秘書長、梅思平為組織部長、陶希聖為宣傳部長。對陶希聖而言，這是一個夢魘般「辭受兩難」的決定。國民政府隨即下令通緝，中央監察委員會亦決定開除這些人的黨籍。但在通緝與開除黨籍的名單中，沒有陶希聖這個名字，這一點讓汪精衛及日本人頗為猜疑。11月1日，汪組織與日本方面正式談判。日方首席代表是影佐禎昭，汪方首席代表是周佛海，汪本人未出席。日方在會上分發「日支新關係調整要綱」草案，其宗旨與範圍大大超出一年前「上海重光堂協議」及「近衛聲明」。陶立刻意識到問題的嚴重性。11月3日，他分別致函汪、周二人，表示不願再出席會議，他更是對陳璧君強調：這份「要綱」實質是德蘇瓜分波蘭之後，日蘇再瓜分中國；所謂談判，不過是這一瓜分契據，由幾個中國人簽字而已……陳璧君將此話轉告給汪，汪聽了落淚不止，但為時晚矣。此時汪夫婦又密謀，想就兩種方案取其一而脫身。一是從愚園路遷居法租界的住宅，發表聲明，停止所謂「和平運動」，然後亡命海外；二是命葉蓬帶領他訓練的「軍官團」去廣州，並要求日軍退出華南，讓汪精衛在華南繼續活動。影佐禎昭得知這些消息後，當即見汪。汪對影佐敘述他如何脫離重慶，如何回應近衛聲明，一直說到「要綱」，表示自己不能接受，將移居法租界，閉門思過。「影佐低著頭，一面聽、一面筆記。他聽到後來，兩淚直流，點點滴滴，落在筆記簿上。汪說完之後，影佐委曲陳詞，說『要綱』是參謀本部提出的方案，其中頗有與近衛聲明不相符合之處。他同意汪夫婦佈置法租界住宅，以備移居，但他要求汪許可他親往東京一行，叩請近衛公出面干涉」。之後，汪在會上對眾人說：「看來影佐還是有誠意。」陶希聖當即問：「汪先生是不是相信影佐的眼淚？」周佛海立刻高叫起來：「希聖太刻薄了！你有成見！」又與梅思平同聲說：「已走到這一步，還有哪條路走？」陶希聖晚年時回憶：「這時，我已陷入極端痛苦的狀況，寫了一封信給駐美大使胡適，沉痛的訴說一念之差，想到和平談判，哪知落入日本全盤征服中國，滅亡中國的陷阱，現在無路可走，只有一條死路。當時七十六號已有打死我，嫁禍重慶的陰謀。」在此大禍臨頭之際，陶希聖之妻萬冰如在香港聞訊後，果敢地攜帶一群兒女來到上海，意欲拯救火坑裏的丈夫。及至12月底，在一次會議上，汪精衛認為眾人意見不合，甚至發生衝突，「這樣下去，將有殺人流血之事」。陳公博剛從香港來，聽了大惑不解，私下問陶希聖。陶無奈地說：

此話有何根據不得而知，但現在縱然是有意見不合又有什麼辦法？陳公博頓感大事不妙，聲言：「我們非趕快離開不可！」是夕，憂心如焚的萬冰如問陶希聖：「公博走，你為何不走？」「我在監視之下，走不了。」「你打算簽字？」陶妻追問。「不簽便死在這裏！」「簽字呢？」「簽字比死還壞！」陶妻認定非走不可了，且出語驚人：「我把我的生命換你逃走。如果走不出去，我們一同死在這裏……」以上細節均見諸陶希聖晚年《八十自序》及訪談錄，真實地敘述了當時汪組織內部之間的重大分歧與矛盾，以及陶本人在進退失據時萬念俱灰的生死無奈。1940年1月3日，陶希聖、高宗武二人在杜月笙的秘密安排下終於逃離上海，安全抵達香港，陶妻及子女則滯留滬上以應付汪精衛與陳璧君。1月15日，驚魂甫定的陶希聖再次致函胡適，坦陳一年多來的心路歷程：「……四月間汪先生決往上海、東京，希即力加反對，公博、宗武亦同，然竟未得其一顧。八月底希赴滬相勸其放棄另組政府之主張，此種勸阻至十月及十一月頗生效力，……十二月汪心理又變，日方催其組府亦甚力，以此公博、宗武、希相繼於十二月底、一月初離滬返港。公博為告而別，希等則告即不能別，故不別而行，以此引起汪、周甚大之衝動，現彼等相殺令已下矣。不意盧溝橋事變以後一念之和平主張，遂演至如此之慘痛結果也！希最痛心者為日方所提『調整日中新關係要綱』。此項要綱希曾參與談判，至最終希不願結束，亦未予簽字，因而出走……」1月21日，高宗武、陶希聖二人在香港《大公報》披露汪日密約《日支新關係調整要綱》及附件，此舉震驚海內外，這就是抗戰初期讓人悲欣交集的「高陶事件」。

書生陶希聖終在人生的懸崖邊上停下步來。不論其動機如何，多少是為國，多少是為己，「這一舉措畢竟是對日本誘降與汪精衛賣國逆流的重大打擊，也是給尚留在重慶陣營中的那些悲觀動搖分子的深刻警示——求和之路走不通」！他本人也絕然沒有想到，置身激蕩的亂流之中，竟亦做出如此「翻江倒海」的事情來。1940年6月起，陶希聖奉重慶之命在香港創辦國際通訊社，編印《國際通訊》週刊，向戰時軍政機關提供世界局勢分析及國際問題參考資料。1941年12月8日，太平洋戰爭爆發，香港淪陷；翌年2月，陶希聖隨惠陽還鄉隊逃離香港，輾轉來到重慶陪都。在老友陳布雷奉蔣之命的悉心安排下，任委員長侍從室第五組少將組長。高宗武則遠沒有這般幸運。高當時為外交部亞州司司長，「七七事變」時經由胡適推薦給蔣介石予以重用。此時惟有出走異國他鄉，被駐美大使胡適所收留，並多年未允返回。陶希聖雖然一時糊塗，死裏逃生，甚至差點「終累大德」，但仍得到蔣的重用，成為外界一般猜不透的謎，間或更有「汪蔣二人唱雙簧」之說頻仍。其弟子何茲全當時在重慶問：此話是真是假？陶希聖如實相告：「不是。好比喝毒藥。我喝了一口，發現是毒藥，死了一半，不喝了。汪發現是毒藥，索性喝下去。」何茲全據此認為：「簽定密約或揭露密約，這是投敵與主和的分界線。正如他自己所說：『弟出生入死以求主和與投敵之限界，至今始為主和者吐氣矣』……陶先生這話，是自慰也是實情。懸崖勒馬，回頭是岸，這和走下去是不同的兩種境地：一是投敵，一是主和。陶先生主和，未投敵。這是大節。嚴重錯誤，未失大節。」儘管如此，作為一介書生，陶希聖身上的弱點也顯而易見，「他愛面子、重感情、遇事猶豫不決」。唐德剛因此慨言：這是當秀才的悲哀，與國事何補？其實，陶希聖心中也明白，此番脫汪歸來，蔣於他實有「不殺之恩」，且知之更深矣。在侍從室第五組的工作，「名為研究與寫作，實際上希聖在戰時軍政樞密關所之內，無異於海上孤帆得此避風塘」，從此亦即成為蔣介石身邊陳布雷式的親信人物，儘管「明知其有傷手之虞，亦唯有盡心悉力捉刀以為之」。所謂「捉刀」，係指1942年10月，陶希聖代蔣介石撰寫《中國之命運》（原名《中國之前途》）一書。蔣的文稿最初係告全國國民書，不過三萬字，經多次修改與增訂，最後擴至十萬字以上。此書於1943年3月由正中書局出版，銷行二十萬冊以上。以陶希聖嫡侄陶鼎來的個人看法，「蔣要他來寫這本書，顯然不是僅僅因為他會寫文章，蔣下面會寫文章的人很多。蔣要求於他，正是他在中國政治思想史和中國社會史上的研究成就，來補充蔣自己在理論上的不足。這是除陶希聖外，任何別人都作不到的」。1943年1月，《中央日報》改組，兼任總主筆；1946年5月，國民政府還都南京，任國民黨中宣部副部長一職；1948年底，為蔣撰書「1949年元旦文告」；次年1月，蔣介石宣佈下野，其引退文告及代總統行視聲明，均由陶希聖負責。不久，即隨蔣去了臺灣，在國民黨中央仍位居要津，參與國民黨內部改造運動，任中央改造委員會設計委員會主任委員，兼中國國民黨總裁辦公室第五組組長，後改任第四組組長，全面主管輿論宣傳工作。蔣的另一本書《蘇俄在中國》，亦係彼捉刀代筆。七十歲時，在《中央日報》董事長位上退休，離開政治權力中心。1971年，與其四子陶晉生院士合力將《食貨》復刊，改為月刊。以姻親劉光炎先生的一段描述，陶希聖「每晚必看電視。常孤燈獨坐，凝視默想，俟十一時電視播完，然後拂紙屬文，往往至深夜，日數千字，習以為常。所為文大半以實所主辦之《食貨》月刊……」在其後二十年的專業著述中，學術理論更見圓融、通達。某一年，唐德剛從美赴台參加一個史學會議，其間應約到陶府參加宴會。但見客廳壁上掛有蔣介石親書的、褒揚陶氏「忠貞」之條幅（據陶恒生先生告，條幅上寫的是：「希聖同志　歲寒松柏　蔣中正」），不由得生歎這滄桑歲月中人與事的興衰沉浮。只是此時天高雲淡的陶希聖，已不願再回首多談什麼「高陶事件」，那委實是中國現代史上書生「誤搞政治」的一個典例。

陶希聖晚年曾在《八十自序》中審度自己：區區一生，以讀書、作文、演說、辯論為業，人自稱為講學，我志在求學。人自命為從政者，我志在論政。我不求名，甚至自毀其名，而名益彰。……我無以為報，只是常抱一顆感謝的心。庶可遙望論語「學不厭，教不倦，不怨天，不尤人」之境界……及至九十高壽時，在給其三子陶恒生的一封信中又說：「活到九十歲，可以『這一生』。這一生，前一半教授，後一半記者。教授與記者的生涯，便是寫作、演說、開會。前一半抽煙、後一半喝茶，八十歲有感慨，九十歲自覺輕鬆，連感慨都沒有了……」前塵馳去，榮辱皆抛，或許是人生中最大的一種感慨。陶希聖一生著述甚多，尤其在史學方面的造詣及其貢獻，奠定了他在二十世紀中國史學史上的重要地位，但他對於現實政治的濃厚興趣則亦始終隨影如形，以致「幾度生死繫於一線，抛妻別子，死中逃生，忍辱負重，遍體鱗傷，所為何來」（沈寧語）？他自己也承認：書生論政，論政猶是書生，與老友陳布雷在自殺前所自嘲「參政不知政」，似有一種同病相憐的浩歎。中國知識份子在一個時代的悲劇命運，有時足以讓人扼腕痛骨，甚至不忍卒讀。

第二章

《獨立評論》中陶希聖

一、贊成胡適無為政治主張

《獨立評論》是上世紀三十年代初一群身處北方危城的知識份子，在「國難臨頭」的悲憤情緒中創辦的一份政論刊物，清華歷史學家蔣廷黻曾引用老友丁文江的「經驗談」，稱「《獨立評論》是九一八事變的產物」。《獨立評論》創刊號「引言」出自胡適之手，當時他們「只期望各人都根據自己的知識，用公平的態度，來研究中國當前的問題……我們叫這刊物《獨立評論》，因為我們都希望永遠保持一點獨立精神。不倚傍任何黨派，不迷信任何成見，用負責的言論來發表我們各人思考的結果：這就是獨立精神」。因此，北京城裏或清華園的一些經常在胡適家中或歐美同學會裏聚會的學者、教授，自然就成了《獨立評論》社成立時最初的社員，有十一人之多。陶希聖當時是母校北京大學政治系教授，與這些人惺惺相惜，但卻不是《獨立評論》社的社員。《獨立評論》創辦不久，《時代公論》上有一篇楊公達主張獨裁的文章，胡適大不以為然，本想做一篇文字來討論楊公達的這一政治主張，卻突然收到了陶希聖的一篇〈一個時代錯誤的意見〉，胡適說「我的文字可以暫時不做了」。陶的這篇文章發表在《獨立評論》二十號（1932年10月2日）。他之所以認為楊公達的獨裁主張是一個錯誤的意見，乃因「中國的得救，只有一條路，這便是集中國民的權力以自救」。他這樣說：「如果真有一派能夠救國，真能夠解放中國的大眾，我是贊成一派專政的。」所以，「開放政權於國民，並沒有危險。把國民排斥在政權之外，卻有危險。如果我替國民黨最有力的一派打算，我決不上一派專政的萬言書。我要勸他把政權向國民開放，我要勸他不要以天下人為仇敵」。在當時有關國家政制建設的發言中，陶希聖的立場與胡適基本一致，他不僅認為政權必須開放，也支持胡適「無為政治」的主張。儘管當時陶希聖也承認「無為政治」並不能徹底根治農村的破產這一事實，但推行「有為政治」卻會更加導致官兵加多、貪污加重，從而加速、擴大農村的破產。

在《獨立評論》九十一號（1934年3月11日）〈無為還是有為〉一文中，陶希聖明確表示「在這樣的意思上，我贊成胡先生的無為政治的主張」。胡適提出「無為的政治」是在1933年5月，當時在討論農村救濟問題時，他寫過一篇〈從農村救濟談到無為的政治〉（《獨立評論》四十九號），自認為是「貢獻給政府的一個原則」，胡適這樣說：「此時所需要的是一種提倡無為的政治哲學。古代人提倡無為，並非教人一事不做，其意只是教人不要盲目的胡作非為，要睜開眼睛來看看時勢，看看客觀的物質條件是不是可以有為。」胡適雖然說得頗為抽象，但他相信這幾年來國民政府的建設事業絕大部分正如吳稚暉所說的那樣——「鑿孔栽鬚」，而此間在鄉村那些讓農民深感沉重不堪的田賦附加稅都是由於「新政」所造成的，胡適「希望大家明白無為的政治是大亂之後回復人民生活力的最好辦法」。陶希聖是社會學方面的專家，對中國社會的經濟問題素有深入研究，未出兩年他創辦《食貨》半月刊，就是設想要在社會經濟研究領域中另闢蹊徑，「矯正公式主義和教條主義的流弊」。胡適的「無為政治」遭到包括蔣廷黻在內的許多學者的反對，陶希聖、區少幹等人此時堅決站在胡適這一邊。從陶希聖晚年《潮流與點滴》（臺灣《傳記文學》1964年出版）一書中可以知道，他在北大任教的六年中，與胡適、蔣夢麟、傅斯年、周炳琳等人過往甚密，經常在北大文學院院長室討論一些所感興趣的問題。

二、與胡適的民主政治主張之異同

不過，陶希聖對民主政治的認同較之胡適仍相對遲緩。他的民主政治主張蘊含著一定的現實功利的成份。在他看來，一個國家開放政權固然重要，但「我並不是說把天下人做奴隸是絕對的不該，我是說這是不利於主人的」。站在執政黨的立場上運思民主政治問題，其局限性就一下子顯露出來了。1933年12月，當胡適與蔣廷黻、丁文江在《獨立評論》上關於「民主與獨裁」問題展開激辯時，陶希聖沒有掩飾個人的看法，卻又小心翼翼地在蔣廷黻、丁文江與胡適之間作左右袒護，採取一種折衷的立場。這一現象不獨出現在陶希聖身上，當時的吳景超、陳之邁、張佛泉等人亦莫不如此，這反映出這場論戰所引發的激烈觀點，對於每一位參與者來說，既有著公開較量的思辨，又有著暗中茫然的困惑。1935年1月20日，陶希聖在《獨立評論》一百三十六號刊發〈民主與獨裁的爭論〉一文，他認為胡適與丁文江、蔣廷黻等人的爭論似無必要，因為「這樣的爭論，在理論上固弄不清，在事實上也沒有實益。」這裏陶希聖所說的「事實上」，指的是此時國民黨推行「獨裁政治」這一現實，已然無法改變，而「胡適之先生主張的民主政治，很顯然的是議會政治」，「如果以議會政治論和國民黨相爭，國民黨內沒有人能夠同意」。陶希聖發表這篇文章時，胡適正在廣西、香港等地南遊。一個多月歸來後，胡適針對陶文在1935年2月17日《大公報》上發表〈從民主與獨裁的討論裏求得一個共同的政治信仰〉一文，聲明自己所主張的「議會」是很有伸縮餘地的：「從民元的臨時參議院，到將來普選產生的國會，凡是代表全國的各個區域，象徵一個統一國家，做全國的各個部分與中央政府的合法維繫，而有權可以用和平的方法來轉移政權的，都不違反我想像中的議會。」至於「以議會政治論與國民黨相爭」，胡適明白無誤地說，我們現在並不願意這樣做，但實際上「……國民黨的『法源』，建國大綱的第十四條和二十二條都是一種議會政治論。……國民黨如果不推翻孫中山先生的遺教，遲早總得走上民主憲政的路。」由此可見，胡適對孫中山的「建國大綱」執從寬解釋，陶希聖執從嚴解釋，表明兩人在對待民主政治的理解上仍存有一定的分歧。陶希聖一再強調「政府現實大權是在一人，還是多人，也只有事實來決定」。胡適則不同意這個說法，認為「議會制度」本來就是民主政治中的應有之義，是不可或缺的，而且是可行的，並非是以「事實來決定」的。

上世紀三十年代，對中國知識份子來說，是一個「內憂外患」令人痛苦的時代。這種痛苦來自於大多數人對民主的一種幻滅感，於是選擇何種政制模式藉以救國就成了當時爭論的一個焦點。這一時期，南京國民政府在訓政階段的不作為遭人詬病，經濟上雖有成就，在政治上卻不幸演變成「一黨專政」而讓人無不憂心忡忡，不少知識份子屢次提出「提前結束訓政」、「如期結束訓政」的政治訴求。因此，這場關於「民主與獨裁」的討論較為集中地反映了公共知識份子在對待國家問題時的思考及他們的價值觀。這一期間，陶希聖陸續出版了四卷本的《中國政治思想史》，開始形成自己「中國社會發展分為五階段」的論說。在《獨立評論》出版的五年當中，陶希聖先後發表文章二十二篇，在其主要作者中排名第十一位。陶的這些文章一半是關於民主政治與憲法問題的，另一半主要涉及中日問題的討論。針對陶希聖在《獨立評論》中的民主思想，臺灣學者陳儀深先生認為：「儘管陶希聖與胡適的見解互有出入，但是把這時期的陶希聖稱作『民主論者』還是恰當的，其理由從他在《獨立評論》最後幾期所寫的文章可以看得更清楚」。

1937年5月，陶希聖在《獨立評論》二百三十五期上發表〈民主政治的一解〉一文，對民主政治的理解較之當初已有了更深的體認，他認為此時中國的「統一」並不等於專制，「民治」也不必割據，因此主張「地方割據必須打破，民主政治必須實行」。與此同時，陶希聖又寫了三篇有關「開放黨禁」的文章。在國民黨五屆三中全會的議案中，並沒有決定是否開放黨禁這一問題。陶希聖敢於面對這一敏感問題，並提出自己的原則「是黨就可以合法，是黨就可以當選」，深得胡適的贊許。胡適在《獨立評論》二百三十七號「編輯後記」中說，「最近我們接到周恩來先生從西安寄來的〈我們對修改國民大會法規的意見〉，……我們現在發表陶希聖先生的〈論開放黨禁〉一篇文字中，其中討論的就是周君的主張一部分，這是周君文中所謂『陝甘寧蘇區改成邊區後』我們第一次公開的和平的討論中國共產黨人提出的一個政治主張。我們希望這樣開始政論新風氣能得著全國輿論界的同情和贊許」。從這一篇後記可以看出，胡適對中共領導人以及陶希聖適時提出「開放黨禁」這一問題，有著極大的興趣。

若從字面上加以理解，中共領導人提出「開放黨禁」的政治訴求與陶希聖的這一政治見解在本質上似無多大區別，要求「開放黨禁」的實際內涵在當時應當理解為結束訓政，實行憲政，走民主政治中的議會道路。只是陶希聖提出「開放黨禁」的背景和理由與中共領導人有所不同，他希望「在野黨最有力者的放棄武裝暴動，在對外抗爭、對內民主的前提之下，他們不再與國民黨作武裝的爭鬥」，這顯然又是堅定的中共領導人斷然不能接受的。正是在這種憂慮之下，陶希聖在〈再談黨禁問題〉（《獨立評論》二百三十九號）一文中說：「國民大會選舉和召集時，是不是許別黨競選，即令不許他們競選，如果讓他們正式派遣代表，就是開放黨禁了」，甚至認為「此後的國家組織將要變一個樣子。各黨相處的態度也要變一個樣子。變成一個什麼樣子，全在於大家的爭執與互讓到什麼程度」。陶希聖的這一政治主張，實與當時國民黨推行訓政而遭至抵制以及日本帝國主義侵略危機隨時在擴大有關，但客觀上，由於陶希聖從未直接受到過英美憲政薰陶的這一基本事實，他對民主政治中的議會政治仍缺少一種堅定的信念，儘管他此時提出要求「開放黨禁」，卻又以為未來的中國既不是一黨專政、也不是幾個政黨輪流執政的局面，他在〈不黨者的力量〉（《獨立評論》二百四十二號）一文中這樣說：「中國的政治，最可能的趨勢，是國民黨執政，不過容許一兩個黨支持這個政權的他黨合法活動。為什麼呢？對外的形勢，不許政府因更迭而起動搖。國內的形勢，國民黨又是最大的力量。這兩層就足夠我們這樣的推測。」或許陶希聖並沒有說錯，此後的中國政治格局大抵就是這個樣子，即便到了四十年代末，所謂「行憲」亦不過是迫於現實政治而作出的一種無可奈何的選擇，與真正的「開放黨禁」還是兩回事。

三、鼎力相助《獨立評論》

陶希聖在《獨立評論》後期提出「開放黨禁」，較為生動地記錄了一個在當時具有自由主義傾向的知識份子面對現實政治時的一番思考，同時也傳達了他本人在大戰前的一種不安心情。這一時期的陶希聖在政治上與胡適較為接近，儘管分歧不少，在認知上也有偏差，但他在辦《食貨》的同時，對《獨立評論》同樣傾注了自己的關注。《獨立評論》從1932年5月22日創刊，至1937年7月25日出完最後一期，在這五年多時間裏，基本如陳之邁先生所說從未受到過「中央」的干涉，享有充分的言論自由，但「地方」干涉卻時有發生，這也是事實。其中最嚴重的一次風波，是《獨立評論》二百二十九號刊發了張奚若的一篇〈冀察不應以特殊自居〉，竟觸怒了冀察政務委員會委員長宋哲元，下令北京市警察局長陳希文，派警員駐入獨立評論社，雜誌被迫停刊。這時胡適正在美國出席太平洋會議，等他回到北京的第二天，陶希聖趕到米糧庫去看望他。在談話間，陶問道：「胡先生你不願復刊麼？」胡適說：「當然是復刊的好。」陶希聖遂提出此事交由他來辦理好了。當天下午五點，陶希聖親赴絨線胡同拜訪河北省高等法院院長鄧仲芝（哲熙）先生，直言今天就是「為獨立評論的事來的」。鄧先生答應出面幫忙，同時讓胡適寫一封信給宋哲元，說明「出國之後，彼此少聯絡，致生誤會……」第二天，胡適知道後十分高興，問陶希聖：「信裏要不要說一句道歉的話」，陶說：「不必」。在陶希聖的周旋之下，《獨立評論》終於得以復刊。陶希聖在關鍵時刻鼎力相助，一方面似與胡適的友情有關，另一方面也是對《獨立評論》一種認同與支持。

他後來在《潮流與點滴》一書中說：「有人誤解我是胡適之派。其實，我和他在治學方法與講學精神上，大不相同。北京大學這時包容著各種學派和學說，而章太炎先生學派有些教授是向左翼靠攏了。在國難中間，我與胡先生是站在一起的……」

1937年7月7日，「盧溝橋事件」突然爆發，在由遠及近的隆隆炮聲中，陶希聖結束了在北大的六年教書生涯。幾天之後，他與胡適、張伯苓、蔣夢麟、梅貽琦等人參加了在廬山的牯嶺茶話會。就是在這個會上，當時中國最高領導人發出「戰端一開，只有打到底」的決心。中共工農紅軍隨即被正式收編為國民革命軍第八路軍，後改編為第十八集團軍，國共兩黨第二次合作，拉開了中國抗日戰爭的序幕。這一年8月，陶希聖加入軍事委員會委員長侍從室第五組，從事國際宣傳工作；9月，被應聘為國民參政會議員。從此，陶希聖棄學從政，誤搞政治，踏上了一條坎坷險惡、荊棘叢生的人生不歸路，並成為中國現代史上最具爭議的人物之一，這一年他三十八歲。

第三章

公竟渡河的悲劇——陶希聖從政之痛

在上世紀二三十年代，知識份子大規模介入實際政治，雖與國勢阽危、救亡圖存這一特殊背景有關，卻也反映出當時的「知識群體」，「他們以一種特有的敏感體驗到自己祖國的命運」（雷蒙·阿隆語），抱有傳統的「吾曹不出如蒼生何」以及「捨我其誰」的救世心態，不惜與權力發生聯繫（影響國民思想、干預國家政治運行），從而彰顯其人格上的某種魅力。但若深入到歷史細節中或可發現，當時從政學人「思出其位」，因緣各異，事功亦大相徑庭，如陶希聖就是一個顯例。他是北大法學院政治系教授兼主任，創立了著名「食貨學派」，在平津學界已獲有較高的威望和影響，之所以一夜之間離開北大校園，實與他本人那個「國民黨黨員」的身份有關。陶希聖是被最高當局亦即蔣介石直接選中的，儘管當時感到「很惶恐」，卻又不得不作出「顧此失彼」的一個選擇。

一、新舊學聯的政治衝突

1937年7月7日，盧溝橋事件爆發。

這一年陶希聖三十八歲。北平各報發表南京消息，說國民黨中央決定邀請各黨各派及無黨派人士分批在廬山牯嶺舉行茶話會，即「團結各方共赴國難」。陶希聖的名字也在平津學界受邀人士之列，還有我們所知道的蔣夢麟、張伯苓、梅貽琦、胡適、傅斯年等著名學者。此時的北平，可聞見遠處不時傳來的隆隆炮聲，東西兩個車站已不能照常通車。陶希聖選擇了一條可走的路線，從西直門搭車至豐台，轉車到天津，再轉津浦路南下。到了南京，他遇見平津的幾位教授，偕同乘船到九江，上牯嶺，這時已是7月12日。被時人稱為「牯嶺茶話會」的最重要一項內容，就是蔣介石發表全面抗戰的談話，「表明了他對盧溝橋事變的態度，也確定了國民政府對日作戰的基本方針」[1]。陶希聖在晚年回憶中記憶猶新：

> 茶話會主席是汪兆銘。蔣委員長蒞會致詞，全場肅然。這一篇講話就是後來修改發表的「對於盧溝橋事件之嚴正表示」，係程滄波起草，陳布雷修改後正式發表的。這一次的講話，有幾段未見於發表的講詞中，如：「什麼是何梅協議，我把它撕了；我已經命令關、黃兩師進駐保定，並且命令宋哲元回北平，他現已經過天津回北平。現在除非不打，否則戰端一開，即無中途妥協，中途妥協就是投降[2]。

仙岩飯店（即牯嶺94號）為主要客人的下榻處，胡適的房間成了聚議的中心。眾人判斷，抗日戰爭必將擴大進行。胡適前一晚與蔣介石有過一次單獨見面，他告訴大家：「委員長是決心

[1] 朱漢國主編：《南京國民政府紀實》，安徽人民出版社，1993年，第563頁。

[2] 陳存恭等：《陶希聖先生訪問記錄》，「國防部史政編譯局」（臺北），1994年，第52頁。

打。」可眾人還在懷疑是「打」還是「和」，因此時蔣讓宋明軒（宋哲元）回到北平，好像是要談，可誰又說不準此事，最後問張伯苓。張年紀最大，一直不發一言，靜聽大家說話，這時頭一搖說了一句：「這件事還在委員長心裏頭。」蔣夢麟一聽就失望，脫口便說「這個老狐狸」，可見當時眾議的緊張氣氛。在茶話會來賓中，無黨派以大學校長和教授為主，各黨派有青年黨、國社黨、農民黨、村治派、職教派、救國會的領導人士在內。中國共產黨也被邀參加，有三個代表在牯嶺，卻未曾出席茶話會。這三人是周恩來、林祖涵、秦邦憲。會議在7月17日發佈「廬山宣言」。實業部長陳公博在會場告訴陶希聖說：「這回茶話會是為了團結各方共赴國難的事。其中有一個重要的原因，就是你們在北平的鬥爭。你們的鬥爭說明瞭各方的團結還要下一番功夫。」陳公博所指的「鬥爭」，是不久前北平新舊學聯之間發生的一場政治衝突。在這場衝突中，作為北大教授的陶希聖竟意外被捲入，首當其衝成了「舊學聯」猛烈抨擊的物件，同時也讓他與平津一班「左派教授」打了兩個月的筆戰。從隨後的情形來判斷，陳公博所強調的這場「鬥爭」正是導致陶希聖棄學從政的近因，儘管出乎他本人的意料。

這裏不妨將此事作一簡單敘述。

新舊學聯的形成與分野，在很大程度上是國共兩黨長期以來在政治上博弈的產物。北平學生聯合會的歷史最早可追溯到北洋政府時期；及至1931年，「九一八事變」爆發，全國抗日呼聲漸高，北大等校的學生通電國民政府，要求「速息內戰，武裝民眾」，部分大學的學生會也改名為「抗日救國會」或「反日會」，不久北平抗日學生聯合會成立。這一年9月23日，北平學生召開市民會議，進行抗日宣傳；10月3日，被北平警局以「少數分子把持會務」實行「反動工作」為由強令解散，以國民黨學生為中心的「新學聯」成立；1935年夏秋之交，黃河決口，華北水災嚴重，中共中央北方局發起黃河水災救濟活動，北平各校成立「黃河水災賑濟會」，隨後又轉化為秘密的北平大中學生聯合會；11月18日，北平大中學校學生聯合會在中國大學召開成立大會，執行主席是郭明秋，這是一位十八歲就從「校園走向街頭」的革命女性，在「一二九」前夕加入中國共產黨；秘書長是姚克廣，即後來成為中共高級領導人的姚依林。至此，北平學生組織中有了相互抗衡的兩個「學聯」，最早被解散後又「復活」的北平大中學生聯合會，在當時被稱為「舊學聯」。

1937年5月3日，陶希聖從開封轉武昌回到北平。一路顛簸，身體略感不適。第二天是五四紀會日。「新學聯約我去演講。我先以心跳病辭。但是後來為了支持他們，仍然答應了」[3]，陶希聖後來這樣回憶。「舊學聯」在陶希聖眼中是北平人民陣線的一個基地，「馬德里是人民陣線的總部，馬德里如發出通報，北平人民陣線就立即接受」[4]。由於雙方政治語境不同，這裏的「人民陣線」指的就是1936年5月沈鈞儒、章乃器、鄒韜奮等人，以上海為中心組織並發起的一個全國性抗日救亡團體，「是中國共產黨領導的人民民主統一戰線的一個左翼政派」[5]。在陶希聖看來，「人民陣線運動起緣於西班牙

3 陶希聖：《潮流與點滴》，傳記文學出版社（臺北），1964年，第141頁。

4 陳存恭等：《陶希聖先生訪問記錄》，第5頁。

5 周天度編：《救國會》，中國社會科學出版社，1981年，第1頁。

內戰」[6]。這件事的背景又是：1936年2月，西班牙舉行大選，左翼的人民陣線獲勝，成立了聯合政府；7月，軍官佛朗哥發動政變，以「新政府」與聯合政府相對抗，內戰隨即爆發。德國和義大利分別派兵到西班牙協助佛朗哥作戰，英國、法國對西班牙聯合政府實行封鎖，蘇聯則對聯合政府予以大力支持，最終演變成一場「國際內戰」……陶希聖據此認為，是「共產國際把人民陣線運動推介到中國來，當然是師法馬德里的人民陣線，進行反國民政府的活動，上海抗日救國大同盟就是這個運動下的產物」[7]。從任何一個角度來講，抗日救亡運動在當時受到中共領導人的歡迎與支持，是毋庸置疑的，因為這是中共統一戰線的需要。1936年8月10日，毛澤東致函章乃器、陶行知、鄒韜奮、沈鈞儒等人，代表「我們黨、蘇維埃政府與紅軍表示誠懇的敬意」，並聲明「我們同意你們的宣言綱領和要求，誠懇的願意與你們合作，與一切願意參加這一鬥爭的政派的組織或個人合作……」[8]毛的這封信原載1936年10月30日《救國時報》，這是上世紀三十年代中國共產黨在國外創辦的一份機關報（原名《救國報》），編輯部設在蘇聯莫斯科，發行部設在法國巴黎，主辦人為吳玉章，歷任編輯有廖煥星、李立三等。沈鈞儒、章乃器等人發起的這場全國性「救亡運動」，對當時中國政治影響極為深刻，也導致青年學生在思想和行動上的嚴重對立，陶希聖正是在這種情況下捲入這場衝突中去的。

---

[6] 陳存恭等：《陶希聖先生訪問記錄》，第4頁。

[7] 陳存恭等：《陶希聖先生訪問記錄》，第4頁。

[8] 周天度編：《救國會》，第128頁。

5月4日，「新學聯」在宣武門外師範大學廣場召開五四紀念大會，「舊學聯」學生亦到現場。主持人宣佈開會後，「舊學聯」學生立即高唱「保衛馬德里」之歌，同時臺上兩派學生發生爭執。「舊學聯」學生將國旗扯下，一時之間，會場秩序大亂，一些中學生為護國旗，與「舊學聯」學生發生衝突，「舊學聯」幾位學生受其輕傷，然後才退出會場。秩序恢復後，陶希聖即登臺演講，他指責左派學生高唱「保衛馬德里」之歌，「顯然是分裂中國，演出西班牙內戰的慘劇……」事後，左派教授讓「舊學聯」向地方法院提出自訴，控訴「新學聯」學生以傷害罪名，並控訴陶希聖以教唆傷害罪名。陶希聖即在天津《大公報》上撰文以反駁，其標題為〈殘餘的西班牙主義〉；同時自撰辯訴狀，以辯護人戴修瓚律師（北京大學法學院法律系主任）的名義，發表在《世界日報》。陶希聖前後連續撰文四十餘篇，與北平左派教授打了一場艱苦的筆戰（他本人稱之為「苦鬥」）。一日，陶希聖在中山公園來今雨軒的後園遇見清華大學的張申府，張對陶說：「你那篇文章，題目就不通。什麼叫西班牙主義？」陶答道：「你們人多，我只一人。我能攻不能守，所以必須隨時採取攻勢。我今天要把綠帽子加到你們的頭上，那管什麼通不通。」張申府歎道：「那又何必？」[9]在陶希聖眼中，清華大學張申府以及北大教授馬敘倫，北大法學院教授許德珩，北大文學院教育系教授尚仲衣，中國大學教授黃松齡、施復亮（存統），朝陽大學與中國大學教授馬哲民、北平大學女子學院院長范文瀾等人，無一例外都是激進的「左派教授」。從1936年1月28日「北平文化界救國會第一次宣

9 參見陶希聖：《潮流與點滴》，第142頁。

言」簽署名單來看，馬敘倫、尚仲衣、黃松齡、許德珩、張申府等人[10]均列其上，馬敘倫更以「自影磋姹近老身，放言猶動少年人」這樣的詩句來表達當時的心情。北平新舊學聯這場為時兩個多月的衝突，不僅引起國民黨高層的關注，也讓共產黨領導人予以重視，至少在此時不願看到「挑起內戰，分裂國家」的罪名被人連帶扣在頭上。一位署名「凱豐」的共產黨人（即何克全，一度為中共中央宣傳部長，作者注）致函陶希聖，在信中表示願意出面來調停這場衝突，並暗中託人（北平農學院總務科長吳某）要求見面。陶希聖對這位「凱豐」先生表示，「鬥爭的動力不在我，是在他們。他們要分裂中國，我反對他們分裂中國運動」，「這次談話之後，那班左派教授果然安靜下來」。[11]

陶希聖上廬山後，偕同周佛海去看望周恩來等人。一見面，周開口就說：「陶先生，你在北平打得很苦！我們多年反國民政府，反對蔣委員長，今日一轉而擁護蔣委員長領導抗戰，這一個彎是很不容易轉過來的，連我們幹部也轉不過來。我們在延安費了很大的氣力說服大家。也難怪北方那些人不易說服。我們還派了人去解釋……」[12]這個人可能就是「凱豐」。這場衝突與筆戰因時局而終止，但作為社會史學家的陶希聖在政治上的態度與立場，深得國民黨高層的賞識；與左派教授打筆戰時，其鋒芒與犀利亦無不給平津學界留下深刻印象。胡適曾以北大同事的口吻調侃過陶希聖，說希聖這個人「無名師益友，但為文所向無

10 參見周天度編：《救國會》，第82頁。

11 參見陶希聖：《潮流與點滴》，第143頁。

12 陳存恭等：《陶希聖先生訪問記錄》，第54—55頁。

敵，是不是運氣使然」[13]？會議期間，國民黨中央組織部長張厲生與中央宣傳部長邵力子分別找陶希聖談過話。前者談的仍是這次北平學界新舊學聯之間的政治衝突，其內容與陳公博所說差不多；後者談的是國共兩黨合作問題。兩個人的談話，雖然始終沒有涉及陶希聖今後在黨內的具體工作與職務，但從陶希聖旋即進入委員長侍從第五組（周佛海任組長）從事國際宣傳工作、應聘為國民參議員這兩個細節來看，他已成為最高當局視線中以期推動國民黨戰時對外宣傳工作的最佳人選。

二、被蔣介石看中並利用

牯嶺茶話會預定分三次舉行。第一次茶話會，參加者以平津學界人士為主。抗戰形勢急劇變化，蔣介石等人急遽下山，返回南京。第一次茶話會亦匆促結束。第二次茶話會的客人以上海南京學界人士為主，等到他們紛紛到達牯嶺，茶話會已無法再開。蔣在下山之前，單獨召見陶希聖。

> 這時，陳布雷來找我去見委員長。布雷說：「在會中，你是客人，現在則是以黨員的身份見主席。」蔣委員長見了我，說：「你在北平做得很好，你還是回去指導他們繼續努力。」我說：「總裁，國民黨有四個單位四個組織，我指導誰?」委員長起身說：「我叫他們聽你的話。」出來後，我問布雷：「這是怎麼回事?」布雷說：「這是命令。」我很惶恐……[14]

[13] 陳存恭等：《陶希聖先生訪問記錄》，第24頁。

[14] 陳存恭等：《陶希聖先生訪問記錄》，第53頁。

這件事確實有點突然，否則不至於感到「很惶恐」。在這之前，陶希聖並無從政之意，亦未做好這方面的準備。盧溝橋事件驟然而至，全面抗戰不可避免，無疑改變了許多人的命運。在廬山，陶希聖為眾多名流中的一個，也就是陳布雷所說的「客人」。然而，當「身份」在一個瞬間轉換，本來應有的那份從容與自得一下子不復存在。此時，陶希聖雖為中國名牌大學的名牌教授，但在黨內不過是一個有其聲望的普通黨員而已。當年他在上海主編獨立青年社之下《獨立評論》週刊時，其政治思想路線左不至共產主義，右不至國家主義，曾提出過「民族自決、國民自決、勞工自決」這樣的口號，被國民黨上海執行部認為符合三民主義之要旨，力勸加入國民黨，遂成他接近國民黨的第一步。1927年北伐時期，陶希聖忽接一紙電令，受聘為中央軍校武漢分校政治教官兼軍法處處長，授銜中校，這才與國民黨有了實際接觸。之後他個人的主要經歷不外是當編輯、做教授，甚至一度脫離任何政治活動。僅僅十年過去，從一個普通黨員，如今一下子進入委員長侍從室，置身於中國政治權力的中樞，儘管在主觀上並無什麼政治野心，卻可見當時學人從政受到某種程度的重視，同時也暴露在戰時體制之下權力少受約束的某種弊端。以我個人猜測，這件事可能與陳布雷、周佛海有關，甚至也不排除汪精衛的薦言。早在1925年，陶希聖獨闖上海，憑藉一枝筆打拼天下時，與名記者陳布雷乃結為至交；1928年春，在南京，陶一度任中央陸軍軍官學校政治總教官，兼任政治部訓練科長，其政治部主任就是周佛海；不久回上海賣文為生，陶的兩本重要學術著述《中國社會之史的分析》、《中國社會與中國革命》，均由上海新生命書局出版，周佛海即為此書局主要合夥人之一。而汪精衛曾給蔣介石一信，對陶希聖的政治態度頗為認可[15]。國民黨內部派系紛爭一直影響著這個黨的前途與命運，蔣介石也在利用這些紛爭而不斷強化個人的權力。在這時，儘管為了「回應逐漸高漲的來自政權外部的要求民主的聲音和應對真正開始的中日戰爭而採取的、戰時體制下事實上的聯合體制，……必然要求強化中國國民黨內部的凝聚力，結果這種凝聚力就集中在蔣介石個人身上了」[16]，如不久（1938年3月）在漢口召開的臨時全國代表大會，就是為了進一步確立蔣介石的黨權。在這個事實背景下，一個突如其來的「命令」，改變陶希聖的人生軌跡，也就不足為奇了。對蔣介石來說，不過是權杖之下在策略上用人的一種考量；對陶希聖而言，此時所賦予或承受的那個「角色意識」，恐怕更多的是來自於這個黨的意志或紀律的壓力。兩者之間的差異，或可反映出知識與權力的從來不對等；而相形之下，一些超然且獨立於黨派之外的著名知識份子，則能保持一個最基本的底線，即：進可影響政府，退可批評當局，這種態度主要是著眼於一種「獨立的精神」，也就讓人感慨良多了。

---

[15] 1937年6月22日汪精衛致蔣介石函：「牯嶺蔣委員長賜鑒：伯密頃接陶希聖同志自北平來函，評述北平學生及有民陣線情形，其結論謂：『左傾煩悶青年應加領導而企圖利用此種煩悶，以造成反政府之機緣者，須加打擊。蓋學生本無成見，疏導得宜，不被利用，所謂陣線自然解體而共產黨失所憑藉，就範亦易，至於藉人民陣線以反政府之少數分子，則必須制裁，若過於壯容適足長其氣焰，為鞏固大陣線，切盼中央注意之』。所言頗有見地，謹備參考」。轉引自陳木杉《從函電史料觀汪精衛檔案中的史事與人物新探（一）》，臺北學生書局，1997年9月，第406頁。

[16] [日]家近亮子：《蔣介石與南京國民政府》，社會科學文獻出版社，2005年，第113頁。

陶希聖棄學從政，與其說是學術生涯的不幸中斷，不如說是他個人在歷史上的一種走失。儘管在那個年代，很難找出「幾個真正與政治無涉的讀書人」[17]。但此時，若比照當代西方學人薩依德的說法，像陶希聖這樣的現代知識份子，實際上已是集編輯、記者、政客及學問於一身，「往往身不由己成為各種權力結構中一員」[18]；或又如當代西方學者科塞所指出的那樣，他們不僅協助掌權者以獲得地位的「合法化」，甚至還為他們「提供意識形態的辯護」[19]。科塞的這個觀點，雖然是針對西方某些知識份子而言的，如費邊主義者或羅斯福「智囊團」的那班人。但陶希聖從政開始即在最高掌權者身邊，從他每週出席在蔣介石官邸所舉行的軍事委員會參事室會議即可看出，他也是一個「出謀劃策者」，至少在形式上與上述那些人有其相似之處。抗戰不久，南京一度成立了大本營。蔣介石為最高領導，大本營分為六部，將有關的政府、軍事和黨的機關併入這六個部，「以期統一事權，迅速行動」。其中第六部被稱為小參議會，因為這一部門也聘請各黨派人士參加。如左舜生，羅隆基，還有自稱為第二國際的某些人，都在聘任之列。

大本營第六部設於陰陽營四號，部長是熊式輝，副部長是周佛海。這個部聘請各黨派人士為顧問或參議，號稱

---

17 章清：〈「學術社會」的建構與知識份子的「權勢網路」——《獨立評論》群體及其角色與身份〉，收錄於許紀霖編《20世紀中國知識份子史論》，北京新星出版社，2005年，第377頁。

18 同上，第375頁。

19 [美] 路易士•科塞著；郭方譯《理念人：一項社會學的考察》，中央編譯出版社，2001年，第148頁。

為小參議會。我以國防參議員的身份亦參加。第六部主管國際宣傳工作，為了參加這一個工作，同時又與各黨派人士聯絡，我有時到陰陽營四號會商事情。一天，蔣委員長召見我，他說：「武漢鬧得不成樣子，你去一趟，傳達抗戰的宗旨與目的，是在三民主義的指導原則下進行抗戰。我叫立夫給你安排。」那時中共在武漢活動，我黨必須予以抵制。於是，二十六年（1937）十月，在敵機連續空襲南京的緊張狀態下，我搭乘龍興號循長江西上，抵漢口後，再轉武昌。委員長要陳立夫為我安排，等於要湖北黨部等組織聽我的話。[20]

從上述陶希聖口述歷史中可看出，此時深得蔣介石的信任與重用。

他站在國民黨的立場上，為當權者提供意識形態的辯護，成了一件順理成章的事。

1937年11月，持續三個月之久的淞滬會戰結束。日軍攻佔上海。中國軍隊先後投入五十多萬的兵力，與松井石根指揮的三十萬裝備精良的日本軍隊進行殊死搏鬥，斃傷日軍五萬多人。雖然最終失利，「但它表現了國民政府抗戰的決心，它粉碎了日本侵略者三個月滅亡中國的夢想」[21]。這時，中央政府機關向武漢及重慶疏散。陶希聖與國防參議會一班人士同乘疏散輪船回到武漢。有關會議仍然每星期在漢口商業銀行樓上舉行。陶希聖與沈

---

20 陳存恭等：《陶希聖先生訪問記錄》，第61—65頁。

21 朱漢國主編：《南京國民政府紀實》，第580頁。

鈞儒等人常起爭論。12月12日之前三天，左派人士籌畫在12日這天召開大會，並在武昌和漢口分途遊行，藉西安事變一周年紀念，以宣傳「民主聯合政府」。這時國共兩黨再度合作，但政見上的分歧依然存在。陶希聖在國防參議會提出這件事。他認為：「東戰場的戰事正在慘烈進行中，還有三十萬軍隊在撤退整理中，而武漢的共產黨和週邊分子卻要鼓動風潮，高唱西安事變聯合政府，他們以為國軍打了敗仗，想在西安設政府，雙十二是什麼？是西安事變，口號就是聯合政府……」沈鈞儒說：「這件事真相如何，要問董必武。」黃炎培立刻呼籲要團結，說：「萬萬不可這樣，我一定去找董必武談談」。董必武是中共軍隊改編為國民革命軍第八路軍之後的駐京代表，此刻在武漢。沈鈞儒，黃炎培諸人經常在政府與八路軍之間奔走。等黃炎培說完，陶希聖又說：「董必武對人說：『只怕國民黨關門，只要他們的門開一條縫，我們便擠進去。門縫擠大了，我們便撞進去。門撞開了，我們就打進去』。你們諸位還與他談什麼？」沈鈞儒急急搖頭稱：「董先生真說了這句話嗎? 不可信，不可信。」[22]這時，陶希聖與周佛海在漢口英租界特三區天津街四號創立了一個團體，即藝文研究會。周任總務總幹事。陶任設計總幹事。周時為國民黨中央宣傳部副部長、國防最高委員會副秘書長，同時又是蔣介石侍從室第五組負責人。藝文研究會隸屬中央宣傳部，但對外並不公開，負有指導全國輿論的政治使命，由蔣介石資助、汪精衛指導、周佛海組織、陶希聖主持，以「內求統一，外求獨立」、「一面抗戰，一面建國」、「國家至上、民族至上」等口號為宣

[22] 陳存恭等：《陶希聖先生訪問記錄》，第67頁。

傳重心。藝文研究會後隨政府去了重慶。陶的好幾位學生如北大的何茲全、曾謇、武仙卿、沈巨塵，北師大的鞠遠清等都在這裏謀職，何茲全戲謔為陶的「親兵」。藝文研究會當時有一刊物叫《政論》，發表過陳獨秀的一篇文章。陳認為希特勒的法西斯是極右，史達林的黨是極左，兩者都是反民主的，不要以為希特勒與史達林現在勢不兩立，總有一天他們會合在一起……此文引起軒然大波。中共領導人周恩來發表談話，指責陳獨秀接受日本津貼每月三百元。實際上，自抗戰初期，陳出獄後，初住南京，後到武漢，是藝文研究會在資助其生活費，這件事是陶希聖所為。在1927年北伐時期，陳獨秀有恩於陶希聖，陶一直未敢忘懷。周恩來這次顯然是誤會了，陶就此事發表文章公開為陳獨秀辯解。那時陶希聖每星期去看陳一兩次。一次陳對陶說：「我在獄中幾年，想了很多，民主政治雖然也有缺點，但是政治制度中沒有比民主政治更好的了，……我現在還相信社會主義，但認為應走民主政治的路。」陶希聖的政治理念，與此時陳獨秀有一定距離。但兩人對時局的許多看法頗為一致。這也反映在某些小事情上。有一次，陶希聖進陳宅，見李公樸匆匆走出。進門後，陳告訴陶希聖：「剛才公樸來談，碰了我一個釘子。我對公樸說，你們跟著史達林喊口號反法西斯，那是對的。可是你們要提防有一天蘇德要合作。公樸說：蘇德合作是有可能的。我說，你們抗日的口號是喊得那樣響，假如有一天，蘇日合作了，你們又怎麼辦？說到這裏，公樸的臉通紅，回頭就走，我也不送他了。」陶聽陳獨秀講完，便說：「公樸的臉是那樣黑，怎麼會紅呢？」兩人拊掌大笑[23]。很顯然，陶是同意陳的這些看法的。從若干歷史回憶的細節中，不難發現陶希聖自從政後，其政治立場更加意識形態化，這不僅表現在個人價值判斷上出現了遲疑，更受制於其黨派立場以及身份的限定，從而少了一種應有的「自由精神」，此即意味著這些人在知識與權力之間的兩難處境。或許像「威廉帝國時期的德國知識份子絕大多數都忠於帝國」[24]一樣，在中國抗戰時期，一些著名知識份子入閣從政，從客觀上講，對國家來說可能並不是一件多麼糟糕的事情。但對其個人來說，遠離學術上的自身優勢，一頭紮入強大的政治集團勢力範圍，在不同的文化語境中，往往會出現「水土不服」之症候，或如胡適當年對傅斯年所說，弄不好就「成了政府的尾巴」[25]。不過，當歷史處於一個拐點，尤其國難發生之時，知識份子以其「精英意識」而介入現實政治，比任何時候都顯得更為強烈，則往往可獲得一個「盡其言責」的時機與空間；因為在這種情況下，執政當局也希望能有一些在學術與人格上皆具聲望的人出來為國家做事（傅斯年視如徵兵），以彰顯權勢集團的某些「開明」，這就勢必具備了雙方「一拍即合」的可能與條件。也就是說，事實上並不是所有想從政的學人都可以從政的，政府同樣也會有自己的選擇。陶希聖之所以被當局和蔣介石選中，除了他是著名的國民黨黨員之外，更重要的一點，就是他的政治思想內核與蔣介石的政治路線大抵相近，尤其是陶希聖在中國政治思想史和中國社會史的研究上所獲

23 陳存恭等：《陶希聖先生訪問記錄》，第82—83頁。

24 雷蒙·阿隆：《知識份子的鴉片》，譯林出版社，2005年，第226頁。

25 胡適1947年2月6日致傅斯年函，《胡適書信集》中冊，北京大學出版社，1996年，第1086頁。

得的建樹，被蔣看中並且利用，這從陶希聖日後為蔣捉刀《中國之命運》一書即可看出。

三、在認知上更接近「改組派」

陶希聖在從政之前，已是一個在學術上頗有創見、有一定影響的學者。他在史學方面的造詣，以及創立著名「食貨學派」，包括對二十世紀中國史學史的深遠影響，使之成為平津學界中的重要人物。有關陶希聖的學術歷程及地位，臺灣地區原中研院史語所所長、曾任「教育部長」杜正勝早年有過一篇學術文章，是這樣加以概括的：「希聖先生的學問植基於以社會為核心的史學。其學術歷程可以分為成學、社會史論戰、《食貨半月刊》、《食貨月刊》和晚年定論等五個階段。他因論戰而成一時之名，卻以《食貨》立百代事業，此五個階段展現幾種學識境界，但從青壯之成學到晚年的定論，我們仍可發現其一貫之道，那就是以禮與律為基點，探討中國的社會組織與社會倫理。」[26]陶希聖自幼年就接受了父親給予的一種傳統訓練，以四史為研究歷史的基礎。在北大時期，陶希聖主修法律，研習親屬法。他晚年自述：「家學所傳者為史學，大學所受者為法學。史學與法學兩道思潮，匯合為中國社會史學。此生若有可稱為學者，只是中國社會史學而已。」[27]1927年國共分裂之後，當時的中國知識界對於國民革命之性質頗多疑惑，甚至感到迷茫，進而圍繞著中國社會性質和社會史問題展開過激烈的論戰，陶希聖為這場論戰中

---

[26] 杜正勝：〈陶希聖先生學述〉，臺北歷史月刊第七期，1988年8月。

[27] 陶希聖：《夏蟲語冰錄》，臺北法令月刊社，1980年版，第432頁。

的要角之一，他在上海新生命書局出版的兩本著述，即為論戰之時的暢銷之作，甚至波及海外，因而有「陶希聖時代」之謂[28]。不過，這時陶希聖的政治思想更為接近國民黨內部以汪精衛為核心的激進左派。1928年12月，陶希聖加入國民黨「改組派」（全稱為中國國民黨改組同志會），這是一個擁汪為領袖的政治派別，以「恢復十三年改組精神，改組國民黨」為總口號，堅持國民革命必須以三民主義為不二法門。儘管也強調應由國民黨來領導，但目前的國民黨則要加以改組。這個組織的代表人物是以汪精衛、陳公博、顧孟餘為核心的「粵委」，其主力幹將就是陳公博。「改組派的內部結構相當鬆散，人員構成也比較複雜，既有受到蔣排擠、希望與蔣抗衡的國民黨要員，也有很多滿懷革命理想的進步知識份子，他們從學術理論角度對於中國的社會和歷史進行剖析，既不贊成中共的階級鬥爭理論，更對在國民革命中發跡的蔣介石等新軍閥獨裁專斷、脫離民眾、喪失革命精神不滿。陶希聖就是這其中的一分子」[29]。這件事對陶個人來說，有著正負兩個方面的深遠影響。從正面去講，由於上述政治傾向，他本人透過若干著述對史學與革命理論有了一個大致的梳理。也就是說，「改組派」中具有理論學術素養的一些人，出於對現實政治的一種考量，多半採取「厚今薄古」的態度，尤其不滿戴季陶等

[28] 陶希聖：《八十自序》，原載臺北中央日報，第22頁。黃寬重〈陶希聖與食貨雜誌〉：「陶希聖除了具有唯物史觀的眼光外，更精研親屬法，兼具許多社會科學的理論和方法，對中國古代家族制度和宗法社會，有獨到的見解，成為當時討論中國社會史的重要學者，日本學界稱這個時代為『陶希聖時代』」。臺北歷史月刊第七期，1988年8月。

[29] 翁賀觀：〈1927—1934陶希聖之史學研究與革命論——兼論其與國民黨改組派之關係〉，原載香港中文大學《二十一世紀》雜誌2002年8月號，本文引用為網路版本。

人對「孫文主義的哲學基礎」的解釋，其抨擊對象更多的是國民黨內部中的那些「右派」。若從歷史角度闡述三民主義與國民革命這一課題，學養深厚的陶希聖無疑是這些人當中最為得心應手的一位，「陶希聖的文字看上去雖然不像陳公博等人那樣鋒芒畢露，但卻最有歷史的縱深度，因而其理論的說服力也最強，影響也最為長久。從這個意義上而言，可以說陶希聖這一時期的思想言論是二十年代末三十年代初國民黨『改組派』革命知識份子對於中國社會歷史和革命前途基本認識的理論典型」[30]。從負面來講，陶希聖有其「改組派」歷史背景，在脫離北大校園從政不久，追隨汪精衛等人在抗戰初期鼓吹什麼「和平運動」，並參與汪組織早期與日本人的「議和」密談。對於蔣介石而言，這是在政治上的一種不可饒恕的「逆行」。後中途大夢初醒，乘桴過海，揭露汪等賣國求榮的卑劣行徑，戴罪立功。但其間的反反覆覆，在歷史上遭人詬病，更被某些正統史家視為「政治上的投機人物」。關於陶這個人在歷史上的得與失，筆者曾向中山大學著名學者袁偉時先生請教。袁先生在回信中說：「……鄙意以為1927年清黨以前，他基本上是個正面人物。三十年代參加中國社會史論戰，主編《食貨》均有其貢獻。難點是與改組派和汪精衛的關係。改組派反蔣是對的。他跟隨汪精衛跑河內和南京，後來又回來，這是迄今沒有弄清的大疑團。蔣介石不是大傻瓜，也不是賣國賊，為什麼那麼重用從汪精衛身邊回來的陶希聖呢？只要將這個問題徹底弄清，已經功莫大焉。」不過，從這一時期陶希聖「居中偏左」的政治立場來看，其思想資源以及史學方法，明

[30] 同上。

顯受到唯物史觀的某些影響，他後來在《潮流與點滴》一書中亦有憶及：

> 這兩年間，我對於馬克思與列寧的著作與論文，從英文及日文譯本，下了工夫。同時對於批評馬克思主義的著作，也選讀了不少。我的思想方法，接近唯物史觀，卻並不是唯物史觀。與其說我重視馬克思、恩格斯的作品，無寧說我欣賞考茨基的著作。例如考茨基的《基督教的基礎》，就是我用心讀過的一本書。然而我的思想方法仍不局限於此。我用的是社會的歷史的方法，簡言之即社會史觀。如桑巴德的《資本主義史》和奧本海馬的《國家論》才真正影響我的思路。[31]

其得意門生、著名史學家何茲全先生也認為陶的史學思想，在當時受辯證唯物論的影響。從當時那場中國社會史學論戰來看，多數論戰參與者，無不以馬克思主義、辯證唯物論自居，其中有幹部派、托派（反對派）、國民黨，陶希聖是自成一派[32]。由於政治立場不同，最終將政治上的互罵，轉移至學術上的互罵。「但從純學術方面說，這時期馬克思主義、辯證唯物論，確是一個高潮。上海的新書店，如雨後春筍，無不是出版馬

---

[31] 陶希聖：《潮流與點滴》，第111頁。

[32] 陶希聖回憶，共分三派，一是共產黨的幹部派，認為中國社會是半封建半資本主義社會；一是反對派，不只一個小團體，與託派有聯繫；陶本人自成一派。參見陳存恭等《陶希聖先生訪問記錄》，第8頁。

克思主義、辯證唯物論的書的」[33]。及至北大時期創辦《食貨》半月刊，陶希聖對於中國社會史研究的理論與方法，才有了一定的轉變。何先生這樣說：

陶希聖1931年暑假後到北京大學任教。1934年編輯出版《食貨》半月刊。在創刊號的〈編輯的話〉裏，他對於編輯出版《食貨》的宗旨和態度，曾有扼要的說明。他說：「有些史料，非預先有正確的理論和方法，不能認識，不能評定，不能活用；也有些理論和方法，非先得到充分的史料，不能證實，不能精緻，甚至於不能產生。」「當時（指社會史論戰時期）的風氣，是把方法當結論的。……把方法當結論，不獨不是正確的結論，並且是不正確的方法。」「那末，心裏一點什麼也沒有，我們去就史料論史料，好嗎？這也是不成的。……沒有任何意見在心裏，你去那兒去找那個材料？……你總得有了疑問，有了假說，你才會去找證據的，你才能找著別人沒有說出的證據。」「這個半月刊不把方法當結論，也不是沒有一點什麼疑問，沒有一點什麼假設，單純排起材料來的。這個半月刊要集合，要歡迎在切實的方法之下搜集的材料……」從他的這些話裏，可看到陶希聖當時的思想。

陶希聖早年對「正統歷史學」有所不滿，也就是「考據學」。這時他發現，倘若沒有廣泛的和仔細的運用史料來論辯，

33 何茲全：〈懷念師生深情，憂心國家大事——由一天日記引出的〉，原載2002年《學術界》雙月刊第2期（總第93期），第240頁。

也會流於空談。「中國社會史論戰各方爭辯，以唯物史觀為問題之焦點。單憑唯物史觀之理論與方法，使用貧乏的歷史資料，填入公式，加以推斷，達成預定之目的。此可謂論戰各方共通弱點或缺點。食貨半月刊力排公式主義與教條主義，指出歷史學方法必須從歷史資料中產生，始有其真實的功能與價值」[34]。以臺灣歷史學家陶晉生院士的看法，認為這是其父陶希聖多年從事歷史研究的一個心得，以表明他的史學理論，正趨於成熟。《食貨》半月刊自1934年12月創刊至1937年7月停刊，陶希聖傾注了大量心血，在這個刊物上發表論文三十六篇，其他七篇，翻譯二篇，共計四十五篇，位居作者之首。與此同時，又陸續出版四卷本七十餘萬字的《中國政治思想史》，形成「中國社會發展五階段」之說。應當承認，此時北大教授陶希聖，在中國學術界已立足成勢，風頭正健，並由此產生了一個「食貨流派」。關於這一點，由於長期以來陶本人在歷史舞臺上所扮演的特殊政治角色，「學術界對其學術傾向的判斷存在很大差異，其學術價值一直為政治的強光所遮蔽」（陳峰語）。中國社科院著名經濟史研究專家李根蟠也認為，「《食貨》對中國經濟史學科發展的貢獻是不應抹殺的，全盤否定並不公允」。上世紀八十年代初上海書店向海內外推出《食貨》半月刊影印本，可見其學術價值至今猶存……然而，1937年7月盧溝橋的驚人槍聲，不僅改變了中國，也改變了許多學人的面貌。頃刻之間，在戰火紛飛之中，陶希聖嘔心瀝血的《食貨》雜誌不得不停辦，本人也從一個學者轉而為最高當權者的政治

34 陶希聖：《八十自序》，第22頁。

幕僚，其中固然摻雜某些不可抗拒的現實因素，但在陶的內心深處，對現實政治如夢魘一般揮之不去的心結，就像牛頓的那個蘋果，在「道」的萬有引力之下（清初顧炎武有「君子之為學，以明道也，以救世也」之說），落入無底之井，從此成了一個「服從政黨的政論家」[35]。當年在中國社會史論戰中那個「鋒芒太露」（陳布雷語）、神形皆備的「學者陶希聖」不復存在了。或許還可這樣看，以陶的北大同事兼好友胡適先生為例，儘管後來政府也不由分說地「調兵」調到他、「拉夫」拉到他，使他「沒法子逃」而出任駐美大使。但胡適骨子裏勉為其難，以致對妻子說出這樣的心裏話：「戰事一了，我就回來仍舊教我的書。請你放心，我決不留戀做下去。」[36]陶希聖則不然，如同守著一盞燈幽幽暗暗地走到了底，所付出的代價，不僅是學術研究上的多年中斷，還應包括在政治上喪失某些判斷（後果即為「走失」），無怪乎何茲全先生這樣評價：「陶先生一生中政治上最大的失策或錯誤，是跟隨汪精衛出走。從我和陶先生的接觸中，我理解這是陶先生一生最痛悔的事，是他一生最大的心結。」[37]

---

[35] 胡適1922年6月在《努力週報》第5期上發表過一篇題為〈政論家與政黨〉的文章，他把政論家分為三類：一是服從政黨的政論家，二是表率的政論家，三是監督的政論家。參見張忠棟等人整理的「現代中國自由主義資料選編」《民主·憲政·法治》（上），臺北唐山出版社，2001年，第41頁。

[36] 杜春和編：《胡適家書》，河北人民出版社，1996年，第332頁。

[37] 陶恒生《「高陶事件」始末》（何茲全）序二，湖北人民出版社，2003年，第8頁。

四、關鍵時刻政治上「走失」

1937年12月，陶希聖奉命從南京前往湖北。

他搭乘「龍興號」溯長江西上，抵漢口後，再轉武昌，這時他的家人已從北平逃出來到武昌。陶希聖是湖北黃岡人，對這裏的一山一水並不陌生。其時陳立夫已為他下達組織上的交待，吩咐湖北省黨部等組織直接聽命於他，其中陶的一項重要工作就是發表演講。他除了在湖北省黨部漢口青年團等組織進行演講之外，「接著在糧道街中華大學、曇華林華中大學及其他學校，演講多次，或明示、或暗示，對中共作觀念上與思想上的鬥爭」[38]。從這個細節看，陶希聖從政後所扮演的角色，更多的是為當局意識形態在作辯護。不久，國防參議會遷往武漢。陶此時特別反感有人提出「聯合政府」這一口號，甚至與人交談時也不加掩飾。有一次，北平中國大學的左派教授馬哲民來見他，兩人是老鄉。陶則對他說：「你在北平一口黃岡話，到了武昌又是一口京腔，腔調都變了，是不是聯合政府快成立了！」馬聞之不悅，站起身來就走。以陶的書生性格，理應不至如此。可見當時政見上的分歧，受到黨派與理念的影響，相當對立甚至激烈，否則在日常交往中不至於這樣「劍拔弩張」。

這時漢口臨時全國代表大會已開過，蔣介石被推選為總裁，汪精衛為副總裁。「總裁名義很大，有如總理」，所謂「名義」，無非就是權力。如上所述，在漢口成立的藝文研究會，實際上是國民黨在文化宣傳上的一個別動隊（陶自語）。不過，其

---

[38] 陳存恭等《陶希聖先生訪問記錄》，第65頁。

主要負責人周佛海、陶希聖、陳公博、高宗武等均為當時「低調俱樂部」成員，這些人與蔣與汪在政治上有著一種複雜的公私之交。這一事實，在後來所演繹的故事中起到了推波助瀾的作用。

> 當時出現一個低調俱樂部的名稱。國民黨中央黨部宣傳部長原為邵力子，後來是葉楚傖，副部長是周佛海。周為人豪爽，與陳布雷相交甚密，中央要人及北方來者常至其處，因此家中總是高朋滿座。尤其遇敵機來襲時，躲在他寓所內防空洞最為安全。所以，我們平日常在西流灣周寓防空洞中閒談，交換消息。……憲兵司令谷正倫，有一次曾善意的警告周佛海說：「你們這個低調俱樂部，小心點哦！」[39]

戰爭仍正在進行之中，面對日本慘無人理的蠻橫侵略，中國人抗戰的決心勢不可當。李宗仁、馮玉祥等人提出「焦土抗戰」、「長期抗戰」的口號，從客觀上反映了當時國人的一種悲憤情緒，包括後來提出「一寸河山一寸血，十萬青年十萬軍」這樣的口號，足以顯見戰爭的空前慘烈。然而，此時卻有一些人對抗戰缺少應有的信心，其代表人物就是汪精衛、周佛海、陳公博這些人。胡適就任駐美大使之前，曾一度與「低調俱樂部」一干人士有過來往，但胡適是一個「愛惜羽毛」的人，在政治上毫無野心，無論議政或短暫從政，都基於做國家諍友這一立場，與國民黨的關係始終若即若離。胡適雖提出「苦撐待變、和比戰

[39] 陳存恭等《陶希聖先生訪問記錄》，第62頁。

難」，但與汪精衛等人「妥協合作」在本質上是兩回事，至少他仍持有這樣一種信心，即西方民主國家，尤其是美國，遲早必會捲入亞洲戰場；到那時，戰爭形勢將出現根本性逆轉，「胡適這項消極中的積極，悲觀中的樂觀，後來歷史證明是完全正確的，不幸那時的汪派人士，卻見不及此也」[40]。陶希聖也是一個在政治上沒有野心的人，但他似乎缺少胡適的那種遠見。他從情感上相信汪在「七七事變」之後，偏向於直接與日本謀和，仍是以其最大的努力在為國家著想。當時與日本人交涉「和議」，由蔣介石、汪精衛共同負責主持，具體則由原外交部亞洲司司長、後赴港主持搜集日方情報的高宗武秘密進行。國防最高委員會後遷至漢口，除之前德國駐華大使陶德曼居間調停之外，另外還有過三次。「一為義大利駐華大使，他是墨索里尼的女婿，花花公子，與陳公博是好朋友。他至武漢提出調停之議，由汪先生接見。第二次是英美大使居間，也是汪先生接見的。第三次是盛宣懷的長女即諸青來夫人，她經香港到漢口，說明日本政府不以蔣委員長為對手，卻希望汪出面講和。汪的答覆是他離開抗戰而獨自言和，是不可能的事。他告訴盛大小姐，這件事要立刻報告蔣委員長，並勸她立刻回香港去」[41]。但從不遠的事實看，汪內心深處恐怕早已僭越這一思路，否則後來不至於走得那樣遠。按一般說法，汪積極鼓吹「和平運動」，與日本人暗通款曲，甚至不惜再搞一次「寧漢分裂」（1927）或「擴大會議」（1930），是因為他本人多年來與蔣鬥法爭權所致。這話並不錯。自1926年

[40] 唐德剛：〈抗戰期中「高陶事件」的一家之言〉，臺北《傳記文學》2001年8月第471號。

[41] 陳存恭等：《陶希聖先生訪問記錄》，第86頁。

「中山艦事變」以來，汪蔣二人在權力上明爭暗鬥為眾人所知。尤其是1938年春天蔣介石大權在握時，汪以國民黨第一元老屈居「副總裁」，確實心有不甘。但汪精衛最終走上賣國求權之路，其實又非那樣簡單。從上世紀六十年代披露的陳公博獄中遺作《八年來的回憶》中可知：汪精衛「主和」的癥結，其遠因是受到長城古北口之役的影響，其近因是受到西安事變的刺激，「自西安事變發生後，汪先生更是傾向於和平，以為中國對日應該尋出一條和平之路，如果中日兩國戰爭，其結果在國際上恐怕只便宜了蘇俄……」陳與汪有著私人之間的厚誼，應當說瞭解汪的心境。可汪後來公開背棄重慶，卻為他始料不及。他當時就對汪說：「日本情形，我絕不熟悉。但由於過去幾年交涉而論，日本絕無誠意。日本對中國的要求什麼是他們的限度，我們是沒有辦法知道的。對於一個國家，我們不知道他的對我要求至何限度，而卒然言和，是一件絕對危險的事……」[42]汪精衛在1932至1935年出任行政院長時，提出「一面抵抗，一面交涉」的對日政策，其「用意就是避戰」。但有關研究者指出，這並不代表汪一個人的看法，而是當時南京政府的共識。抗戰初期，高宗武與日本人秘密接觸，其實是得到汪、蔣二人的默許。到了1938年下半年，鑒於日本不以蔣介石為談判對手，事情才起了根本變化，汪這時竟以為自己是替代蔣的不二人選，以其副總裁之尊而背離國民政府，出走河內，這很難說不是日本人包藏禍心，以汪為誘降對象的一個陰謀。汪的所謂「和平運動」，與時局的變化以及民族的訴求已越來越遠，其中最大的分歧就在於：中國不是不要和平，而是怎樣去實現和平？當一

[42] 金雄白：《汪政權的開場與收場》，香港春秋雜誌社出版，1965年，第4冊，第191頁。

個人的思維超越歷史條件之時，往往會走向事物的反面。汪的思想之所以出現轉變，應當說是一種失敗主義情緒的惡性發展。當然，其潛意識中不排除與蔣的矛盾日益尖銳，才試圖另謀出路。汪有其「活烈士」之譽，少年時「引刀成一快，不負少年頭」之豪邁，曾讓人引為壯語。何以在知命之年，還要幹出賣國求權之事？唐德剛問過高宗武，高以兩字而點睛：「押寶」。將其個人的政治生命押在侵略者的身上，這顯然是押錯了地方。汪的「和平運動」乃至最終投敵，無論從民族的尊嚴，還是從國家利益加以考量，在當時不可能得到更多人的支援，包括龍雲、張發奎這些對蔣有所不滿的地方軍閥，也是心懷鬼胎，按兵不動。那麼，陶希聖為何又會摻合其間呢？恐怕又要扯到前面所說的那個「改組派」了。蔣介石雖然賞識陶希聖，甚至下令徵其入政以重用，但骨子裏陶希聖又是一個汪派人物。何茲全先生認為：「陶先生和汪精衛的關係在1928年前後就建立起來了。揆諸三十年代國內政治情況，國民黨內部的派系鬥爭和陶先生的思想情況，那時他靠近汪就比靠近蔣的可能性大」[43]。我們在閱讀陶夫人萬冰如女士未刊回憶錄《逃難與思歸》時得到證實，不論是1928年在武漢，1930年在上海，還是1937年再到武漢，陶一直是汪派。若從一個人的文采流韻、器宇見識，氣質修養來講，像陶希聖這樣的書生很容易對汪產生好感，並不是一件奇怪的事情。但不可否認的是，此時陶對戰爭情勢亦不甚樂觀，與汪等人的看法如出一轍，這就使得他們在政治上能夠同聲相應、同氣相求，再加上先前「改組派」這一層關係，陶隨汪而出走，雖在意料之外，又在

[43] 陶恒生：《「高陶事件」始末》（何茲全）序二，第8頁。

情理之中。從他1938年12月31日給駐美大使胡適的一封信中可窺見當時的真實心態：

> ……蔣先生12月8日到重慶。他的態度完全改變，對於國家處境困難，全不考慮。他的全部計畫在提攜共產黨。他說日本沒有兵打仗了。他對於日本的和議，不假思索的拒絕。這樣的變動，以及客觀的困難，使汪先生及我們都感到一年半的努力進言都成了畫餅，更都成了罪狀。眼看見國家淪陷到不易挽救的地步，連一句負責任的老實話都不能說。幻想支配了一切，我們才決心去國。沒有帶出一個多的人，只有公博、佛海及希。我們不想作積極的打算。我們第一，想從旁打開日本與中國談判的路，戰與蔣戰，和與蔣和，再向蔣公建言力勸其乘時談判。如果做不到，我們便退隱不問政事，我們一樣愛護蔣先生，支持戰局。我們不同的只是認定再打下去，只有更加淪亡，更加無望，應當及時謀戰事的結束。[44]

此信寫於汪精衛在河內發表「豔電」的第三天，國民黨宣佈開除汪精衛黨籍、撤銷其一切職務的前一天。信很長，這裏只節錄其中一段。這封信透露了當時國民黨高層人物在重大國事上的嚴重分歧。這些話，陶之所以對胡適一人說，可見兩人的關係非同一般。應當承認，陶信中所說並無誇大之詞。從郭廷以或黃仁宇等當代著名史家的著述中，包括蔣介石本人的日記，都可證

---

[44] 《胡適來往書信選》，中華書局香港分局，1983年，第398—400頁。

實當時戰爭的慘烈與無助。「自淞滬作戰至南京的大屠殺之後，蔣介石所受到的羞辱與挫折，可以使多數的人肝膽俱裂，而且痛不欲生。開戰未逾六個月，敵方已佔領上海、南京、杭州、北平、天津、包頭、太原、濟南、青島，看來打通津浦路已是指顧間事……」[45]也就是說，抗戰初期，戰事並未如蔣介石想像中的那樣順利，國際間的反應「更足令人寒心」。然而，另有一事實不容忽視，甚至更為重要：雖然初期抗戰無爭勝之可能，但對於鼓舞人心則收效極大，正如唐德剛所說「殊不知處亂世，當大事，往往都是乘勢而為之的。……抗戰初期，全國上下，激於同仇敵愾之心，大家都忘其所以，而大叫其『抗戰到底』和『焦土抗戰』。與日偕亡之心，正是普遍的民氣，青壯年尤然，軍人更是如此」[46]。美國人史迪威時任駐華武官，他也看到了這一點，在日記中慨然寫道：「蔣介石不能放手。他呼籲全國，全國響應，現在他只能繼續下去。」蔣介石在1938年1月15日日記中也發誓：「……固無論其如何舉動，皆不能動搖我抗戰之決心及勝利之信念。」[47]如此看來，當時確實存在著一個對於時局估量的問題，這裏我們不妨將陶信中幾個關鍵字作一解讀，即可知汪、蔣二人的分歧在所難免：一，提攜共產黨。此時為國共第二次合作，國民黨內部有許多人反對，汪的多次表態更為明顯。尤其西安事變之後，蔣對中共的態度有所轉變。但大戰當前，惟有

[45] 黃仁宇：《從大歷史的角度讀蔣介石日記》，臺北時報文化出版公司，1998年，第194頁。

[46] 唐德剛：〈抗戰期中「高陶事件」的一家之言〉，臺北《傳記文學》2001年8月第471號。

[47] 均見黃仁宇：《從大歷史的角度讀蔣介石日記》，第193—194頁。

對各種抗戰力量進行整合，除此之外，別無他途；二，蔣拒絕和議。事實上，蔣為此努力過，但日本軍隊中的「擴大派」得志更倡狂，無法扼制，局部事件最終演變為全面侵華，此時若堅持再談，與國家利益以及民眾訴求相去太遠，蔣當然要拒絕；更者，南京失守後，蔣駐節武漢，日本人又提出新的條件讓德國駐華大使陶德曼轉達，當時蔣的反應極為強烈，認為「日本所提條件等於征服與滅亡我國，與其屈服而亡，不如戰敗而亡之為愈」；三，退隱不問政事。書生性格躍然紙上，一如明末四公子諸人，出則忠義也好，入則孝悌也罷，然而遭遇一點挫折，即歸於一個「隱」字，全無政治上的勇氣和遠見，是自己先打敗了自己，開始退居主流政治的邊緣……等等這些，可見汪精衛等人在國勢日蹇之下無可如何的一種真實心態，其可笑之處，將為後來的歷史所證明。陶希聖在政治上一時之糊塗或迂腐，說他在關鍵時刻「走失」，恐怕並不為過。1939年1月，陶希聖從河內到達香港，與高宗武二人在汪應否進入敵戰區這個問題上與周佛海、梅思平等人發生爭執，這時汪精衛想另立政府。陶派自己的學生武仙卿赴北平考察日軍佔領實況，特別囑其前往九道灣拜訪一下周作人。武仙卿回來後，轉達周對陶的忠告：幹不得！

其實，汪精衛夫婦從內心對陶並不信任。自心腹曾仲鳴在河內被刺後，汪精衛受到很大刺激，但此時通電既出，除投敵之外已無他法，真可說是陷入了政治上的一種絕境。不久，汪手下一班人潛入上海，汪夫婦則由河內到了廣州，陶希聖與陳公博仍留在九龍。1939年5月，汪夫婦派人到九龍讓陶、陳二人前往廣州。「公博與我初到廣州，即被接到愛群酒店。公博先到東山汪公館，數小時後，始有人來接我到東山。後來才知道汪夫婦對我已有猜疑之意」[48]。陶隨汪離開重慶，是「幻想支配了一切」，現在開始醒悟過來。6月5日，他給已在重慶的學生何茲全寫一信：

> 弟現正在於懸掛空中之境遇。弟以為中國對敵「戰則全面戰，和則全面和」，至其主體則「戰由國府戰，和與國府和」，如此始可不至於「戰既不能，和不由我」。此皆在國內時，曾為當軸深言之者也。迄今仍堅持不變。此堅持不變之立場，不因他人之轉變而動搖。以至自處於十二萬分之苦境，然亦不怨也。……因之謂汪即將組府者，姑無論汪之下有人力主與否，斷不能很早成為事實也。……汪之舊人不恤離去以相爭，只有某某新交力主組府，然組府豈易為哉……[49]

某某「新交」指的是周佛海、梅思平等人。周、梅二人先前均為蔣的舊部與親信，他們亦隨汪而出走，其本身就有疑點多多。陶信中說汪的舊人不恤相爭而去，指的是顧孟餘或陳公博，對於汪在河內發表「豔電」一事，顧與陳實際上是不贊成的。據陶希聖回憶：「周佛海與梅思平是出自蔣先生門下的，他們能走到哪裡去呢？以前好幾次，汪先生與蔣先生不合，事後還可以見面，至於他們二人，還能跟蔣先生見面嗎？他們是走上一條不歸路了。我與公博主張到巴黎去，但是這就政治上而言，是無意義

48 陳存恭等：《陶希聖先生訪問記錄》，第110頁。

49 1939年至1941年間，陶希聖給何茲全寫過27封信。歷經劫波，保存下來，實屬不易者。信的原件後均交陶恒生先生保存。

的事，他們不肯……」[50]汪組織內部開始出現分歧毋庸置疑，陶希聖與高宗武的看法似更為接近，但陶又發現，「這時汪夫婦與我們已經沒有什麼可談的……」[51]這一年8月，汪在上海召開所謂國民黨「第六次全國代表大會」，這顯然是一次不合時宜、甚至是非法的會議。汪指定陶希聖為「中央黨部宣傳部長」，周佛海、梅思平分任秘書長和組織部長。對陶來說，這是一個辭受兩難的任命，其處境一下子變得「敏感」起來。重慶國民政府明令通緝這些人，但在通緝名單上卻沒有陶希聖的名字。後來才知道，國民黨中央執委會在通過通緝名單時，蔣把陶的名字給圈掉了。「圈掉雖然沒有什麼，但是，卻使我陷入被監視的情勢」，陶後來這樣說。

接下來是令人沮喪的南京之行。

這時歐戰已經爆發，日本與德國、義大利、蘇聯的四角關係益見密切與複雜。雖然俄國人支持中國對日抗戰，但同時也未放棄與日本保持聯繫。這時影佐機關積極活動，以促汪精衛早日組府。以日方某些人的設想，第一步是在南京，先讓汪與兩個傀儡分子王克敏、梁鴻志見面。照日本人看來，汪等若想組府的話，必須得到這兩個人的協助才行。其實，在當時的中國政壇，王、梁二人與唐紹儀、吳佩孚一樣，基本上都是屬於那種過氣的人物，日本人的「盤算」不免滑稽可笑。1939年9月19日，汪一行人從上海乘火車抵南京，有周佛海、梅思平、陶希聖，還有高宗武。高是自己提出來要去的，汪誤以為這時悲觀的高宗武也開

[50] 陳存恭等：《陶希聖先生訪問記錄》，第109頁。

[51] 陳存恭等：《陶希聖先生訪問記錄》，第110頁。

始樂觀起來。從高的未刊回憶錄中可知，他之所以自告奮勇，是想透過王克敏其人勸汪不要另立政府。五年前，高在國民政府外交部任職時，曾奉命處理華北事務與王克敏打過交道，王對其特別賞識，甚至想把自己美麗的女兒嫁給這位年輕人。到南京後，高即與王秘密見面。王這時差不多全盲，仍戴著墨鏡。高對他說：「我對這些會議完全沒有興趣。我來南京的目的只是要來看你，希望能夠說服你阻止組織傀儡『中國政府』，你我都很清楚日本人是在玩弄把中國分而治之的老套，這對中國非常有害……」王長歎：「前途很黑暗。過去幾年每次向日本人提出要求，都要激烈爭吵。而每次我都失敗。我絕對反對成立新政權。」在高宗武的說服下，「在現在的傀儡與將來的傀儡的會議上」（高宗武語），王真的站起來反對建立什麼「新政府」，但他的意見未見採納。汪、王、梁三人的會談，實際上徒勞無功，結果是汪派背後的影佐機關、梁背後的原田機關、王背後的喜多機關——日本人自己談了起來，這些人各自代表一方勢力，既對立又勾結。陶希聖不禁歎道：「這麼一來，使我們更加看透了傀儡之所以為傀儡者的鮮明事實」，這裏的「我們」不包括汪、周、梅諸人，而是陶本人與高宗武。陶希聖當時就對周、梅二人打了一個比喻：這如同四人打麻將，背後各有一個參謀。打了兩圈之後，參謀們自己伸手直接打了起來，結果弄得本來的四個人只好束手旁觀……在離開南京前夕，日本華中司令山田中將，在傅厚崗一幢洋房裏舉行宴會。席間，高宗武臉色突然蒼白，幾乎要昏厥過去。眾人以為食物中有毒，大驚失色。高被周佛海扶至另一房間休息。其實是虛驚一場，數分鐘後，高漸漸恢復了正常。但此事卻可見參與者的緊張心情。高後來解嘲說，「我猜那是山田身上的酒氣和傀儡們的諂媚醜態造成的」。當天晚上，高對陶希聖、梅思平說，讓他們盡一切辦法阻止「新政府」的成立，陶一口答應，梅則不表態。「汪先生從南京回上海，再開會時，大家都不願提起此行，只是心裏都蒙受上一層漆黑的影子，是侮辱，是羞恥，也是懊悔」[52]，這是陶希聖對南京之行的悔恨之筆。

此時，重慶方面在指揮奮力抗戰。1939年9月初，日軍為配合德、意在歐洲戰場的進攻，調兵會攻長沙。國民政府下令第九戰區司令長官薛岳組織長沙會戰。中國軍隊採取「逐步抵抗、誘敵深入」的戰術，利用有利地形，消耗敵人，各個擊破，打到9月底，日軍已糧盡力竭，無力組織新的軍事進攻，不得不退至汨羅江，隨即全線撤退，中國軍隊取得了長沙會戰的勝利，共殲日軍三千多人。這一年12月11日，蔣介石宣誓就任行政院長；16日，李濟深、陳誠奉命自重慶抵廣西，協助白崇禧組織南桂戰役；1940年元旦，蔣介石發表廣播講話，號召全國軍民努力實行精神總動員；次日，中國國民外交學會電請羅斯福總統對日實施經濟制裁。而這一階段，汪精衛等人又在做了些什麼呢？1939年10月，日方影佐禎昭少將向未來的所謂「新政府」提交了一份「日支新關係調整要綱」及附件，其條件之苛刻，其野心之若揭，遠遠超出一年前的「重光堂協議」和「近衛聲明」。陶意識到問題的嚴重性。11月3日分別致函汪、週二人，表示不願再出席這樣的會議，更對陳璧君說：這份「要綱」實質是德蘇瓜分波蘭之後，日蘇再瓜分中國；所謂談判，不過是這一瓜分契據，由

[52] 以上均參見高宗武未刊回憶錄第5章（2005年6月在美國斯坦福大學胡佛研究所被發現，係英文稿，其引用內容為陶恒生翻譯）以及《陶希聖先生訪問記錄》，第114頁。

幾個中國人簽字而已……陳璧君將此話轉告給汪，汪聽了落淚不止。汪精衛顯然被這些內容嚇壞了，他對高宗武說，「看來那些主張抗日的人是對的，而我們錯了……」然而，此時的汪精衛已是無路可走。當影佐以淚洗面，承認其「要綱」確與近衛聲明有不相符合之處，並願回東京叩請近衛公出面干涉時，汪精衛竟相信「影佐還是有誠意」的。陶希聖當即問：「汪先生是不是相信影佐的眼淚？」而高宗武早就說過，「哭泣是日本軍人傳統的策略，眼淚猶如他們的武器……」

如此之下，高宗武、陶希聖二人決定脫離汪組織。1940年1月3日，在杜月笙的秘密安排下乘「柯立芝總統號」（此船名乃根據高宗武未刊回憶錄）潛離上海，1月5日安全抵達香港，陶妻及子女則滯留滬上以應付汪精衛與陳璧君。後陶妻佯稱欲勸夫歸來騙過汪夫婦，於1月13日攜兩幼子赴港；三個大孩子則為杜月笙手下營救，亦於1月20日逃出……1月22日，高宗武、陶希聖二人在香港《大公報》披露汪日密約《日支新關係調整要綱》及附件，此舉震驚海內外，亦即轟動一時的「高陶事件」，史稱「小西安事變」。

五、「參政而不知政」

如果說，1938年底陶希聖跟隨汪精衛等人出走河內，對他個人來說，已是對重慶方面或蔣介石在政治上的一個背叛，那麼陶為何又要在第二年8月從廣州前往上海，以至演繹出上述一段失魂落魄的故事呢？這就要從陶的書生性格來加以分析了。誠然，對時局的誤判乃一重要原因，但陶希聖卻又是傳統意義上的一個中國知識份子。自幼讀四書五經長大，舊學新知參半，尤對史學抱以極大的興趣。他不似胡適、羅家倫、王世杰、吳國楨、雷震、高宗武這些人，有留洋的背景。他受業於北大，還教於北大。在上海賣文為生時，常穿一件古銅色線春長袍，煙癮甚大，雙袖龍鍾，儘是燒痕，猶見舊時風雅。然而，處斯亂世，廁身政治，自覺清醒，實則不通，就像其老友陳布雷在自殺前所感慨的那樣：參政而不知政；更有「士為知己死」的傳統觀念在隱隱作祟，難免不辨阡陌，誤入歧途，自招其禍。陶希聖在離港赴滬之前，「思想上已極端痛苦，很想離開汪了。但他仍是去了上海。無他，重情面、重感情；一拉，強拉，就抹不開面子又跟著走了。最後，日本人拿出『密約』，要汪等簽字，他才清醒了，知道到了主和和投降的分界線了，才斷然割斷情感，破除情面，攜『汪日密約』，冒生命危險，回到香港，最後又回到重慶」[53]。實際上，陶去上海還有另一層想法，從他對女兒的自敘中可略知一二：

> 春秋時代，楚國有兩個人，一個是伍子胥，一個是申包胥，他們二人是好朋友，但他們的志向卻完全相反。伍子胥對申包胥說：「我立志要亡楚」，申包胥發著誓的回答道：「我立志要存楚」。這是一個著名的故事。現在，我要到上海去，為的什麼呢？周佛海、梅思平兩先生立志要送汪先生進到南京，我要立志去阻止他。我留在香港沒有用，一定要去上海救出汪先生。我要保存中華民國的體制，要去把「主和」與「投降」兩件不同的事分開。我是

[53] 陶恒生：《「高陶事件」始末》（何茲全）序二，第9頁。

一個書生，過去幾十年裏，本著祖宗的家教，研究了十幾年的法律。我不曾作過一件對不起人的事。然而從前我把周佛海、梅思平引見給汪先生，現在竟成為我良心上的苦痛，這是我追隨汪先生十餘年來惟一對不起他的事。現在我便是賭著生命到上海去糾正他們，以盡我心。[54]

想做春秋的申包胥，其實哪有這般簡單！汪精衛夫婦本來就不予信任之，且他們在政治上已無路可走，即使陶希聖想秦庭大哭，七日顆粒不進，但汪精衛不是秦哀公，絕然不會有「楚雖無道，有臣若是，無可存乎」之感動。事實正是這樣，汪等人不僅沒有打消組府之念，反而愈陷愈深，陶希聖上海之行為禍還是福，殊難逆料。他感到了生命絕無保障，一度絕望，「今天我活著，也許明天我就死了；……這一次的走，尤其是可悲的」。這一年，陶希聖四十不惑，雖有用世之志，卻步入荊棘叢中，其才無由得展。他本人也不得不承認：「人徒有學問而無決斷乃自誤耳，我為覆車之鑒」，這當然指的是性格上的缺陷。平心而論，陶希聖本是一個不合搞政治的人，尤其是置身在一個態度曖昧、派系紛爭的政治集團內部，「愛面子、重感情、遇事猶豫不決」（何茲全語）這一弱點，實際上是導致「進退失據」的主要原因。「公無渡河，公竟渡河。墮河而死，將奈公何」，《樂府詩集》中這首古詩，被今人研究出是韓國文學中最古老的一首歌謠。西元前200年左右大同江上的漁夫向家人敘述了這樣一個故事：一個白髮狂夫、提著酒壺準備渡河，其妻苦勸不要這樣做，

54 陶琴薰：〈我家脫險的前後〉，原載於1940年1月30、31日香港《國民日報》。

但他一意孤行，結果墮河而死。無奈的妻子，援箜篌而哀唱：「讓你不要渡河啊，你偏偏要去渡河，墮落河中死亡，能對你有什麼辦法呢！」聲甚悽愴，曲終亦投河而盡……陶希聖在回首當年與汪等人發起所謂「和平運動」這一不堪經歷時，有著說不出的悔恨，並以其「公竟渡河之悲劇」的傷感，尤見心情。他更對何茲全如實承認：「……好比喝毒藥。我喝了一口，發現是毒藥，死了一半，不喝了。汪發現是毒藥，索性喝下去。」那一年初秋，筆者去北師大紅二樓拜望九五高齡的史學家何茲全先生，何先生當時就說，陶希聖一生無疑是一場悲劇，乃一個關心國事的知識份子的悲劇。何先生在《「高陶事件」始末》序二中也這樣說：「業師陶希聖先生一生……可以說生活在兩個天地裏：一個是學術天地，一個是政治天地，」而「學術天地」則是「更重要的一面」[55]。何先生的話外之音，足見也認為陶希聖從政是其一生中的「走失」或「錯位」。陶希聖在耄耋之年，出言謹慎而又謙恭，自認為「希聖一生，可分二期。前期由學生至教授；後期由教授而記者。一般人方登教席，即自稱講學，則不然。北平六年仍是求學，不敢以講學自命。一般人方入政府，即自稱從政，我亦不然。希聖任國防參議員，國民參政員，軍事委員會委員長侍從室少將組長，總統府國策顧問，立法委員，所更非一。揆其實，以新聞記者執筆論政而已，不敢以從政自稱」。或許緣於彼時「天高雲淡」的一種心態，陶以近乎戲謔的口吻將其「從政」的經歷輕描淡寫地簡約之，或可反映出他本人對其從政生涯的一個否定。他多次提及蔣介石的「不殺之恩」，甚至又說「殊

[55] 何茲全：《「高陶事件」始末》（陶恒生著）序二，湖北人民出版社，2003年，第7頁。

未料委員長知我之深，甚至畀我代大匠斲。我明知其有傷手之虞，亦唯有盡心悉力捉刀以為之」[56]。陶希聖自1942年從香港回到陪都重慶後，在委員長侍從室第五組名為研究與工作，實為置身在戰時軍政樞密關所之內，「無異於海上孤帆得此避風塘」，即所謂「大隱隱於朝」，從此「食其祿，忠其事，不僅為蔣起草《中國之命運》，而且與蔣共命運，未能盡展其才與盡致其用，這再一次表明學者『參政而不知政』的悲哀……」[57]

[56] 陶希聖：《八十自序》，第30頁。

[57] 陶恒生：《「高陶事件」始末》（章開沅）序一，第5頁。

中編

國民革命與抗戰時期的陶希聖

第一章

希望與幻滅：1927年的陶希聖

「個人之生涯有如潮流中之點滴，在中國革命的潮流中，單就這一點滴來說，本沒有什麼可以寫作的，但是從潮流看點滴，從點滴看潮流，便有不少的事情可寫。」

——陶希聖

由於陶希聖先後與汪精衛和蔣介石有著密切的關係，長期以來被正統史學家定位於「大地主、大資產階級反動文人」。近年來，隨著一些歷史檔案的公開和當事人的回憶，大陸學界對陶希聖的學術思想研究漸次關注，畢竟陶希聖在中國近代史學史上佔據重要地位，是一位「開創學派的社會史教授」，（唐德剛）[1]是「研究中國社會經濟史最早的兩位大師」之一。（顧頡剛）[2]上世紀三、四十年代，一日本學者甚至說「陶希聖是代表東方文化的，而胡適代表了西方文化，因此，陶比胡更重要。」[3]近年來，學界先後有翁賀凱的〈1927-1934陶希聖之史學研究與革命論〉、李洪岩的〈陶希聖及其中國史觀〉、向燕南的〈拓荒與奠基：陶希聖創辦《食貨》的史學意義〉、何茲全的

1 唐德剛：《「高陶事件」始末·序言》，湖北人民出版，2003年，第23頁。

2 見顧頡剛：《當代中國文學》，遼寧出版社，1998年。

3 參見陶恒生：《「高陶事件」始末》，湖北人民出版社，2003年，第28頁。

〈我所經歷的20世紀中國社會史研究〉等文章推出，以及阿里夫・德里克《革命與歷史》著作出版，這些成果對陶希聖的社會史和唯物史觀等均有深入而有成效的研究。

陶希聖是政學雙棲的風雲人物，其複雜的、帶有爭論性的政治生涯，雖相對於他的學術思想被大陸學人關注要滯後得多，但也不乏成果，如陶恒生《「高陶事件」始末》一書，范泓〈書生論政是書生——真實的陶希聖〉、〈陶希聖：公竟渡河之悲劇〉、〈《獨立評論》中的陶希聖〉等文章，對這位曾是歷史製造者的「點滴人物」某一段政治生涯作了翔實而客觀的論述。

早年畢業於北京大學法學院的陶希聖，憑其深厚的史學、法學功底，和「錦繡文章，字字珠璣」，在上世紀二三十年代名噪一時，並深受「純謹儒者」陳布雷的青睞。但在1937年，他最終「棄學從政」，進入委員長侍從第五組，成為國民黨核心權力之要角。此舉並非偶然，除了陶氏身上具有的中國傳統思想「學以致用」之秉性外，也與他十年前「一番痛苦的經歷」有密切關係，這是一段幾乎被歷史塵封的往事。

十年前，正值中國國民革命高潮之際，陶希聖辭職踏上軍旅之途，出任黃埔軍校武漢分校政治教官一職。「當一身一家西上之初，決投筆從戎之志，及其捲入風暴之內」，翻騰、磨歷、死裏逃生，再返上海，那「一番痛苦的經歷，融化了他的思想，增加了他的見識，助長了他的文筆的毫芒。」[4]

本章以陶希聖在武漢分校時期的社會活動為關注點，通過對這位年輕的政治教官在中國這段甚為複雜、吊詭的革命風暴中

---

[4] 陶泰來：《陶希聖年表》，未刊稿。

的「心路歷程」作一實證性分析，並借助這一個案的研究，展現出當年國共兩黨的政治社會活動過程。從中我們看到，曇花一現的武漢國民政府，只是中國傳統政治舊體制消解新體制還沒產生的過渡期產物。1927年國民革命陣營的分裂，最終影響了近代中國的政治走向。

一、在中國革命的洪流中，我只是一個點滴

1927年1月，在上海商務印書館編譯所就職的陶希聖，突然接到黃埔軍校武漢分校的聘書，他被聘為軍校政治部政治教官。正在吃午飯的陶希聖興奮地將筷子插在腰間，對妻子萬冰如說：「中校教官！我要帶指揮刀了！」他當即定了一艘江輪的房艙，辭掉工作，攜家人啟程前往武漢。此時，他並不清楚軍校的情況，甚至對國共合作的情形也知之不多，只是在啟程前，匆忙「訪問好幾位國民黨友，從他們的口裏，得知國民黨與共產黨的關係，及其現狀。」[5]

一介書生的陶希聖之所以走得那麼急促、果斷，與他的思想傾向有關。

1925年，陶希聖在他主編的《獨立評論》週刊上，打出「民族自決，國民自決，勞工自決」三個口號。所謂民族自決，與右翼醒獅派推崇的國家主義有別；所謂國民自決，即是民主主義；所謂勞工自決，乃是反對「職業革命家」提倡的工會運動。國民黨上海市黨部認為陶氏的「三自決」主張，符合孫中山的三民主義，力勸陶加入中國國民黨。

---

[5] 陶泰來：《陶希聖年表》，未刊稿。

陶希聖的「三自決」口號，源於他對中國社會的觀察和親身實踐。早在出任《獨立評論》主編之前，陶與當時大批的知識群體一樣投身於社會潮流中。第一次世界大戰引起全球格局的改變，也為國內帶來一種新思維。五四運動後，北洋政府在知識青年眼中意味著舊制度、舊官僚，非打破不可。六年後，爆發五卅慘案，五四運動的「內除國賊、外抗強權」口號迅速轉化為「打倒列強除軍閥」，反列強愛國浪潮一時席捲全國。五四運動和五卅運動，是中國現代史上促進民族覺醒與個人覺醒的兩大政治事件。親歷這兩個運動的陶希聖說：「民國八年（1919年），我在學生時期，參加了北京的五四運動。十四年（1925年），我在自由職業者時期，遭遇了上海的五卅事件。這兩個事件對於我的學業、思想與生活都有重大影響」。[6]

五卅慘案很快演變為全國性抗議事件。時為全國書刊出版中心的上海，迅速成為社會運動與思想運動的推進地。在上海兩大書局之一的商務印書館有著一份安逸工作的陶希聖關注這一事件，並分別投稿給《東方雜誌》和鄭振鐸的《公理報》，他援引英國普通法，指責英國巡捕槍擊群眾之非法。文章刊出後，英國領事要向法庭指控陶希聖有辱大英帝國尊嚴，而上海學生聯合會即聘請陶氏為法律顧問。與此同時，「我（陶希聖——引者注）參加了上海學術界十個人連署的宣言，對南京路巡捕房槍殺群眾的慘案表示抗議。《上海商報》立即發表社論以示聲援這一宣言，社論的執筆者，是當時的名記者陳布雷先生」。[7]「商報

6 陶希聖：〈八十自序〉，原載臺北《傳記文學》第33卷，第6期。

7 陶希聖：《潮流與點滴》，（臺北）傳記文學出版社，1979年6月再版，第78頁。

以社論能言敢言著稱」，陶希聖還說：「我們對於商報主張公道，十分欽感。」[8]陳布雷時為《上海商報》編輯部主任和社論主筆，他的政治觀點與廣州的國民黨遙相呼應，並深受孫中山的賞識和肯定。中國共產黨機關刊物《嚮導》也經常轉載《上海商報》社論。陳、陶二人惺惺相惜，後成為至交。

這件事對陶氏來說「非同小可」。在此之前，他的文章大多見刊於比較邊緣的《婦女月刊》或《學生》雜誌上。《東方雜誌》通常只刊發名流的文章，「至此時，我的論文開始在那樣的大雜誌上發刊」。從五四到五卅，從學生轉為文人的陶希聖在政治上獲得前所未有的覺醒，他對中國社會問題漸次留心，他的社會關係也日漸廣闊。[9]

1926年5月，蘇州學生聯合會代表來上海邀陶氏參加五卅慘案一周年紀念大會。在蘇州東吳中學，四周孫傳芳軍警林立，陶希聖頂著壓力登臺演說，呼籲「廢除不平等條約」，響應廣州國民革命號召。正如他日後說的，「民國十五年為中國大革命到達最高潮的一年，亦是希聖從久病困頓之中，挺身站起來的一年。」[10]

陶氏以文字、演講鼓吹的方式參與革命，成為革命潮流中一點滴。商務印書館編譯所同事、《孤軍》主編何公敢登門拜訪，力邀陶氏撰寫時政文章，並介紹陶希聖、梅思平（陶的北大校友，也是商務印書館同事）加入孤軍社，其成員還有周佛海

8 陶希聖：〈記陳布雷先生〉（上），台北《傳記文學》第四卷第五期，第6頁。

9 參見范泓：〈書生論政是書生——真實的陶希聖〉，載於湖南教育出版社《書屋》雜誌，2005年第8期，總第94期，第30—38頁。

10 陶泰來：《陶希聖年表》，未刊稿。

等。[11]孤軍社的抱負甚高，自認為是國民黨、共產黨以外的一個政團。周佛海、陶希聖、梅思平三人更是志趣相投，遂成好友。不久，周佛海經戴季陶推薦投奔北伐國民革命軍總司令蔣介石，出任黃埔軍校武漢分校秘書長兼政治部主任。周大力推薦他的好友陶希聖、梅思平和商務印書館另一同事吳文祺為武漢分校政治教官。這種同事加朋友的小圈子關係一直維持到40年代初，他們後來各自在中國的政治舞臺上扮演著舉足輕重的角色。

就在陶希聖赴武漢前一個月，國民革命的中心已從廣州移至武漢。由共產國際駐華代表鮑羅廷倡導、國民黨左派和共產黨人聯合成立了「臨時聯席會議」。[12]江城一時革命氣氛高漲，北伐軍意氣風發，工農運動如火如荼。「革命」成了一個神聖字眼，在武漢分校的學生眼裏，「革命」高於一切：「我們是革命的爐火中陶冶出來的，我們每個細胞和血管裏，充滿著都是革命的熱潮，並無一毫私誼於其間，我們只知道革命與反革命，哪裡還管得到同學不同學。」[13]1927年農曆新年，《民國日報》鬧罷工，報社印刷廠全部停頓，總編輯沈雁冰召集工人講

---

[11] 周佛海(1897-1948)，曾參與組織旅日共產主義小組。中共一大後，中央局書記陳獨秀在廣州未回上海前，周一度代理書記職務。之後，周佛海以優異成績畢業於京都帝國大學。在這段時間，因受到日本學者〈早熟的革命〉一文的影響，周佛海對共產主義產生了懷疑。1923年，面對即將失去日方學習資助的周佛海正在茫然無措之時，戴季陶來信稱蔣介石政府願出每月200大洋的高薪聘請周佛海回國任職。1924年，周佛海脫離了共產黨，加入了國民黨，而後在廣東、上海、武漢等地任大學教授。直至1926年，才輾轉投到蔣介石門下。

[12] 全稱為「中國國民黨中央執行委員會暨國民政府委員臨時聯席會議」。

[13] 革命生活日刊社：〈討蔣特刊〉，1927年4月23日，見廣東歷史博物館編《黃埔軍校史料（1924—1927）》，廣東人民出版社，1985年，第474頁。

話：「本報是革命的宣傳機構，怠工就是反革命」。這頂「革命」帽子果然奏效，工人立即復工。革命觀念深入各階層，甚至成為一種時尚，過江輪船上貼有「中國革命是世界革命不可分割的一部分」彩色標語，就連工商老闆們在演說時，也會高呼一句「世界革命萬歲」！武漢的熱血青年，更是豪情萬丈：「我們簡直成為世界革命的中心區，可以左右世界革命的成敗」，「只有革命是我們的出路」。他們熱情歡呼：「革命的潮流氾濫了」。[14]

在充滿革命激情的二十年代，經過五四和五卅薰陶的知識青年踴躍參與各種社會事務，他們給現代軍隊和政治機構帶來一股新生力量，當時社會流行三句口號：「到軍隊去，到工廠去，到農村去。」[15]

陶希聖正是在這個充滿興奮、騷亂、破壞和創造的革命氣氛下「到軍隊去」。那年他27歲。

二、捲入武漢風暴之內

陶希聖甫到武漢，捨舟上岸，就看見高掛街頭、觸目驚心的白布黑字標語：「打倒昏庸的老朽！」、「反對軍事獨裁！」。所謂「昏庸老朽」是指中國國民黨中央常會主席張靜江，「軍事獨裁」是指蔣介石。國民革命軍總司令、黃埔軍校校長轉眼成了被打倒的「軍事獨裁者」？這個志願參加北伐的書生

14 葉永蓁著：《小小十年》，新文學碑林第二輯，人民文學出版社，1998年，第112、121頁。

15 胡耐安遺作：「五十年前一筆難算的帳」，《傳記文學》（台北），第32卷，第5期。

第一次遭遇這種黨派衝突，未免感到驚訝和悚動，[16]他隱隱覺得踏入了紛爭之地。

1927年是國民革命的多事之秋，第一個衝突由「遷都之爭」引起，蔣介石主張國民政府遷贛，武漢「臨時聯席會議」則堅持遷都武漢。史達林要求鮑羅廷親赴南昌勸服蔣，又通過蔣介石身邊的邵力子遊說蔣。

未等鮑啟程，蔣介石已偕同彭澤民、顧孟餘、何香凝以及他所信任的蘇聯軍事顧問加倫於1927年1月12日抵達武漢。蔣此行目的是遊說國民政府遷贛，武漢方面則希望蔣留鄂，兩派遂引起衝突，在歡迎蔣介石一行的晚宴上，鮑羅廷不由分說地訓斥蔣一番：

> 今日能夠得到武漢，今日能夠在這個地方宴會，是誰的力量呢？並不是因為革命軍會打仗，所以能到這裏的，乃是因為孫中山定下了三大政策，依著這三大政策做去，所以革命的實力才會到這裏的。什麼是中山先生的三大政策呢？第一是聯俄政策，第二是聯共政策，第三是農工政策。——以後如果什麼事情都歸罪到CP，欺壓CP，妨礙農民工人的發展，那，我可不答應的。[17]

---

16 陶泰來：《陶希聖年表》，未刊稿。

17 梁紹文：〈三大政策的來源〉，載《進攻》週刊第二期。參見楊天石《蔣氏密檔與蔣介石真相》，社會科學文獻出版社，2002年，第191頁。

鮑的這番話，被蔣介石視為「生平之恥無逾於此」，[18]「在宴會場中幾百人的中間，把我一個國民革命軍的領袖，又是中國國民黨裏面的一個領袖，來給他一個外國顧問蘇俄代表當奴隸一樣教訓，這是怎麼一回事？」[19]次日，當鮑羅廷和孫科拜見蔣介石時，蔣忍不住惡語相向：

「哪一個軍人是壓迫農工？哪一個領袖是摧殘黨權？」「昨晚在宴會中間所講的話，我可以說，凡真正的國民黨員，乃至於中國的人民，沒有一個不痛恨你的」，「並不是我們放棄總理的聯俄政策，完全是你來破壞我們總理聯俄政策，就是你來破壞蘇俄以平等待我民族的精神。」[20]

鮑羅廷雖對晚宴的「訓斥」感到後悔，事後託宋子文等對蔣表示歉意，甚至聲言今後願與蔣一同隨軍行動，「不問中央事」，[21]但暗地裏鮑並沒有停止反蔣。當蔣還在武漢期間，街頭已出現「打倒蔣介石」的標語。蔣於1月18日返贛，臨走前他對

[18] 王宇等編：《困勉記初稿》卷5，第11頁，蔣中正檔。參見楊天石《蔣氏密檔與蔣介石真相》，社會科學文獻出版社，2002年，第191頁。

[19] 蔣介石：〈黃埔同學會會員大會訓詞〉（1927年4月20日）。《蔣介石言論集》第四集，第280頁。

[20] 蔣介石：〈在慶祝國民政府建都南京歡宴席上的講演詞〉，上海《民國日報》，1927年5月4日。

[21] 事後，鮑羅廷對這段講話頗為後悔，他說：「我擔心犯了錯誤，我尋思在這個問題上我是否犯了錯誤。我們參與反對蔣介石是輿論壓力所迫的。我不知道我的做法是否正確。跟隨蔣介石我們有可能進軍北京，跟隨這個黨（即國民黨），這個可能性就不大了。」參見楊天石《蔣氏密檔與蔣介石真相》，社會科學文獻出版社，2002年，第191頁。

周佛海、陳銘樞等人說：「此間形勢不可久留，我去矣，汝亦速去為好。」[22]事後，耿耿於懷的蔣介石以鮑羅廷當眾侮辱他為由，不僅要求國民政府撤銷鮑的顧問職務，[23]還要求共產國際召回鮑羅廷。戴季陶和鄧演達都極力反對，戴為此還大哭一場。蔣甚至直接去電鮑，[24]敦促他離開。鮑羅廷也不甘示弱，試圖動員李宗仁取代蔣介石，遭拒絕。鮑、蔣之間的裂縫越來越深。

「遷都之爭」使武漢的共產黨人和國民黨左派感到蔣介石搞軍事獨裁的危險，於是大張旗鼓地發起了恢復黨權運動，不僅要「打倒張靜江」，擠走同情蔣的十一軍軍長、武漢衛戍司令陳銘樞，還推動總政治部主任鄧演達以及孫科等人公開撰文，影射抨擊蔣搞個人獨裁。

在看似個人威信比綱領更重要的政治情形中，這種個人恩怨的背後，是黨權與軍權之爭，是關乎國民革命的手段和前途之爭。武漢政府，是國民黨左派、共產黨人和蔣介石衝突的產物，這就預示著1927年的武漢不平靜。

正在此時，陶希聖興沖沖趕至武漢，那些觸目驚心的標語一時還沖淡不了他加入革命潮流的躍躍欲試的興奮和期待，雖然

---

22 何成濬：〈八十回憶〉，《近代中國》（臺北）第23期，1982年6月30日。參見楊天石《蔣氏密檔與蔣介石真相》，社會科學文獻出版社，2002年，第191頁。

23 王宇等編：《困勉記初稿》卷5，第12—13頁，蔣中正檔；參見楊天石《蔣氏密檔與蔣介石真相》，（北京）社會科學文獻出版社，2002年，第193頁。

24 陳公博：《苦笑錄》，東方出版社，第65頁。當汪精衛回到上海時，蔣提出的三個條件之一，就是「把蘇俄代表鮑羅廷趕走，此人在武漢成了太上皇，非把他趕走不可。」參見林思雲：〈國共分裂前後〉，轉載自《中國報導週刊》[http://www.china-week.com]。

「投下一道陰影，我仍然一往直前」。[25]他不知道自己也行將被捲入政治紛爭的漩渦之中。

成立於1926年11月的黃埔軍校武漢分校設在前清湖廣總督張之洞創辦的兩湖書院內，同盟會元老黃興曾在此讀過書，這也是陶希聖父親住過的地方。書院前臨大江，後枕蛇山，右抱黃鶴樓，左前方與古戰場赤壁遙遙相對，風景開闊，形勝天然。

軍校大門粉刷兩條醒目標語：第一步使武力與國民團結；第二步使武力為國民武力。大門正對著的門牆上，寫著國民政府建國大綱二十五條。陶希聖一踏進軍校，就被這種激昂的革命氣氛所感染。陶氏在教官宿舍住下，換了軍服，學打綁腿，還使喚一個勤務兵，只可惜軍官們一律不帶指揮刀！陶氏說，「我接受了任命狀，是蔣校長署名頒發的。我的姓名，原是『陶彙曾』。但任命狀上寫的是我的別號『陶希聖』。從此以後，我就以字行了。」[26]

武漢分校為國民黨左派和共產黨人所控制，學校招考委員會幾乎是國民黨左派和共產黨人：鄧演達、陳公博、郭沫若、李漢俊、董必武、包惠僧、王樂平等。代校長鄧演達是最堅定的國民黨左派領袖之一，[27]代黨代表為顧孟餘，教育長為張治中。政治部除了主任周佛海以外，政治教官以國民黨左派和中共黨員為多，如高語罕、譚平山、徐謙、施存統、吳文祺、梅思平、甘乃光、沈雁冰等，政治總教官惲代英更是著名的共產黨人。具統

[25] 陶希聖：《潮流與點滴》，臺北傳記文學出版社，1979年再版，第88頁。

[26] 陶希聖：《潮流與點滴》，臺北傳記文學出版社，1979年再版，第88頁。

[27] 鄧演達是廣東惠州人，他是先烈鄧仲元氏之侄，早年被孫中山選送留學德國，擔任過廣州黃埔軍校本校教育長。

計：1926年，在國民革命軍中有876名政治工作者，他們之中的75%是共產黨人和國民黨左派。1927年這個比例相近。陶氏應屬於這75%之內。

武漢分校籌備建立，正值國民革命高潮時期，全國有志青年投報武漢分校達6000多人，最終錄取986人。武漢分校的學生，特別第六期學生多是共產黨人和國民黨左派。學生的籍貫，以兩湖最多，江西次之，主要生源正好與武漢政府所能管轄的區域相仿。不久，廣州黃埔軍校本校的政治大隊整個遷來，炮兵大隊、工兵大隊亦由南昌西線遷來，全校學生共有6000多人，管理層分設為政治、教授、訓練、軍械、管理、軍醫等部門，學校的組織結構大致與廣州的黃埔軍校本校相等。

在「使軍隊的訓練和政治的訓練並重」，[28]和「革命要懂得革命的理論和意義，否則決不能建設革命事業」[29]的辦校宗旨指導下，軍校政治部地位重要，其主要作用是開展三民主義教育，灌輸士兵革命主義，以提高戰鬥力，也就是說，士兵不僅知道槍怎麼放，還要知道向什麼人放。在中國傳統的軍事教育中，士兵精神歷來不被重視。黃埔軍校倡導政治與軍事並重，這在中國近代軍校史上前所未有，「這種政治的訓練，實為本校制度之特點，亦本校精神之寄託」。[30]自黃埔軍校開辦以來，

---

[28] 鄧演達：「本校開學日鄧代校長訓話」，載《革命生活》1927年2月23日，參見廣東革命歷史博物館編：《黃埔軍校史料》（1924—1927），廣東人民出版社，1982年版，第421頁。

[29] 「本校開學日中央委員吳玉章之講話」，載《革命生活》1927年2月24日，參見廣東革命歷史博物館編：《黃埔軍校史料》（1924—1927），廣東人民出版社，1982年版，第423頁。

[30] 豐悌：〈本校從黃埔到南京的變化〉，載《黃埔軍校史料》（續篇），

一個以「主義兵」為中心的少壯軍人集團應運而生，成為國民革命的主要力量，並影響以後的中國政治軍事走向。

軍校開設的政治課程，大致有「社會科學概論」，「各國革命史」，「無產階級政黨史」，或是「帝國主義侵華史」，「階級鬥爭學說」等等。陶希聖擔任的課程著重解說列強侵略與不平等條約，以闡明國民革命的本質與意義。這些授課內容對於陶希聖來說，可謂駕輕就熟。早在上海商務印書館當編輯時，陶氏就對中國思想流派及其演變窮源溯流，並一直留心社會與政治問題。至於「政黨史」、「社會科學概論」、「階級鬥爭學說」也不陌生。1926年，陶希聖在上海大學講課時就開始接觸馬克思與列寧的論著。陶回憶說：

> 在此革命大潮流中，希聖受上海大學講師之聘，教法學通論。上海大學門首有一上海書局，出售瞿秋白及蔡和森等編譯的小冊子，其中有布哈林的《唯物史觀》，分為若干小冊子，陸續出版。希聖讀了這類小冊子，遂對馬克斯與列寧的論著，求購其英文及日文譯本，深進一層研究。[31]

20年代中後期，當中國社會革命日益凸顯激進時，中國思想界更願意接受馬克思主義的唯物史觀，這並不是它在史學方法上的優長，而是在於它與革命性變革的關聯，也就是說，其要旨不僅是關注社會問題，更重要的是改造社會。陶希聖讀完從俄文

廣東人民出版社，1994年，第504頁。

[31] 陶泰來：《陶希聖年表》，未刊稿。

翻譯過來的小冊子，還要「購其英文及日文譯本，深進一層研究」就不足為奇了。

陶希聖不僅是軍校教官，還兼任軍事委員會總政治部政治工作人員訓練委員會常務委員，訓練委員會主任是鄧演達。總政治部訓練委員會在武漢國民政府中佔據重要位置，軍隊中的實際工作是通過黨代表和政治部門來進行，政治訓練部至少在理論上控制陸軍中的軍和獨立師、海軍、中央軍事政治學校、總參謀部和軍需處的黨代表。[32]由此看來，陶希聖得到武漢政府實力派代表鄧演達[33]的信任。當時的訓練班設在糧道街福音堂，陶氏一家就住在福音堂偏院的小樓之上。

陶希聖雖然身兼兩職，仍志在教壇，他同時還擔任武漢大學政治法律教授。當時的武漢大學設在漢口博學書院舊址。他從武昌過江到漢口，還要走十幾里才到校上課。陶「在武漢大學又是有聲望的政治法律教授」。[34]陶氏很在乎這個職業。來武漢才幾個月的陶希聖，已成為一名亦政亦學的政治教官和大學教授，個人前途一時頗為暢達。但陶希聖以及他所在的軍校很快地被捲入「寧漢之爭」中。

在「漢」一方，國民黨左派和共產黨借助國民黨中央和國民政府駐地優勢，發動系列反蔣運動。1927年3月10日，國民黨召開「三中」全會，這是武漢反蔣的重要一幕，全會通過了系列

---

[32] 參見費正清主編：《劍橋中華民國史》，中國社會科學出版社，1992年，上卷，第631頁。

[33] 在汪來之前，「武漢的政局似乎是由政治部主任鄧演達主持一切。一般人只知道『鄧主任』，不知中國國民黨中央及國民政府。」陶泰來：《陶希聖年表》，未刊稿。

[34] 陶泰來：《陶希聖年表》，未刊稿。

議案：《中央軍事委員會組織大綱》，《國民革命軍總司令部組織條例》、《統一領導機關案》、《統一外交決議案》等，眾議案的核心在於抑制蔣的軍權，全會提出的口號是：「一切權力都要屬於黨」。為削弱蔣介石在國民黨中央領導機關的權力，全會免除蔣介石中央常務委員會主席、軍事委員會主席和軍人部長等職務，撤銷張靜江代理中執委常委主席和陳果夫的中央組織部長的職務。為改變蔣介石利用黃埔軍校培植私人勢力的狀況，會議甚至採納彭澤民意見，改軍校校長制為委員制，譚延闓、惲代英、鄧演達為常務委員。「三中」全會表面看似很成功。

武漢分校是武漢國民政府唯一的軍事學府，自然成為反蔣的中堅力量。3月12日，武漢分校學生不僅參加國民政府召集的反蔣動員會，還在軍校的大操坪召開聲勢浩大的反蔣大會，全體同學加上武漢學兵團共3000餘人，一時間，教室內外、禮堂、操場、大門全都貼滿了反蔣標語。國民黨中央機關報《民國日報》發表題為〈民眾聯合起來，推翻蔣介石〉的社論。軍校校刊《革命生活》主編羅君強請示與蔣介石有密切關係的政治部主任周佛海，校刊應持何種態度，周不得不說「隨潮流走好了」。[35]武漢政府的策略是以黨權限制軍權，但武漢政府只能對湖南、湖北和江西三省擁有脆弱的行政權力，當與槍桿子發生矛盾時，武漢政府很快出現力不從心的跡象。就在武漢打出「打倒獨裁者蔣介石」口號同時，在武漢管轄邊緣地帶卻出現「擁護蔣總司令」、「驅逐鮑羅廷」的另類聲音。國民黨「三中」全會所作的種種意在「恢復黨的力量」的《決議案》

35 羅君強：「對汪偽的回憶紀實」（節錄），參見全國政協文史資料委員會編：《中華文史資料文庫》，中國文史出版社，1996年，第43頁。

以及連番的動員宣傳製造輿論等方式，終不能解決實際的權力紛爭。

正在這時，被共產國際和共產黨人視作國民黨左派領袖的汪精衛於1927年4月10日抵達武漢，隨同汪到武漢的還有中共總書記陳獨秀，中共中央機關也跟隨陳獨秀從上海遷到武漢，一時間江城聚集了國民黨左派和中共中央的核心力量，革命氣氛驟升。汪精衛對著歡迎他的10萬民眾疾呼：「中國革命到了一個嚴重的時期，革命的往左邊來，不革命的快走開去！」「革命」成為一句時髦的口號。蔣介石也說過：「我只知道我是革命的，倘使有人要妨礙我的革命，反對我的革命，那我就要革他的命！」[36]天真的共產國際代表羅易於4月13日致電勸蔣：「一切革命力量的團結是最大的需要。」[37]羅易未料到在此前一天蔣介石已先下手為強，以「四·一二事變」為標誌，蔣在上海發起一場大規模的武力[38]「清黨」運動。蔣電令各軍，立即拘捕「總政治部主任鄧演達、副主任郭沫若及軍政治部主任李富春、朱克靖、林祖涵、彭澤湘、廖乾五等以及在師團連各黨代表及政治部指導員之跨黨分子」，被公開指名通緝的共產黨人達200人之多，鮑羅廷首當其衝。「清黨」運動成就了一個南京政府，其權力核心是以蔣介石為首的一批黃埔少壯派軍事將領。4月18日，國民黨正式公開分裂成「漢」「寧」對立。

---

36 蔣介石：〈總司令部特別黨部成立大會演講詞〉（1927年4月20日），見《蔣介石言論集》第4集，第124-125頁。

37 〈中國新聞〉1927年4月14日，轉引自羅伯特·諾斯等編著《羅易赴華使命》，中國人民大學出版社，1981年，第65頁。

38 《四·一二反革命政變資料選編》，人民出版社，1987年，第115－116頁。

在「漢」一方，汪精衛建立「國共聯席會議」，凡重要政令一律由國共兩黨合議施行。「寧」由此指責「漢」變「容共」為「聯共」。在武漢，革命的力量仍在於發動工農群眾。二十年代國民黨進行的「社會力量的動員」就包括農民在內。孫科早在國民黨「三中」全會就提出：「革命根本問題為農民解放問題。中國人民中百分之七、八十為農民，如農民解放運動做不到，國民革命即難成功。」[39]鄧演達更是認同中國共產黨的「工農聯盟」，他認為惟有「工農聯盟」才是革命的中心力量，而國民黨的「四聯盟」（即民族資產階級、小資產階級、工人與農民），鄧認為是不可靠的。倘如共產黨是工人階級的黨，鄧演達就以農民領導者自任。一個大會明明只有三千人，他相信那至少有兩萬人，每次到武漢分校演講，鄧演達常用手指著聽眾，高呼「現在，農民是起來了。」

目睹此景的陶希聖不以為然，認為「汪精衛與鄧演達諸人不過是浮在政治的表面」。[40]曾擔任過中共湖北省委書記張太雷甚至說：「鄧演達表示得比我們更左、等激烈。」[41]周恩來也說過：「他是小資產階級的激進代表。」[42]深諳鄧、蔣不和的張治中說：鄧演達「『左傾』的態度，還超過共產黨。」[43]當時參加國民黨的社會青年中，大部分是加入軍校（軍隊）、地方黨部、

[39] 《中國國民黨第一、二次全國代表大會史料》（下），中國第二歷史檔案館編，江蘇古籍出版社，1986年，第830頁。

[40] 陶泰來：《陶希聖年表》，未刊稿。

[41] 鄭超麟：《鄭超麟回憶錄》，東方出版社，2004年，第259頁。

[42] 周恩來：《周恩來選集》（上卷），人民出版社，1980年。參見梅日新、鄧演超主編《回憶鄧演達》，廣東人民出版社，1999年，第2頁。

[43] 張治中：《張治中回憶錄》（上冊），文史資料出版社，1885年，第61頁。

政府機構，或者是實業部門等主流機構，往往具有獻身精神的英才方從事農民運動。

國民革命時期，正是中國黨派意識形態的萌芽階段，沒有強勢的主流意識形態排斥激進學說的傳播，左、右各派活動異常活躍，甚至國共兩黨之要人也常在不同黨派之間走動，[44]各種主義也象黨派一樣，互相穿插和混合，國民黨左派有時比共產黨的主張更激烈也不足為奇，如曾任「臨時聯席會議」主席徐謙的「左傾」，在國民黨右派看來更甚於共產黨，因而被他們稱為「赤色傀儡」。

三、左不至共產主義，右不至國家主義

1927年2月，中華全國總工會由廣州遷至武漢，李立三為代理委員長，秘書長為劉少奇。「為時不及三月，湖北工人之有組織者，遂由十萬增至三十萬，[45]武漢成了全國工人運動的中心。中共在武漢的工農和青年群眾組織中具有領導地位。陶希聖對此有親身體會：

> 希聖到武漢不久，適逢陰曆新年。漢口市的工人從元旦到元宵節，從江岸碼頭到工廠，處處怠工。……工會的組織與訓練是操在共產黨X的手裏。漢口新市場的一個大廳裏，經常有工人集會，高唱國際歌。那裏的遊人都聽得

44 如中共創始人並參加中共「一大」的陳公博、周佛海，常在國共之間來回走動。像戴季陶、吳稚輝這樣的極端反共者，當初也是社會主義的信奉者，甚至戴本人還是當時屈指可數的馬克思主義理論傳播者。

45 《第一次國內革命戰爭時期的工人運動》，人民出版社，1954年，第400頁。

見。總工會之下有工人糾察隊，持有武器，那才是共產黨指揮的「赤衛軍」。[46]

共產國際認為：「無產階級應以革命領導者的身份出現。這是基本規律。也是俄國革命發展規律。這一規律也適用於中國。」[47]在歡迎汪精衛的大會上，共產黨人和國民黨左派甚至打出「擁護工農小資產階級的民主獨裁制」口號。在共產國際看來，這個階段的中國資產階級民主革命的標誌，就是直接爭取實現以蘇維埃為形式的無產階級和農民的民主專政，這也是二十二年後毛澤東提出的「人民民主專政」的歷史先聲。

共產黨人相信，現在的武漢政府雖不是無產階級和農民的民主專政政權，但在革命進一步發展和革命無產階級作用日益增大的情況下，是可能成為這樣的政權的。[48]也就是說，中國革命階段是可以跨過俄國的「二月革命」（民主革命），直抵「十月革命」（社會主義革命）。鄧演達也贊同革命目的是「建設非資本主義國家」。[49]武漢工人的社會地位一時崇高無比。陶希聖說：「有一次軍校武漢分校學生在過江碼頭上與碼頭工人衝突。總工會派人帶了那四個工人到學校來提出抗議。校務委員會立即

---

46 陶泰來：《陶希聖年表》，未刊稿。

47 中共中央黨史研究室第一研究部編：《共產國際、聯共（布）與中國革命文獻資料選輯（1926-1927）》（上），北京圖書館出版社1998年，第447頁。

48 中共中央黨史研究室第一研究部編：《共產國際、聯共（布）與中國革命文獻資料選輯（1926-1927）》（上），北京圖書館出版社，1998年，第497頁。

49 楊玉清：「我對鄧演達的幾點印象」，載梅日新等主編《回憶鄧演達》，廣東人民出版社，1999年，第249頁。

開會，決定集合學生，排列隊伍，恭送工人們到江邊，表示軍人對無產階級的歉意。」[50]事後鄧演達還在軍校內部開展一場鎮壓反革命活動，以確保軍校無條件支持工人運動。

那麼，如何「可能成為這樣的政權」呢？史達林把希望寄託於武漢國民政府，認為這就是工農小資產階級的聯盟。1927年4月21日，史達林在莫斯科《真理報》發表的〈中國革命問題〉一文中宣佈，武漢政府現在已成了革命中心，工農要倚賴它來進行反軍閥反帝國主義的鬥爭。國民黨左派與共產黨人密切合作的政策獲得特殊的力量和特殊的意義……沒有這樣的合作，革命的勝利是不可能的。保持國共兩黨在國民黨內的合作是最高原則。[51]莫斯科始終希望國共上層精英合作共同完成國民革命。

在共產國際的「聯合戰線高於一切」的方針指導下，中共為顯示要有「這樣的合作」誠意，對國民黨左派領袖汪精衛更是倍加推崇。在4月27日召開的中共「五大」會議期間，會議代表鄭超麟為我們描述了這樣一個場景：

> （中共「五大」會議期間）忽然傳說明日汪精衛要來「演說」。於是原定的議事日程都丟開了。秘書長蔡和森忙碌起來，趕緊撤換牆上的標語，把舊的（指「工農小資產階級聯盟」、「爭取非資本主義前途」等意識形態鮮明的標語——引者注）收去了，換上「國共合作，革命必

[50] 陶泰來：《陶希聖年表》，未刊稿。

[51] 史達林：〈中國革命問題〉，參見中共中央黨史研究室第一研究部編：《共產國際、聯共（布）與中國革命文獻資料選輯（1926-1927）》（上），北京圖書館出版社，1998年，第332頁。

> 勝」一類意思的話。主席臺上馬克思、列寧的像掛到旁邊去，孫文的像掛起來，而且掛得正中，更高的地方。與孫文的大像比較起來，馬克思和列寧顯得特別渺小的。次日，汪精衛來了，……瞿秋白穿一身簇新的中山裝，笑容滿面迎到他面前去，陪了他走進會場。與國民黨左派領袖相比，共產黨新領袖好像是國民黨衙門內一個小科員。汪精衛上臺時，臺上台下拍掌歡呼聲是我們中國未曾聽過的。我們自己的領袖第一日上臺也得到歡呼，但怎麼能同這日相比呢！[52]

可惜，這只是貌合神離的短暫「拍掌歡呼」，隨著國民革命的推進，國共之間的間隙漸寬，主要體現在國共兩黨對革命前途看法不一，是堅持通過消滅軍閥和清除列強特權來重新統一中國，還是同時推行土地革命，將下層的民眾解放？在汪精衛的革命理論中，國民革命「唯一的目標便是反對帝國主義」，除此以外，「不容許有第二個意念。」[53]汪很明確地反對階級鬥爭，反對土地革命。在汪看來，民族主義使革命陣營團結，社會革命必然引起分裂。

遠在莫斯科的史達林卻指示中共說：「革命的國民黨的權力的主要根源是使工農的革命運動更向前發展，及鞏固他們的群眾組織，鞏固革命的農民委員會，工人的工會及其它革命的群眾組織，作為未來組織蘇維埃的要素」。[54]共產黨人也認為，反帝

---

52 鄭超麟：《鄭超麟回憶錄》，東方出版社，2004年，第255頁。

53 林闊：《汪精衛野史》，團結出版社，2004年，第77頁。

54 史達林：〈中國革命問題〉，參見中共中央黨史研究室第一研究部編：

鬥爭如果不同土地革命相結合，就難以取得勝利，應該迅速推行農村和城市的階級鬥爭，根本性問題是無產階級如何通過反帝革命（民族解放運動）和土地革命逐漸成為領導者。有些共產黨人意欲「畢其功於一役」。

對於國民革命的前途和手段，不僅國共兩黨出現歧義，中共和共產國際之間也有不同意見。陳獨秀認為，即使國民革命成功，中國革命也到不了俄國「十月革命」的階段，向資產階級奪權問題仍未能提上日程，因此陳並不積極推行共產國際的「工農在資產階級民主革命中建立專政」意見。陳獨秀把反帝鬥爭問題視作中國革命的主要問題，他沒有公開反對土地革命，但也不主張發動土地革命，[55]甚至認為「共產黨員不要標新立異」。[56]直到1927年11月中共中央的擴大會議上，陳仍堅持「蘇維埃口號現在不宜採用，農民運動應在四不主義（不納稅、不還債等）」。[57]陳獨秀甚至「想以立憲會議的口號對抗爭取蘇維埃政權的口號」，但遭到共產國際反對：「在無產階級專政情況下何必要召開立憲會議呢？」[58]「蘇維埃」是1905年俄國革命高潮中

《共產國際、聯共（布）與中國革命文獻資料選輯（1926-1927）》（上），北京圖書館出版社，1998年，332頁。

[55] 中共中央黨史研究室第一研究部編：《共產國際、聯共（布）與中國革命文獻資料選輯（1926-1927）》（上），北京圖書館出版社，1998年，第507頁。

[56] 中共中央黨史研究室第一研究部編：《共產國際、聯共（布）與中國革命文獻資料選輯（1926-1927）》（上），北京圖書館出版社，1998年，第439頁。

[57] 中共中央黨史研究室第一研究部編：《共產國際、聯共（布）與中國革命文獻資料選輯（1926-1927）》（上），北京圖書館出版社，1998年，第507頁。

[58] 中共中央黨史研究室第一研究部編：《共產國際、聯共（布）與中國

出現的工人代表會議的一種簡稱，它與上層立憲會議相抗衡，乃至成為反政府的勞動群眾自治政府性質的政治機構。「蘇維埃」中文一詞，是由北大教授張君勱於1918年音譯過來的。當時不少共產黨人對舶來品的「蘇維埃」不明白，有人甚至猜測說：「蘇維埃就是蘇兆徵的別號。」次年在莫斯科召開的中共「六大」會議上，他們再三要求共產國際領導人對此作解釋。

三民主義者的陶希聖也不贊同蘇維埃革命和階級鬥爭學說，畢竟現實中的中國不是1917年的俄國，其革命內容和革命方式都不相同。他堅持孫中山所言「共產組織，甚至蘇維埃政策，事實均不能引用於中國」。[59]陶希聖反對階級鬥爭源於他對中國社會性質的分析。早在1925年，陶氏在《獨立評論》週刊發表文章指出：中國社會不是封建社會，而是殘存著封建勢力的商業資本主義社會。物質生產的水平，決定社會階級結構。中國資本主義再生產的積累過程屢被打斷而一直發展不起來，士大夫階級與農民乃是中國社會構成的主要成分，但所謂的士大夫階級是一種身分，不是階級，農民亦未嘗構成一個階級。

共產黨對「階級」的定義來自列寧，「所謂階級，就是這樣一些集團，由於它們在一定社會經濟結構中所處的地位不同，其中一個集團能夠佔有另一個集團的勞動。」[60]陶氏認為中國革命的起因不是一個集團壓迫另一個集團的勞動所致，而是由於近百

革命文獻資料選輯（1926-1927）》（上），北京圖書館出版社，1998年，第471頁。

[59] 《孫中山全集》第七卷，中華書局，1985年，第51-52頁。

[60] 列寧：〈偉大的創舉〉，載《列寧全集》，人民出版社，1984年，第29卷，第382-383頁。

年來，在列強帝國主義的侵略之下，工業革命未能完成，而農業工業轉趨衰落所致。這些社會問題，可以通過民族、民權、民生三方面來解決，不必用階級鬥爭的極端方法來解決。陶希聖始終認定三民主義才是符合中國國情的主流：「自五四至五卅，時代思潮循三民主義的方向，如大河長江之入東海。」[61]陶希聖所要強調的是要分清社會發展階段，革命史畢竟不是革命企圖史。陶氏的見解與胡適提出的階級革命只不過是一直在造「抽象」的革命對象的理論有異曲同工之處，[62]也即是當代美國學者德里克所總結的：「特定的革命目標決定了歷史的闡釋，而後者又反過來使隱含於這些革命目標之中的革命行動的具體過程合法化。」[63]共產黨人提出階級鬥爭理論，似乎更多地是出於社會動員的需要。

較早提出階級鬥爭理論的陳獨秀，此時也含糊其詞，只強調民族鬥爭，主張把反帝鬥爭問題作為中國革命的主要問題，甚至說「沒有階級鬥爭，只有民族鬥爭」。[64]陳獨秀實際上是對共產國際關於中國革命的一些根本理論表示懷疑。這點與陶的看法有相似之處。周恩來也認為：「在階級關係的分析上，過去我們的缺點，一是公式化，一是定型化」，「看不到中國階級關係的

---

[61] 陶希聖：〈商務印書館編譯所之見聞記〉，載《1897—1992商務印書館九十五周年：我和商務印書館》，第489頁。

[62] 劉軍寧主編：《北大傳統與近代中國自由主義的先聲》，中國人事出版社，1998年，第344頁。

[63] 阿里夫・德里克：《革命與歷史：中國馬克思主義歷史學的起源，1919——1937》，江蘇人民出版社出版，2005年，第205頁。

[64] 中共中央黨史研究室第一研究部編：《共產國際、聯共（布）與中國革命文獻資料選輯（1926-1927）》（上），北京圖書館出版社1998年，第505頁。

複雜與變化，這是錯誤的。」[65]共產國際「六、七、八三次會議對我國階級力量的分析都有錯誤。」[66]1925年以前，毛澤東也提出，在沒有強大的組織的情況下，「不能下決心採取激進的步驟反對較富裕的土地所有者」，因為，「一般地說在中國社會分化還沒有達到能夠進行這種鬥爭的程度」。[67]

當階級鬥爭理論在思想界爭論時，共產黨的實際鬥爭策略仍拘泥於俄式的「由宣傳而組織，由組織而武裝暴動」的群眾性武裝起義革命公式。實際上，武漢工人與廣州工人的情況不相上下，通常處於分散甚至是分裂狀態，許多工人未能為共產黨人所控制，當時中共湖北省委書記羅亦農的影響，也「只及於各區委書記和委員，而這些人根本不能影響於漢口工人群眾」。最典型的事例是，1927年7月中旬汪精衛「分共」後，中共中央準備在武漢發動總同盟罷工以作響應，惜未成事：「二十日一清早，我（鄭超麟——引者注）和羅亦農二人到碼頭、街道，工廠，以及工人市區去視察。可是沒有。不僅沒有總罷工，連部分的罷工也沒有」，[68]這使得羅亦農和鄭超麟大失所望。秘書長蔡和森更是下令總工會糾察隊自動交出槍械給駐防漢口的唐生智軍隊。在重大的歷史關頭，發動武漢工人武裝暴動的革命行動，成了一種「政治想像」。把馬克思主義理論付諸於中國革命的具體實際，還有一段很長的路要走。

[65] 原載《周恩來選集》（上卷），人民出版社，1980年。參見梅日新、鄧演超主編《回憶鄧演達》，廣東人民出版社，1999年，第2頁。

[66] 《周恩來選集》（下卷），人民出版社，1980年，第304—305頁。

[67] 〈共產黨黨團會議〉（1924年1月18日），《聯共（布）、共產國際與中國國民運動（1920－1925）》，北京圖書館出版社，1998年，第469－470頁。

[68] 鄭超麟：《鄭超麟回憶錄》，東方出版社，2004年，第261頁。

1927年大革命失敗以前，中國共產黨還沒有形成一套以階級鬥爭為中心的「社會革命話語」，[69]國共合作時期還實施著相對豐富多樣的社會政策，黨內的「過激」與反「過激」行為同時並行。時逢「五一」國際勞動節，武漢舉行大規模的50萬人遊行示威，陶希聖代表軍校政治部到新市場參加大會，他看到：

那講臺上排列著三張像片，中間是馬克斯，右邊是孫中山先生，左邊是列寧。登臺演說的人們是瞿秋白，鄧中夏（即北大學生與張國燾齊名之鄧仲懈）等。中國國民黨湖北省黨部代表鄧初民最後說話。他自稱其代表本黨向無產階級道歉。他鞠了躬又鞠躬，以示對工人階級的遵從。[70]

在會場四周，工會的童子軍把守路口，不准穿長袍的人進入會場，「誰穿長袍，誰就是劣紳」。每逢穿長衣的人經過，都要攔截剪長衣，「這些穿長衣的先生們，在大路上遠遠望見那些虎虎的童子軍，便雞飛狗走的往小巷亂鑽，秩序那樣的凌亂，武漢真有岌岌不可終日之勢」。[71]一向好穿長袍馬褂的陳

[69] 如中共「三大」會議後，毛澤東在黨的機關刊物《嚮導》週刊上發表文章〈北京政變與商人〉，毛澤東就認為，革命成功的希望就在於商人（資產階級），「商人的團結越廣，聲勢越壯，領袖（原文如此——引者注）全國國民的力量就越大，革命的成功也就越快。」參見中共中央黨史研究室第一研究部編：《共產國際、聯共（布）與中國革命文獻資料選輯（1926-1927）》（上），北京圖書館出版社，1998年，第555頁。

[70] 陶泰來：《陶希聖年表》，未刊稿。

[71] 陳公博：《苦笑錄》，東方出版社，2004年，第79頁。

獨秀為此對著武漢工會主席向忠發拍桌大罵：「你們搞什麼名堂？這是胡鬧，這是無政府主義。為什麼不能穿長袍？我也穿長袍嘛。」

從武漢政府與蔣介石的黨、軍權之爭轉為國共紛爭時，陶希聖都是處於兩派之外的中立者，時局中最苦悶的恐是中立者。所謂中立，並不是不作左右袒和置身事外，而是對於雙方的「過火」都看不慣。為瞭解實際政情，陶氏於是「與童冠賢、李超英、周炳琳、梅思平、呂雲章等，每星期到漢口福昌旅館，一間小房子裏，鎖了房門，交換消息和意見」。在隨後的幾個月裏，他們一個一個東走南京，最後只剩下周佛海仍是軍校的政治部主任，陶希聖還是軍校的政治教官。

動盪中的武漢，人人自危。軍校有句口號：「防友如防敵人」。陶希聖勸周佛海夫婦到漢口進租界，他說：「我是本地人，只要換一件便服，到處可以隱藏。」本是好友的周佛海卻懷疑陶是偵查他們的行蹤，不敢答話。周太太拿出一件舊嗶嘰長衫，送給陶希聖。轉眼間，陶從前門告辭而去，周佛海夫婦就從後門出去，立即過江，然後搭輪船往上海去了。

陶希聖仍留在武漢。陶氏屬於自由派知識份子，其黨派意識並不很明確，雖然認為「三民主義為中國革命之主流」，但他本身沒有一個清晰的左或右的立場，用他自己的話來說，「我的社會政治關係左至共產主義，右至國家主義，可以說是廣泛。但是我的社會政治思想路線，左亦不至共產主義，右亦不至國家主義」。[72]當時的國共兩黨，都是革命黨，而且社會精英也不能非

[72] 陶泰來：《陶希聖年表》，未刊稿。

常準確地區分那麼多「主義」之間的區別，各種思想流派的左與右，也並不都是截然對立的。

四、農民運動過火？

說武漢是「赤都」，更多的是指轟轟烈烈的工農運動，尤其是農民運動。陶希聖在武漢近一年的時間裏，給他印象最深的也是洶湧澎湃的農民運動。

就在陶希聖興沖沖地從上海趕往武漢之時，中共中央正在討論「農運是否過火」問題。1927年1月8日的政治報告中，中共中央委員會表示出對「農民運動過火」的擔心：「群眾自動槍殺劣紳土豪的事數見不鮮……設使現時的軍事失敗，必不免來到一極大的反動。」[73]時兩湖尤其是湖南的農民運動正開展得如火如荼。會後，以國民黨中央候補執行委員身份的毛澤東，帶著「農運是否過火」問題到湖南5個縣進行了32天的考察。毛澤東在他的〈湖南農民運動考察報告〉中說：「這是四十年乃至幾千年未曾成就過的奇勳，」「矯枉必須過正」，[74]毛大聲地為農民造反叫好。

但共產黨領袖並不認為農民造反「好得很」！陳獨秀和鮑羅廷都認為農民運動過激了。所謂「過激」，無外是指左傾蠻幹行為，是由農民的狹隘意識和愚昧所引起的破壞性舉動。陳獨秀說湖南工農運動「過火」、「幼稚」、「動搖北伐軍心」、「妨礙統一戰線」，違反了中央提出的「各地農運須切實與國民黨左

[73] 韋慕庭、夏連蔭：《文獻集》，第47號，第427—430頁，參見費正清主編《劍橋中華民國史（1912—1949年）》（上卷），中國社會科學出版社，1993年，第683頁。

[74] 《毛澤東選集》第1卷，人民出版社，1991年，第15—16頁。

派合作」的政治原則。中共政治局常委張國燾曾就「有土皆豪，無紳不劣」、「矯枉必須過正」等言論責問毛澤東，毛哈哈大笑，並不作答。在毛澤東看來，壓迫是政治的精髓，如果你壓迫得法，說明你的政治是成功的。在毛澤東的理想主義世界觀裏，為了民族的生存、國家的富強，中國應不計代價地去改變現存的社會秩序與文化傳統。[75]

在農民問題的爭論點上，中共所關注的是農民運動發動後如何維繫國共合作問題。當時中共地位微妙：既要顧全大局，爭取北伐勝利，就不能僅是堅持自己的政綱，發動工農運動。真可謂顧此失彼，左右兩難。

1927年4月召開的中共「五大」會議上，毛澤東將他與彭湃、方志敏等議定的分配土地方案提交大會，遭到陳獨秀反對，毛說，「我要求迅速加強農民鬥爭的主張，甚至沒有加以討論」。[76]陳獨秀只是提出：開展土地革命，即沒收大地產，多少還需要一個相當長的宣傳時期。[77]在陳的內心深處，只要提及從組織農民著手，他就不能忍受：何以最先進的計劃可能在最冥頑落後的分子手中完成？陳獨秀早在五四時期就著文批評義和團式的運動是守舊落後的，他一直堅持這個觀點，並防止這種舊觀念影響新生的共產黨。陳獨秀曾提出：「中國農民運動，必須國民革命完全成功，然後普遍的農業資本化，然後農業的無產階級發達集中起來，然後農村間才有真正的共產的社會革命之需要與可能。」[78]

---

75 參見張灝：《張灝自選集》，上海教育出版社，2002年，第298頁。

76 愛德格·斯諾：《西行漫記》，三聯書店，1979年，第137頁。

77 《共產國際、聯共（布）與中國革命文獻資料選輯（1926-1927）》（上），北京圖書館出版社，1998年，第432頁。

78 陳獨秀：《中國國民革命與社會各階級》（1923），關於中共以城市為中共「五大」會議上，毛澤東只有發言權，沒有選舉權。他只當選為中央委員會候補委員，還被免去農民部長一職，「這使毛很丟臉」，未等會議開完，毛託病回長沙了。[79]毛澤東曾感觸地說：「大革命時代搞農民運動，陳獨秀、彭述之不同我合作，倒是鄧演達肯和我合作。」[80]但是，當時的中共中央偏偏重視統馭武漢兵權的唐生智甚於重視鄧演達。5月21日，唐生智的部下許克祥發動「馬日事變」，國民政府認為「事變」是農民過激行動所導致。時任全國農協會主席的毛澤東只好寫了「全國農協會臨字第四號訓令」承認失敗。[81]整個武漢時期，毛澤東的土地革命主張並不占主流。1927年的4月間，面對前途茫茫，毛澤東「心情蒼涼，一時不知如何是好」，[82]於是寫下了著名的〈黃鶴樓〉：「茫茫九派流中國，沉沉一線穿南北。煙雨莽蒼蒼，龜蛇鎖大江。黃鶴知何去，剩有遊人處。把酒酹滔滔，心潮逐浪高。」

駐地黃鶴樓附近的武漢分校（此時已改名為中央軍事政治學校）的陶希聖同樣目睹了湖北農民運動的高漲。他在隨中央獨立師西征夏斗寅的過程中，處理了咸寧縣農民協會的訟案。這一親身經歷使他深深體會到農民運動對於鄉村社會經濟的衝

中心和以農村為中心的爭論可參見楊奎松《馬克思主義中國化的歷史進程》，河南人民出版社，1994年。

79 （英）迪克·威爾遜：《毛澤東傳》，中央文獻出版社，2005年版，第88頁。

80 原載蕭三：〈毛澤東同志在大革命時代〉，在《晉察冀日報》，1946年7月1日。參見梅日新、鄧演超主編《回憶鄧演達》，廣東人民出版社，1999年，第270頁。

81 （英）迪克·威爾遜：《毛澤東傳》，中央文獻出版社，2005年，第89頁。

82 毛澤東1958年在文物出版社刻印的《毛主席詩詞十九首》書眉上的批註。

擊，領略到革命背後刀光劍影的殘酷，不免也有「心潮逐浪高」的感慨。

1927年5月17日，策反武漢政府的夏斗寅部隊到達紙坊，逼近武昌不過四十里。汪精衛下令中央軍事政治學校與農民運動講習所的學員合組為中央獨立師，協同葉挺一師，向紙坊出擊。在開往前線的火車上，師黨代表兼政治部主任惲代英指定陶希聖為軍法處長兼特務組長，指導地方的政治工作隊，由是陶氏在咸寧縣城工作了一段時期，這為陶希聖從鄉村底層觀察中國社會提供了機會。

陶希聖在咸寧召集了農民協會、工會、商民協會、學生聯合會、婦女會的代表，組成咸寧縣政府，他自任縣政府司法科長，主要接受人民的控訴，解決民間爭執。陶希聖很快發現，在鄉村，農民協會是實力派，他們有槍彈，有力量打倒地主，是社會動員的主要力量。但合作社組織卻招致村民的怨言，「大眾出糧出布和出錢，卻分不到紅利，甚至買不到日用品」。於是發生了數百農民包圍合作社要求退股的騷亂事件，在混亂中，農民打了合作社的職員，農民協會拘捕為首的五個農民。通過傳訊和調查，陶希聖發現他們都是小農，其中還有一個孤苦的寡婦。陶希聖最後判他們無罪，陶說：「我的理由是農民協會應該糾正合作社的錯誤，不應該懲辦農民。」時值「五卅慘案」兩周年，咸寧縣城要召開五卅紀念大會，農民協會書記按慣例，堅持要在大會上槍斃那五個農民，但被陶希聖制止。陶有以下這段記載：

> 農民協會書記來見我，那是一個青年學生，顯然是共產主義青年團團員。他對我說：「明天是五卅慘案兩周年

紀念。農民協會業已通告全縣各區農民協會，多派人來參加大會。」

我問他道：「農民不來又怎樣？」

他說：「農民協會的命令，不來就捆得來。」他又說：「打合作社的五個農民，必須捆到大會，當眾槍斃。」他請求我下令辦理。

我問他道：「為什麼明天大會要當場槍斃人？」

那書記說：「每次大會照例都要槍斃人，否則農民不從命令。」

我問：「誰決定槍斃那五個農民？農民協會常務委員會開會決定呢？還是你書記決定？」

他說：「書記下條子決定。」

我用嚴重的語氣，說道：「你聽著！我現在是中央獨立師軍法處長對你說話。我決定廢止大會殺人的慣例。農民大會如要殺人，我就要先槍斃你！」

那青年人滿頭臉都是汗，立刻退出我的辦公室。我立刻出來，向十一師政治部的方向走，中途恰好遇見那政治部主任陳興霸。我對他說：「我的部隊調走了。請你借帶槍的衛士四人，給我使用」。他問我作什麼用。我說：「我要拘捕農民協會書記，槍斃他。」

於是那書記拼命逃走到武昌去了。次日的農民大會便免去了殺人的節目。[83]

83 陶希聖：《潮流與點滴》，（臺北）傳記文學出版社，1979年6月再版，第95頁。

農民協會書記跑到武昌指控陶希聖是「反動的軍閥」。為息事寧人，惲代英召陶希聖回武昌，並派鄺摩漢到咸寧接替陶的工作。陶希聖上火車之前，再三叮囑鄺，無論如何，已放的人們，不可再行逮捕。他不希望無辜人被濫殺。

當時的兩湖特別是湖南農民運動高漲，著名的勞工領袖李立三曾去信農會，保證其父不反對農會。但沒幾天他那鄉紳的父親被砍了頭，李立三也只好不吭氣。[84]在一些地方，一個「赤色周」，就有10多個「劣紳」被處死。湖北的農運雖然也有過激行為，但多交由國民黨部所組織的土豪劣紳審判委員會處理，很少徑直加以處罰。[85]陶希聖處理的咸寧縣城農會事件算是一典型案例。

國民政府曾決定，禁止人民及其組織執行處決，處決權力在於省一級革命法庭。中共中央也希望能將懲罰性暴力行為置於某種制度控制之下。當時在武漢的張國燾總結說，在手段上，國民黨側重自上而下，以法令來改善農民的生活。中共側重自下而上，發動農民鬥爭直接改善農民生活。[86]當陶希聖從咸寧走後不久，中共湖北省委委員符向一到咸寧組織農民暴動，他是通過劫持火車的物資作為暴動費用。[87]這種直接手段至少表面上看來有

---

[84] 張國燾在《我的回憶》中說：「他（李立三父親——引者注）不否認他是逃到武漢來避難的。他也表示他願跟著他兒子的主張走，不反對農協會的一切。不久，他拿著兒子親筆致湖南負責同志的信，擔保這位老人不會有反對農協的態度和行為。高高興興地回湖南去了，不料後來消息傳來，李立三的保證並無任何效力，這位老人仍被他本鄉的農協「亂幹」掉了。……這不特顯示出中共湖南區委會對於農協控制力的薄弱，也證明反土豪劣紳的風氣已到了瘋狂的程度。（引自該書的第556頁）

[85] 張國燾：《我的回憶》，東方出版社，第二冊，2002年，第220頁。

[86] 張國燾：《我的回憶》，東方出版社，第二冊，2002年。

[87] 鄭超麟：《鄭超麟回憶錄》，東方出版社，2004年，第255頁。

立竿見影之效果。國民革命是一場翻天覆地的大革命，它導致的「兩湖之變」對社會的震動影響深遠。

實際上，農民的經驗和領導者的想像存有差距。略有土地的農家怯於冒險，求穩怕亂，天然性格反對激烈行動，他們遵循著傳統沿襲下來的生活邏輯，顯然不把熟人社會裏的鄰居和鄉親看作是「階級敵人」，更不積極「沒收土地」。在農民看來，這種「沒收」未必合法，還要冒「造反」的危險。如湖南一農民起義，他們只要求恢復1916年前例行的租地條件。中共中央機關報《嚮導》發表文章批評道：「農民的經濟和政治要求，可以說都還是非常幼稚。」[88]當時的湖南省農民協會秘書長柳直荀就深有體會地說：共產黨「雖則主張鎮壓土豪劣紳，但是當時的農民……以為這種舉動未免太過火，不忍動手。」[89]但毛澤東卻主張「每個農村都必須造成一個短時期的恐怖現象，非如此決不能鎮壓農村反革命派的活動，決不能打倒紳權。矯枉必須過正，不過正不能矯枉。」[90]

楊奎松認為：「矯枉過正」的觀點，強調革命非用痞子流氓做先鋒不可。受這種觀點影響，加上工農運動迅速發展起來後，懂得理論和政策的黨員幹部人數極其有限，以致出現了靠「踏爛鞋皮的、挾爛傘的、打閒的、穿綠長褂子的、賭錢打牌四

[88] 達林：《中國回憶錄》（1921—1927），中國社會科學出版社，1981年，第297頁。

[89] 李銳：《三十歲以前的毛澤東》，廣東人民出版社，1994年，第642—643頁。

[90] 毛澤東：〈湖南農民運動考察報告〉，載《毛澤東選集》第1卷，人民出版社，1991年第2版。

業不居的」當「革命先鋒」的現象。[91]毛澤東深信最弱者是最強者，弱者造就了弱者的武器。利用「流離失所的無產階級」作為運動先鋒，由此可以想像當時革命衝擊的力度。革命的理想主義者希冀以這種急進和暴烈的行動跨越黑暗通向光明的鴻溝，只要目的崇高，可以不擇手段。

武漢時期的農民運動是中國共產黨一次大規模社會動員的嘗試。但是我們看到，農民起來之初，黨的步驟並不一致。從理論根源來說，共產國際重視農民土地問題，這是列寧主義的特色，但莫斯科對中國共產黨的指導是以完成國民革命為中心任務，土地革命的政策就顯得動搖不定，其中又糾纏著史達林和托洛茨基的派別鬥爭而意見紛呈，史達林認為中國革命是無產階級領導的以工農聯盟為中心的農民革命。托洛茨基則認為中國現階段是資產階級民主革命。直至共產國際第七次擴大全會通過的〈關於中國形勢問題的決議〉，明確「中國民族革命運動的發展，重點是土地革命」的指導方針後，原先主張暫緩進行土地革命的國民黨左派和共產黨人才改弦更張。

武漢國民黨中央正式通過的第一份〈土地問題案〉（後改為〈農民問題案〉和〈對農民宣言案〉），是由鄧演達、陳克文和毛澤東三人於1927年3月10日呈交國民黨中央。鄧演達時為國民黨中央農民部長；陳克文是農民部秘書（實際職務相當於秘書長），[92]鄧、陳、毛同是國民黨中央農民運動委員會常務委

[91] 參見楊奎松：〈蔣介石與1927年「四・一二」事變的發生及其背景〉，原載《史學月刊》2002年第6－7期。

[92] 陳克文（1898—1986），廣西岑溪人。1927年7月汪精衛分共後鄧演達出走後，農民部長位置空缺，由陳克文以農民部秘書職務代理國民黨中央農民部部長。三、四十年代，陳氏長期擔任國民政府僑務委員會委

員，三人同是國民黨中央農民運動講習所常務委員。[93]〈農民問題案〉主張減租減息，依法沒收貪官污吏、土豪劣紳及一切反革命者的土地財產。[94]〈對農民宣言案〉表示：革命需要一個農村的大變動，「使農村政權從土豪劣紳不法地主及一切反革命派手中，轉移到農民的手中」；「農民應有自衛的武裝組織」；農民問題主要是貧農問題，「貧農問題的中心問題，就是一個土地問題」。因此，「本黨決計擁護農民獲得土地之爭鬥，致使土地問題完全解決為止」。該議案在國民黨「三中」全會上獲通過。

隨即由國共兩黨組成的土地委員會提交、毛澤東主筆的〈解決土地問題決議案〉卻引起爭議。該〈議案〉規定，大地主和官吏的土地、公地和荒地應分給無地或少地的農民，農民必須擁有政治權力等等。〈議案〉在國民黨中央執行委員會表決時，只有中共黨員林祖涵、吳玉章、鄧演達贊成通過而不公佈，其餘的宋慶齡、陳友仁、孫科、汪精衛、徐謙、顧孟餘等八位都不舉手。[95]顧孟餘說：「解決土地問題時，農村秩序必將擾亂，耕種停頓，發生饑饉」；徐謙說得更直接：「這個草案所提出的問題……不啻放一把火，不知燒到敵人，抑或燒到自己？」汪精衛

員、行政院參事等職；抗戰勝利後先後擔任國民政府立法院委員、立法院秘書長等職。1949年秋，辭去國民政府職務，結束二十餘年從政生涯，赴香港定居。

93 參見中共中央黨校黨史教研室選編：《中共黨史參考資料》（二），人民出版社，1979年，第425頁；金沖及主編：《毛澤東傳》，中央文獻出版社，1996年。

94 榮孟源主編：《中國國民黨歷次代表大會及中央全會資料》（上），光明日報出版社1985年，第328—330頁。

95 參見楊天石：《蔣氏密檔與蔣介石真相》，社會科學文獻出版社，2002年，第174頁。

最後表示：「解決土地問題，必定在全國統一以後，全國未統一，只能試辦」。[96]這份「敬候」「核奪」的議案被擱置。

就在土地委員會送交報告的同一天，中共「五大」根據共產國際執委會第七次擴大全會指示，制定了〈土地問題決議案〉，它規定沒收一切公有田地以及祠堂、寺廟、學校、基督教教堂和農業公司的土地，交給耕種的農民。小地主和革命軍人的土地不予沒收。5月14日，中共將〈土地問題決議案〉交由國民黨政治會議討論時未獲通過。

這是中國共產黨第一份關於土地革命政策的〈決議案〉，但它沒有提出如何解決領導農民進行土地革命的問題。在認識中國革命的問題上，共產黨存在一個從不成熟到成熟的過程，畢竟中國共產黨是在20年代革命階段迅速更替、各種社會力量快速改組的情況下建立和發展起來的。[97]當農民自拉大旗沒收土地捕殺土豪劣紳的風潮此起彼伏時，各路意見分歧糾纏緩不濟急，似乎沒有一種力量能作出有效地扭轉或控制。在共產黨人看來，革命的首要任務是要動員農民起來，沒收土地的暴力行為必不可少。到了這一年「分共」後的秋季，中國共產黨在大革命失敗的沉重打擊下，提出了更為激進的「殺盡土豪劣紳及一切反動派」口號。

---

96 土地委員會第三次擴大會議記錄，1927年4月22日。

97 中共初成立時對農運並不很重視，中共自認為是工人階級的代表。而國民黨的階級基礎「四聯盟」之一是農民。孫文早年就提出了耕者有其田，國民黨「一大」時，孫中山親自核定了農民部、農民協會組織成立的章程要點。國民革命期間，農民運動講習所，兩湖農運，都是以國民黨名義進行的。那時中共中央機構並沒有設立專職農運的部門，直到1926年北伐後，中共中央才設立農民運動委員會，毛澤東出任委員會主任。

五、農民並沒有起來

被農會書記指控為「反動軍閥」的陶希聖回到軍校後，不僅未受任何處分，還被指派為政治部秘書長，兼任宣傳處長。這時周佛海已去上海，政治部主任的空缺由中共黨員施存統接任，在施存統未回武昌之前，陶任代理主任。陶希聖召集全校學生大會，講演農村的情勢，他以親身的經歷指出當前農民運動存在的問題。他針對鄧演達的口氣，舉右手指著會場說道：「現在，農民並沒有起來。」[98]

顯然，陶希聖對鄧的那套農民理論不以為然。鄧演達曾說過：「鄉村農民之興起，參加政治鬥爭，打碎封建思想，其結果非常偉大。」[99]而陶希聖看到的卻是階級鬥爭破壞了傳統的鄉村經濟，他認為，傳統社會的式微並不一定帶來失秩，中國社會遠沒有分化到要採取激進革命的程度，農民革命來源於革命之外的政治因素。

平心而論，陶希聖對農民運動本無惡意，他曾主動地提出要把家裏的田地分給佃農。他是在處理農民紛爭中，發現農民鬥爭的最後受害者仍是農民。在咸寧，陶希聖根據武漢政府的「外國銀行以其他企業的工人不准隨意罷工」的條令以及外交部批文，禁止當地民眾團體對亞細亞煤油代理商鬥爭，在處理事件的過程中，陶深深體會道：

---

98 陶泰來：《陶希聖年表》，未刊稿。

99 《中國國民黨第一、二次全國代表大會會議史料》（下），中國第二歷史檔案館編，江蘇古籍出版社，1986年，第845頁。

> 「打倒資本階級」的運動對於農村經濟的損害。因為這家代理商除了經售亞細亞煤油公司的煤油之外，兼營南洋兄弟煙草公司的紙煙。煤油和紙煙兩項是農民的必需品。每日市場上，農民出售農產物換來的錢，就用到煤油與紙煙上。這家代理商又將他一天收入的現錢放出市場。一般商店大抵要靠這大批現錢作為周轉資金。此時總工會與農民協會使用壓力，沒收代理商的土地，同時命令店員組織「委員會」管理商店。於是煤油和紙煙的生意陷於停頓，而農民與商店兩方都受到困擾。[100]

社會資本的發展和積累往往來自於民間的商品流通。商品流通網的開放，不僅是社會組織有效率的必要條件之一，也是維持鄉村日常生活的必要條件。陶希聖從革命風暴對城鄉經濟猛烈衝擊的後果中。

> 發現了農民對地主的鬥爭，實際上破壞了社會經濟，而受害者仍是農民。因為農民協會「打倒土豪劣紳」的運動，把地主打倒了，也就把城市中的商業破壞了。商店的店東們大抵是地主。從前他們以土地為其信用的保證，原可周轉商業資金，如今他們的土地被沒收了，他們的商業信用也就失掉了。同時，店員們又組成了「委員會」，管理商店。於是商店沒有信用，更沒有資金，店中的貨物賣多少，店員們吃多少，如何供應農民所需要的肥料、農

[100] 陶泰來：《陶希聖年表》，未刊稿。

具、煤油、紙煙和絲煙、乃至草紙？因此，農民的耕作也就發生了極端的困難。[101]

當時對農民運動的考量，大都是從政治層面階級鬥爭的角度出發，陶希聖則是從社會財富、商品流通和農民生活的經濟角度看問題。鮑羅廷也有類似看法：「三億農民是一個很大的購買力，必須把他們提到這樣的地位，必須把它們的產品作為一個組成部分納入國家的總的商品流通領域，從而保證人民的福利。」但鮑羅廷的觀點，遭到莫斯科強烈批評：「這篇演說中哪有無產階級領導權的口號即工農民主專政的口號？哪裡提到土地革命問題？……從這篇演說中，無論怎樣找，也找不出革命性。」[102]

不錯，在革命史觀的論者看來，二十世紀上半葉是一個革命話語權占居絕對地位的時代。激進的理想主義者認為，革命是絕對真理，革命是摧毀萬惡舊世界的唯一工具，是躍向光明美好的未來世界之唯一途徑，舉凡一切傳統的道德規範和價值秩序均被視為「保守」和「反動」，惟恐打倒之不夠。「五四以後的『革命思潮』就是這種激進理想主義心態激發起來的。」[103]革命和階級鬥爭是社會變革的根本動力，它成為後來正統歷史學家評論這段歷史的唯一尺規。將革命對社會帶來的衝擊或斷裂的影響，置於經濟層面來觀察的人少之又少，陶希聖算是一個。陶氏是中國

[101] 陶泰來：《陶希聖年表》，未刊稿。

[102] 《共產國際、聯共（布）與中國革命文獻資料選輯（1926-1927）》（上），北京圖書館出版社1998年，456頁。

[103] 張灝：《張灝自選集》，上海教育出版社，2002年，第306頁。

最早持唯物史觀者之一。[104]所謂的唯物史觀，即是一種從基礎的社會經濟進程出發對於歷史變革的解釋。陶希聖正是把經濟現象作為分析社會諸問題的出發點，認為經濟發展是將社會不同領域連接在一起的重要環節。陶贊同用馬克思的唯物史觀來分析中國社會，但他反對將馬克思關於歐洲的研究成果照搬到中國。

陶希聖曾提到，中國社會是殘存封建勢力的商業資本主義，存在著的封建勢力既是中國資本主義發展的桎梏也是農民痛苦的根源。他批評要在民主革命中爭取「非資本主義的前途」等言論。[105]也許，陶希聖看到了階級鬥爭破壞了傳統的鄉村經濟，卻沒有透視出自五四以來在中國已經進行的、發動民眾參與社會革命的那股洶湧澎湃的潮流。毛澤東則看到通過動員社會底層民眾力量的巨大威力，他要「乘」這股「勢」去創造歷史。孟子曰：「有智不如乘勢」，處亂世，當大事，往往都是乘勢而為之。[106]

動亂使社會再生產過程中斷，區域經濟發展的均衡被打破。對武漢來說，土地革命和勞工運動的過熱情緒所引起的、最為致命的是就是內部生存問題。當時英國公使參事克曼就說：「革命使整個華中經濟失調」。他懷疑國民黨政府中像隨著革命

[104] 知名史家何茲全說：陶希聖是個辯證唯物史觀者。他的政治環境和身份，使左派不承認他是，他自己也不敢承認是辯證唯物史觀者。參見何茲全：〈我所經歷的二十世紀中國社會史研究〉，《史學理論研究》2003年第2期。第34－35頁。陶希聖自己認為：「我的思想方法，接近唯物史觀，卻並不是唯物史觀。與其說我重視馬克思、恩格斯的作品，無寧說我欣賞考茨基的著作。」參見陶希聖著《潮流與點滴》，臺灣傳記文學出版社，1979年6月再版，第111頁。

[105] 陶恒生：《「高陶事件」始末》，湖北人民出版社，2003年，第3頁。

[106] 參見唐德剛「序言」，見陶恒生《「高陶事件」始末》，湖北人民出版社，2003年，第3頁。

浪潮「沉浮的泡沫那樣的平庸人物」能否控制他們製造的「風暴和混亂」。[107]武漢大批工廠倒閉，貿易停滯，稅收減少，嚴重影響政府收入。長江中游的航運量銳減，主要原因是碼頭工人罷工。在農村，大地主和商人或被處決或出逃，茶葉、米等農產品和生活必需品交易萎縮，這些自發性行動破壞了農村經濟，並導致國民黨轄區的武漢和其他城市商業蕭條。加上軍事供應浩繁，武漢出現物價高漲、資金外逃、米荒的現象。1927年5月中旬，武漢100多家商店幾乎全部關閉，失業工人達30萬。經濟的破壞如此廣泛和嚴重，國民政府財政收入日絀，交通部長孫科訴苦道：「政府現在每月收入只有150萬元，支出倒有1300萬，實在維持不了。」[108]武漢政府不得不大量發行紙幣，結果造成通貨膨脹，勞資關係更趨緊張。在地區間經濟發展不平衡的條件下，政治中心必定要控制經濟中心才能維持自己的生存。

5月12日，汪精衛在國民黨中央政治會議第二十次會議上說：「主張激烈的工人運動，弄得許多工人失業，沒有辦法。再如農民運動，把一般地主都趕跑了，農民沒有資本去耕種，也是沒有辦法。又如我們佔據了外國人的財產房屋，又沒有作同他們宣戰的準備，這些危險是同樣的大。」[109]汪精衛希望能控制混亂局面，解決財政危機。

共產國際代表羅易卻認為：「徹底解決土地問題不會加深財政危機，相反，它會在很大程度上幫助解決這個問題。大量沒

[107] 參見費正清主編：《劍橋中華民國史1912—1949》（上卷），中國社會科學出版社，1993年，第721—722頁。

[108] 林闊：《汪精衛野史》，（北京）團結出版社，2004年，第73頁。

[109] 林闊：《汪精衛野史》，（北京）團結出版社，2004年，第74頁。

收的地產和寺院的土地可以作為發行鈔票的保證金。德國地租銀行的例子，可以幫助我們解決中國革命政府的財政困難」。羅易甚至說：「在中國，革命政權可以用消滅封建反動勢力的辦法來擺脫其財政困難。」[110]鮑羅廷則反其道，他提出「戰術撤退」，其中包括對工人執行「革命紀律」，外國銀行以其他企業的工人不准隨意罷工。成立法庭，審判和懲處桀驁不馴的工人。允許外國銀行及其他企業根據協定在轄區自由營業等。[111]鮑羅廷明白，激進的理論不能緩和當前的社會危機。

共產黨內部的爭論更趨向激烈，一派反激進，指責「農民運動過火」，另一派力主實行土地革命。陶希聖說：

> 前一派是鮑羅廷的指示，與陳獨秀的主張。後一派是羅易的主張，與瞿秋白等的支持。鮑羅廷是第三國際派到中國來的代表。羅易是印度共產黨人，亦是第三國際派到中國來的。此刻莫斯科是在進行著史達林與托洛斯基的鬥爭。史達林對中共的指示，總是模棱與含混。所以他們二人的見解不同，也影響中共內部的爭論。[112]

長於策略的鮑羅廷「不願意武漢農民走得太遠，因為那樣會使唐生智不高興」。鮑羅廷指出，徹底的土地革命要求，「共

---

110 羅易：「革命的基礎和社會力量」（1927年4月13日），參見中共中央黨史研究室第一研究部編：《共產國際、聯共（布）與中國革命文獻資料選輯（1926-1927）》（上），北京圖書館出版社，1998年，第332頁。

111 參見費正清主編：《劍橋中華民國史1912—1949》（上卷），中國社會科學出版社，1993年，第722頁。

112 陶泰來：《陶希聖年表》，未刊稿。

產黨人就必然要轉而反對國民政府，這將不可避免地導致武裝起義，而那樣是非常危險的」。「結論是共產黨人不應該支持農民徹底解決土地問題的要求。」[113]陳獨秀對土地革命看法與鮑羅廷相似：「在國民革命中，我們需要小資產階級。小地主屬於小資產階級，因此，我們必須向他們作某些讓步。」「目前就沒收一切地主的土地，畢竟是太激進了。在相當時期內，或許是在很短時期內，我們必須保持中間路線，……必須和小資產階級保持聯盟。」[114]陳獨秀甚至擔心激烈的土地政策導致軍心不穩，在惲代英的陪同下，陳獨秀專程到中央軍事政治學校作了一次演講，表明他主張保護軍人家族土地的方針，以安撫軍心。陶希聖作為政治教官排在前列，「這是我看見陳獨秀的初次」。[115]

時局仍在動盪之中。1927年5月27日，史達林收到鮑羅廷電文，內容是國民黨決定為反對土地革命而戰鬥，甚至與共產國際決裂也在所不惜。史達林急忙向鮑羅廷發出指示：命他反對沒收和分配屬於國民黨黨員或國民黨革命軍軍官的土地，尤為強調「中國共產黨必須竭盡全力直接與左派國民黨聯合」。[116]

命令傳到中共中央時，湖南省委正組織一支龐大的農民自衛隊，準備對長沙及其附近城鎮發起總攻。5月31日，中共政治

---

[113] 羅易：「革命的基礎和社會力量」（1927年4月13日），參見中共中央黨史研究室第一研究部編：《共產國際、聯共（布）與中國革命文獻資料選輯（1926-1927）》（上），北京圖書館出版社，1998年，第330頁。

[114] 〈陳獨秀在中國共產黨第五次全國代表大會上的報告〉，參見中共中央黨史研究室第一研究部編：《共產國際、聯共（布）與中國革命文獻資料選輯（1926-1927）》（上），北京圖書館出版社1998年，第338頁。

[115] 陶希聖：〈記獨秀〉（上），臺北《傳記文學》第五卷第三期，第10頁。

[116] 參見費正清主編：《劍橋中華民國史1912—1949》（上卷），中國社會科學出版社，1993年，第738—739頁。

局委員李維漢命令湖南省委停止行動。中共領導層認為，進攻勝利的唯一結果是激怒唐生智，促使它向武漢推進，推翻共產黨支持的武漢政府。一向抱激進態度的蔡和森、彭述之卻指責李維漢停止進攻，要他為這個命令負責。陳獨秀則批評蔡和森「荒唐」、「幼稚」。中共內部不僅有點顧此失彼，甚至混亂，陳獨秀哭笑不得，說，這是「在廁所中洗澡」。[117]當處於革命重大轉變關頭，共產黨人要迅速對各種混亂局面作出正確判斷，並在有限的政治行動空間作出選擇，實在不是件容易的事。

然而，只要蘇聯、共產國際要求共產黨維持與國民黨的統一戰線，而國民黨——無論是右派還是左派——與社會中上層的社會關係決定了他們反對農民運動和土地革命的立場。因此，從根本上說，農民運動的土地革命性質與共產國際的國共合作政策是相矛盾的，這是個兩難問題，也是「舊民主主義革命」的內在困境，共產黨還沒有辦法破解這個困境，因此在中共的決策與表述中就顯得含混不清、欲言又止，對農民運動難有強有力的領導。[118]

整個20年代，共產國際雖然事實上是中國革命具體政策的制定者，但在執行過程中，中共和共產國際從一開始就存在著矛盾和鬥爭。陶希聖深有體會地說：「倘如中共內部沒有這種矛盾和鬥爭，我這條生命斷乎不能留到現在。」[119]

---

117 參見費正清主編：《劍橋中華民國史1912—1949》（上卷），中國社會科學出版社，1993年，第739—740頁。

118 參見秦漢〈革命政治過程中理論的生成〉一文，《世紀中國》網刊，2005年1月28日。

119 陶泰來：《陶希聖年表》，未刊稿。

六、翻騰風浪之際，希望在何處？

夏季的武漢悶熱難忍。隨著國共衝突不斷升溫，武漢政府的國民黨官員中的反共情緒越來越明顯，這與國民黨人多出身小康之家大有關係。鄧演達認為士兵最需要土地，沒收土地最低限度士兵會贊成，但他沒想到，士兵一有錢就會寄回家裏置薄田，他們對沒收土地當然不積極。而「兩湖的軍官都來自農家；中等階級的農家都有土地的，他們天然的性格最反對激烈行動，尤其反對沒收土地」。[120]國民黨的中下層軍官的父母、親友在故鄉被當地農會揪鬥，激起軍心不穩。在上層，各種角鬥紛爭愈演愈烈，武漢分共已有「引滿待發」之勢，陶希聖說：

> 七月中旬，汪精衛決定「分共」。忽一日，中央軍事學校（武漢分校的字樣已經去掉了）全校學生排隊，一路喊著「擁護汪主席」，「擁護工農小資產階級民主獨裁制」，到張發奎「第二方面軍」的總司令部去參加擴大紀念周。不料汪精衛就在這次紀念周上，宣佈分共的決定及其經過。散會之後，軍校的隊伍悄然回校。[121]

當時，共產國際第八次執行委員會在莫斯科開會，通過〈中國問題決議〉，指示中共擴大土地革命、武裝工農、擴充軍隊、改造國民黨左派。這個命令到達武漢，被共產國際派到武漢

[120] 陳公博：《苦笑錄》，東方出版社，2002年，第75頁。
[121] 陶泰來：《陶希聖年表》，未刊稿。

的印度黨人羅易，洩露給汪兆銘。[122]由此而武漢政權於七月十五日宣佈分共。[123]

鄧演達認為汪精衛指控共產國際的「五月指示」意在消滅國民黨未免小題大做，鄧向汪進言，要求維護孫中山的三大政策，以維持武漢現存局面，未果。鄧演達只好黯然離開武漢。宋慶齡發表〈為抗議違反孫中山的革命原則和政策的聲明〉後，也與陳友仁等悄然離鄂赴滬。蔣介石則向武漢發來電報，對汪精衛的行動表示祝賀。共產國際把中國革命的非資本主義前途構想設定在與所謂「左翼國民黨」聯盟的政治體制顯然是一廂情願的幻想。「分共」後，人們各奔前程，有的流向國外（如鄧演達、宋慶齡、陳友仁等）；有的被蔣介石殺害（如唐有壬）；有的加入南京政府（如孫科、譚延闓）；更多的參加以汪精衛、顧孟餘為首的國民黨改組派。許多共產黨領導人出走蘇聯或到上海等其他安全的地方。心灰意冷的鮑羅庭在汪精衛的「禮送」下離開武漢，經馮玉祥防區回國。陳獨秀絕望地回上海。中國革命的大潮，在國共分裂聲中退潮了。1927年的國共分裂影響了以後中國政治的走向。

[122] 6月1日，羅易收到共產國際和史達林發來「五月指示」電報，電報的主要內容是：①指示中國共產黨人堅決實行土地革命；②動員2萬名共產黨員，加上湖南、湖北5萬革命群眾，編成幾個新軍，組織一支可靠的軍隊；這是共產國際第一次提出建立中共領導下的武裝。③鑒於國民黨中央委員會的某些領導正在動搖妥協，應吸收更多的新的工農領袖到國民黨中央執行委員會裏去，把國民黨改造成工農專政的政黨；④組織革命法庭，懲辦和蔣介石保持聯繫或唆使士兵殘害人民、殘害工農的軍官。「五月指示」到達後，陳獨秀一反常態，拒絕向全黨傳達。鮑羅廷也認為無法執行。羅易對中國複雜的政治形勢缺乏主見，對汪精衛始終抱有幻想，他說過：汪精衛是國民黨領導人中唯一設法與共產黨保持友好關係的人。他接到電報後，未跟任何人商量，把共產國際的這一指示送給汪精衛。汪精衛得到這個電報，以此作為公開叛變革命的藉口。

[123] 陶希聖：《中國之分裂與統一》，（臺北）食貨出版社，1985年。

「赤都」街頭只有零零散散的傳單點綴著革命的餘波。經過改組的臨時中共政治局常委由張國燾、周恩來、李立三、張太雷、李維漢五人組成，他們在緊要關頭決定三件事，其中之一是將中國共產黨所掌握或影響的部隊向南昌集結，準備起義，然後南下廣東。惲代英在校本部召見陶希聖，告訴他說：「今日時局在變化中。程潛主張東征，張發奎主張南下。我們決定將軍校改編為教導團，跟隨第二方面軍南下，回到廣州。第二方面軍政治部主任是郭沫若，請你擔任教導團政治指導員。你的辦公廳有一個秘書，十個幹事，幫你做工作。」[124]

陶希聖畢竟不是政治家，沒把自己的品性融入到政治鬥爭中去。他思前思後，不願跟隨教導團南下，[125]於是「趕緊結束政治部，所有案卷乃至傢俱，一概造冊，準備移交」。軍官教導團南下後，武漢中央軍事政治軍校至此結束，喧囂一時的武漢國民政府也快要落幕了，它畢竟只是中國傳統政治舊體制消解新體制還沒產生的過渡期產物。「分」共已進到「驅」共階段。當時黨內各派大都是跟著各自的人事關係走。[126]陶希聖離開惲代英後，「回到水陸街，偕同冰如與孩子們急行遷居福壽庵，在此隱藏了將近一個月。希聖在福壽庵分租的一間房子裏，每日躺在竹床上，把僅餘的一部鉛印《資治通鑒》，從頭到尾，讀了一遍。」[127]

---

124 陶泰來：《陶希聖年表》，未刊稿。

125 這個軍官教導團參加了廣州起義，並成為屢次起義的主力部隊，後在中國共產黨的領導下，走上了從城市武裝起義轉向農村武裝鬥爭，建立農村革命根據地的道路。

126 陶泰來：《陶希聖年表》，未刊稿。

127 陶泰來：《陶希聖年表》，未刊稿。

在福壽庵隱居期間，陶希聖寫了一篇短文，發表在《中央日報》副刊上，他提出「分共之後，仍然革命」口號。陶希聖這時所要著力反對的，恰恰是國民黨當權派因清共而脫離民眾、喪失革命精神的官僚化的腐敗傾向。陶氏對國民黨很失望，痛恨蔣介石，他常常提到1924的國民黨改組，還常常鼓吹革命。他的思想相當典型地反映了當時南京國民黨政府的反對派——國民黨改組派對於中國社會與革命問題的立場，其理論鋒芒，直指國民黨當權派官僚化引致的革命危機。

陶希聖說：「我們還常常說到中國國民黨民十三的改組，還常常鼓吹革命……當民十三改組時，國民革命建立的是兩大口號：一個是『打倒帝國主義』，一個是『打倒軍閥』……那時候，我們還常說到農夫工人，現在農夫工人又到哪兒去了呢？革命已經失敗了。新式士大夫已經抬頭了。農夫工人已經躲到茅簷底下凍餓去了。」[128]陶批評國民黨當權派官僚化的腐敗，並同情共產黨人。這一段苦悶而茫然的時期裏，陶希聖與許德珩、劉侃元、黃克謙、鄧初民等人接觸密切，結識了一批「左派」青年知識份子。在一些史載上，陶氏甚至被記錄為中共黨員，這與他和一些著名的共產黨人過從甚密有關。

在武漢分校，陶希聖跟隨過著名共產黨人惲代英。惲代英和陶希聖曾是上海大學的同事，在平定夏斗寅反叛時，惲代英重用陶希聖，就是「分共」後，惲仍將陶希聖視為「自己人」，吩咐陶跟隨他南下發動起義。在陶氏看來，惲代英是位嚴肅、沈默、堅定而受人尊重的總政治教官。對人沒有私怨的惲代英在共

[128] 陶希聖：《中國社會之史的分析》「序言」，見陶恒生《「高陶事件」始末》，湖北人民出版社，2003年，第9—10頁。

產黨人中素有「甘地」之稱。但陶與惲的關係，似乎也只是上下級關係，沒有史料顯示他們有緊密的黨派關係交往。

事實上，陶希聖沒有明顯的黨派傾向，只能算是一個左派同情者，只不過和中共黨員有較多的接觸，但並沒有加入黨組織。陶希聖在《潮流與點滴》一書追憶道：「施存統有次告訴我：『共產黨未拉你入黨，是留下一個左派，在黨外與他們合作。』」[129]

近年來，陶希聖之子陶恒生先生也回憶說：似未聞父親證實加入中共一事。[130]

傳統史學往往側重於功過評判，但「正邪存乎人，是非存乎言，功罪存乎事；三者相因，而抑不必於相值。」[131]一個人的歷史，不是簡單的功過評判可以認識和瞭解的，歷史的複雜性和魅力也於此。

陳布雷死前曾自嘲「參政而不知政」，此時的陶希聖還說不上「參政」，但他和陳布雷實屬一類人。1927年12月，陶希聖和施存統話別後不久，便「脫離軍校，既不從汪精衛，也不隨惲代英，遠離政治，獨自回到上海」：

> 十二月，我離武漢。有如黄鶴樓與晴川閣對峙之下，滾滾江流之中，一葉扁舟，翻騰風浪之際，死裏逃生，仍

[129] 陶希聖：《潮流與點滴》，（台北）傳記文學出版社，1979年6月再版，第100頁。

[130] 見范泓：〈書生論政是書生——真實的陶希聖〉，原載於湖南教育出版社《書屋》雜誌，2005年第8期，總第94期，第30—38頁。

[131] 王船山：《宋史》卷六。

返上海。當一身一家西上之初，決投筆從戎之志。及其捲入風暴之內，所得職名多種，而工作則不出演說，作文，開會，遊行之範圍。在此一年中間，我見知與觀察所及，對國際共產黨之思想理論與戰略戰術，有深切之瞭解。[132]

「一葉扁舟」遠離褪了色的武漢，拋在陶希聖身後的那段風雲詭異的歷史，讓人感歎不已。此時的陶氏一無所有，「沒有錢，也沒有職業，只有一番痛苦的經歷」。江流滾滾，「消得幾回潮落又潮生」。[133]潮落間，陶希聖一定想知道自己未來的道路通向何方：「我們都是抱著有光有熱的希望向前走，希望在何處？」[134]

---

[132] 陶泰來：《陶希聖年表》，未刊稿。

[133] 王國維：〈虞美人〉。

[134] 陶泰來：《陶希聖年表》，未刊稿。

第二章

向左，向右：陶希聖加入中共？

在以廣州為發源地的國民革命運動中（1924—1927），陶希聖曾接近左翼，後來更是棄筆從戎，成為黃埔軍校武漢分校的政治教官。據一些書籍記載，陶希聖這段時期加入過中國共產黨。

陳賢慶、陳賢傑主編《民國軍政人物尋蹤》一書的「陶希聖」詞條下，有陶1924年加入中國共產黨，1927年脫黨一說。[1]陳予歡編著《黃埔軍校將帥錄》中也有類似記載：「陶希聖1924年秋加入中共，任上海大學教授，1927年脫離中共。」[2]此外，李克義在〈沈雁冰與黃埔軍校〉一文中也提到，「沈雁冰受武漢分校籌備人之一、共產黨員包惠僧委託在上海為武漢分校招生。沈雁冰在商務印書館編譯所物色了陶希聖、吳文祺、樊仲雲等三名共產黨員任黃埔軍校武漢分校政治教官，並在陶、吳、樊三人協助下，經過兩個星期的招生工作，從一千左右投考者當中錄取了男女學生兩百多名」[3]等等。

陶希聖是中國現代史上政學雙棲的風雲人物。在中國思想史上影響深遠的「社會史大論戰」中充當要角，他的《中國社會

---

1 陳賢慶、陳賢傑主編：《民國軍政人物尋蹤》，南京出版社，1991年。

2 陳予歡：《黃埔軍校將帥錄》，廣州出版社，1998年，第1327頁。

3 李克義：〈沈雁冰與黃埔軍校〉，見廣州近代史博物館、黃埔軍校舊址紀念館編：《國民革命與黃埔軍校》，吉林人民出版社，2004年，第144頁。

之史的分析》一書在三年內銷了八版，影響甚大，被唐德剛譽為「開創學派的社會史教授」。1937年抗戰爆發時，陶希聖棄學從政，加入委員長侍從室第五組，逐漸成為國民黨核心權力之要角。他因公佈日汪密約和代書《中國之命運》而名噪一時。是國民黨中常委、立法委員，出任過國民黨中央宣傳部副部長、中央日報總主筆等要職。如果陶希聖早年加入過中國共產黨，說明陶與中共有段不同尋常的關係。澄清這段史實，有助理解陶希聖早年的心路歷程。這是一個值得探討的問題。

一、1924年陶希聖有無入黨可能？

上面引文有兩處提及陶希聖是在1924年加入中國共產黨。1924年是中國共產黨建黨第三年，組織形式仍屬於秘密狀態，人數尚少，1923年6月中共「三大」召開時，黨員總數只有420人，大都是職業革命者，他們往往有堅定的政治信仰和獻身精神。如果陶希聖是1924年加入中共的，首要條件是他本人具有共產主義信仰，提出入黨申請，並有一群志同道合者。

我們先看看那一年陶希聖的主要活動和思想傾向。

據記載，1923年12月底，北大法學科畢業的陶希聖辭去安徽法政專門學校一職，從安慶返回湖北家鄉黃岡倉埠鎮。他之所以不再接受學校聘約，是看不慣學校鬧學潮引發的派系爭鬥。1924年上半年，陶希聖為維持生計在倉埠鎮和武昌之間奔忙，他和親友計劃經營一家長途汽車運輸公司，但告失敗。正當陶希聖消沉時，忽接到上海商務印書館聘書，陶不假思索匆忙乘船趕往上海，此時已是炎炎夏季7月。在五天的水路中，陶希聖不勝感慨：「我在本鄉是青年紳士，遊武昌是世家公子，至上海是『人海茫茫』中之一個求職雇工。」離開故鄉的陶希聖不到25歲，說不上有什麼遠大政治抱負。

那麼，到了上海以後，陶希聖的思想開始發生重大變化？

在上海，陶希聖先後投宿三地，最初寄居北大同學韓覺民家。陶說：「韓覺民是中國國民黨黨員，似乎跨著共產黨。他與惲代英共同參加建設雜誌的編輯部。……惲代英時常到韓家來，每次只在騎樓的窗口之下，低聲對韓覺民說一番話就走，從來不坐下，亦不與希聖接談」，「我的床位與桌位在騎樓這一頭，自然聽不見，也不願去聽」。如果陶希聖這年加入共產黨，惲代英沒有理由刻意與陶疏遠，陶希聖也不至於「疑慮到韓覺民也與共產黨有關係」，[4]而對他們的交談產生避開心理。不久，陶希聖就藉口以「往返不便，遷居寶山路寶興里傅東華寓所的三樓」。[5]浙滬戰事發生後，陶為安全計搬入公共租界五馬路一家報關行樓上的小房棲身。

這段時期，任職商務印書館編譯所的陶希聖自稱過著「每天上工放工的雇工生活，無善足陳」，除了編校了6本書，曾下苦功研究法學與民俗學，撰寫〈喪服之本則與變則〉論文發表。為積攢家用，陶希聖勤奮工作，利用晚間加班，「做了將近一個月的夜工，得到稿費一百元」。有了這筆錢，陶希聖便「斗膽回鄉，決心搬家眷到上海」。[6]民國時期，在鄉村宗族制度下，一個鄉紳子弟帶家眷出來，意味著放棄祖業家產，實不是件容易之事。經

4 陶希聖：《潮流與點滴》，（臺北）傳記文學出版社，1979年6月再版，第65頁。

5 陶泰來：《陶希聖年表》，未刊稿。

6 陶希聖：《潮流與點滴》，（臺北）傳記文學出版社，1979年6月再版，第66頁。

過一番周折，陶終於將妻子兒女帶到上海安頓下來，陶希聖深有感觸地說：「從此以後，我們是失去家鄉生活根據的都市人海裏的漂泊之人，只有努力向前撞。」[7]此時已是1925年初。

由此看來，1924年，是陶希聖從一個鄉紳子弟轉為都市人的一年，在精神層面上，陶希聖說不上有強烈的政治追求，更說不上有共產主義信仰。

在經濟上，陶希聖也無能力去關心要交黨費的組織。當時共產黨的幹部多是職業革命者，工農黨員往往交不起黨費，黨的經費嚴重不足。1924年9月上旬陳獨秀說過：「我們黨的經濟狀況很嚴重，由於經費不足許多方面工作處於荒廢狀態。」[8]按照黨的規定，凡在社會上兼職的共產黨員，必須要把其中一部分薪水拿來交黨費。1924年，周恩來任黃埔軍校政治部主任，國民黨一個月發給幾百銀元的工資，他除了留幾十塊錢維持生活，其餘全部交黨費，身無餘財。同一年周佛海任廣東大學教授，月薪240毫洋，按累進額要交納黨費70多元，周的太太楊淑慧認為辛辛苦苦賺錢不容易，每月交這麼多錢太可惜，就鼓動周佛海脫離共產黨。[9]當時陶希聖的家境十分清貧，一家四口只靠陶的微薄薪水，「每月收入平均是七十元。其中一半，送給北四川路內山書店償還書賬。剩下的半數為家庭生活的用途。白米一石不過八元，每日菜錢可以省了再省，最感困難的是柴價太貴。冰如（陶太太——引

7 陶希聖：《潮流與點滴》，（臺北）傳記文學出版社，1979年6月再版，第66頁。

8 〈陳獨秀給維經斯基的信〉（1924年9月7日），《聯共（布）、共產國際與中國國民革命運動》（1920－1925），第529頁。

9 羅君強：《對汪偽的回憶紀實（節錄）》，選自全國政協文史資料委員會編《中華文史資料文庫》，中國文史出版社1996年版，第43—59頁。

者注）受了兩三個月的生活的磨練，學會了只用一根柴，便可燒好一餐飯。」[10]如果沒有政治信仰的支撐，陶希聖是沒有餘力顧及一個仍處於秘密狀態的政治組織。

直至1925年5月前，陶希聖除了為養家糊口奔忙外，全部興趣和精力放在他的學術天地。[11]陶由此總結出治學心得：「我深信治學要由博返約，好學深思，我深信做學問要虛心，留心，用心」，「彷彿行路，目的地是在遠處，絕不半路停留，必須全心全意全力向前進，不到達目的地不止。」[12]

綜上述，1924年至1925年5月，陶希聖的學業視野迅速擴大，黨派觀念尚淺或者就根本沒有，如果沒有爆發五卅運動，陶會順其自然地沿著治學之路走下去。

從陶希聖的思想傾向和主要活動來看，1924年，看不出他有加入共產黨的動機，陶沒有什麼黨朋交往，甚至他本人對社會政治也不大關心。事實上，也從沒發現陶提出入黨申請的歷史文獻。

二、沈雁冰介紹陶希聖入黨？

身在書齋的陶希聖開始「對一般社會與政治情況，漸次留心」，是在1925年的五卅運動之後。五卅運動是中國現代史上促進民族覺醒與個人覺醒的兩大政治事件之一，對陶希聖的思想和生活都有重大影響。槍殺顧正紅慘案發生後，陶希聖一直關注著事件進展，他援引英國普通法，評論英國巡捕槍擊群眾之非法。文章刊出後，引起各界人士的注意，英國領事甚至要指控陶希聖有辱大英帝國

[10] 陶泰來：《陶希聖年表》，未刊稿。

[11] 陶泰來：《陶希聖年表》，未刊稿。

[12] 陶希聖：《潮流與點滴》，（臺北）傳記文學出版社，1979年再版，第71頁。

尊嚴，上海學生聯合會立即聘請陶希聖為他們的法律顧問。這篇影響極大的文章發表在鄭振鋒主編的《公理報》，沈雁冰恰好是該報編輯，沈雁冰還是陶希聖的商務印書館同事，兩人之前相識並有往來。從1925年10月至次年4月，沈雁冰還擔任中共商務印書館支部書記。

李克義一文曾提及陶希聖和沈雁冰的特殊關係，這不由引起猜測，莫非沈雁冰介紹陶希聖入黨？我們不妨看看他們各自參加的社團，並從中分析他們的政治取向。

五卅運動後，時為全國書刊出版中心的上海，迅速成為社會運動與思想運動的推進地，全國兩大書館之一的商務印書館更占一重要地位，集萃其中的文人學者遂形成各類社團或黨派。陶希聖加入「孤軍社」，它由陶的同事何公敢創立。「孤軍社」自認為是國民黨、共產黨以外的一個政團，思想傾向國家主義。它與沈雁冰等一批中共黨員組建的「上海教職員同志會」不同，後者注重發動工人運動。陶希聖和「孤軍社」成員周佛海、梅思平（梅也是陶的同事和北大校友）志趣相投，遂成好友。他們的非一般關係維持到40年代，各自在中國政治舞臺上扮演著舉足輕重的角色。

五卅運動後中國共產黨的組織和宣傳工作迅猛發展，導致各種社團急速分化。孤軍社向左轉的成員加入郭沫若的創造社，右翼成員則加入何公敢、周佛海和郭心崧等成立的獨立青年社，其政治主張鼓吹民族主義、民主政治和工會主義。創造社與獨立青年社互相對抗。陶希聖加入獨立青年社，並任該社的《獨立評論》主編。[13]

---

[13] 陶希聖：〈記左舜生先生〉，見（臺北）《傳記文學》，第十五卷，第五期。

筆鋒銳利的陶希聖很快嶄露頭角，他在《獨立評論》週刊上，打出「民族自決，國民自決，勞工自決」三個口號。所謂民族自決，與右翼醒獅派推崇的國家主義有別；所謂國民自決，即是民主主義；所謂勞工自決，乃是反對「職業革命家」提倡的工會運動。[14]國民黨上海市黨部認為陶希聖的「三自決」主張，符合孫中山的三民主義，力勸陶加入中國國民黨。這是陶希聖接近國民黨的第一步。[15]

再看沈雁冰曾介紹商務印書館職員加入共產黨的名單中，並沒有陶希聖名字。據記載，1926年4月沈雁冰離開商務印書館不久，同年10月，陶希聖正式加入中國國民黨。[16]我們不好斷言陶希聖加入國民黨就一定不會加入共產黨。在第一次國共合作背景下，國共兩黨還不是階級對立者，都屬革命黨，有著共同的革命目標。國共黨員中，不少是跨黨成員。判斷陶希聖是否中共黨員，關鍵看其人是否具有共產主義信仰。

那麼，沈雁冰日後是陶希聖的志同道合者嗎？1927年1月，陶希聖辭去商務印書館編輯一職踏上軍旅之途，出任黃埔軍校武漢分校政治教官一職。依李克義一文所言，陶這一選擇是出於沈雁冰的「物色」。事實果真是這樣嗎？

---

14 陶希聖：〈記左舜生先生〉，見（臺北）《傳記文學》，第十五卷，第五期。

15 詳情參閱李楊：〈希望與幻滅：1927年的國民革命——記武漢分校政治教官陶希聖〉一文，載《黃埔軍校研究》（一），中山大學出版社，2007年。

16 劉紹唐主編：《民國人物小傳》，見（臺北）《傳記文學》，第64卷，第6期，第133頁。

據陶希聖本人敘述，當年陶之所以棄學從戎，投身以廣州為發源地的國民革命運動中，是好友周佛海的推薦。[17]1926年秋，脫離共產黨的周佛海由戴季陶介紹給蔣介石，蔣派周參與黃埔軍校武漢分校籌辦事宜，並任命周佛海為軍校秘書長兼政治部主任，軍銜為少將。周佛海於是推薦好友陶希聖、梅思平和吳文祺為政治部教官。[18]如果說僅憑當事人一說難免為孤證，那麼，關於周、陶關係，當年擔任過武漢分校政治部科員、軍校刊物《革命生活》日報主編羅君強的回憶可為佐證：「陶希聖原是北京大學讀法科出身，以後在商務印書館編譯所當編輯，由周佛海介紹到武漢軍事政治學校當政治教官。」[19]

我們再來看沈雁冰。沈與陶希聖幾乎同時抵達武漢，同時被（校長蔣介石）任命為武漢分校政治部教官，他們軍階同級。李克義說的「沈雁冰在商務印書館編譯所物色了陶希聖、吳文祺、樊仲雲等三名共產黨員任黃埔軍校武漢分校政治教官」一句，不僅用辭不當，與史實記載也有出入。至於李文說：沈雁冰「在陶、吳、樊三人協助下，經過兩個星期的招生工作，從一千左右投考者當中錄取了男女學生兩百多名」的說法也不準確：

其一，1927年1月陶希聖接到聘書後，立刻定船票，一家人啟程前往武漢，並於同月抵達武漢。[20]這麼緊湊的時間內一家

---

17 陶泰來：《陶希聖年表》，未刊稿。

18 陶泰來：《陶希聖年表》，未刊稿。

19 羅君強：《對汪偽的回憶紀實（節錄）》，選自全國政協文史資料委員會編《中華文史資料文庫》，中國文史出版社1996年版，第43—59頁。

20 詳情參閱李楊：〈希望與幻滅：1927年的國民革命——記武漢分校政治教官陶希聖〉一文，載《黃埔軍校研究》（一），中山大學出版社，2007年。

大小遷移武漢，期間似乎沒有充裕時間協助沈雁冰開展兩個星期的招生工作，而且陶當時並不清楚軍校的情況，甚至對國共合作的情形也知之不多，只是在啟程前，匆忙「訪問好幾位國民黨友，從他們的口裏，得知國民黨與共產黨的關係，及其現狀。」[21]

其二，武漢分校的招生工作和廣州黃埔軍校本校的招生一樣，由專門的招考委員會負責，其成員是：鄧演達、陳公博、郭沫若、李漢俊、董必武、包惠僧、王樂平等。因此，不太可能由沈雁冰在陶、吳、樊三人的協助下，「錄取了男女學生兩百多名」，何況當時報考武漢分校達6000多人，最終錄取986人。李文說的可能是沈雁冰等人從上海向武漢分校推薦了200多名考生，正如毛澤東當年也從上海向廣州黃埔軍校推薦考生一樣。當時軍校考試程式是，通過本地考試的推薦生，再到軍校參加復試方被正式錄取。

從陶希聖和沈雁冰各自參加的社團和政治取向來看，他們顯然不是同路人，而且他們之間似乎也不存在某種特殊私宜，沈雁冰介紹陶希聖入黨的推測看來也是站不住的。

三、另一種可能？

五卅運動後，陶希聖開始以文字、演講鼓吹的方式參與革命。1925年秋，陶希聖經同事介紹，在上海大學兼職授課。上海大學素被認為是吸收中共黨團員和培養幹部的機關。那麼，陶希聖是在上海大學期間向中共靠攏，並加入到黨組織？

---

[21] 陶泰來：《陶希聖年表》，未刊稿。

上海大學是國民黨創辦，校長為國民黨元老于右任，副校長邵力子、總務主任韓覺民均是跨黨成員（即是國民黨員又是共產黨員），中國文學系主任陳望道、社會學系主任施存統、社會學系教授李季、高語罕、蔣光赤、尹寬、王一飛、彭述之和鄭超麟等則是中共黨員，[22]其中的邵力子、施存統、陳望道等還是早期中國共產黨創始成員之一。當時的上海大學，確實如陶希聖所言，「差不多是共產黨的黨校」，但陶希聖同時也稱它為「中國國民黨的前哨」，「上海大學學生秘密轉往廣州，致力黨務，尤其投身黃埔軍校者，絡繹於途。」[23]

上海大學是國共合作時期的產物，集萃不少國共兩黨精英。類似的情形還有《民國日報》兩個主筆，一是左派的邵力子，另一是右派的葉楚傖；編輯中，張太雷、沈澤民是左派，陳德徵等是右派。同一機構有兩黨同人共事是常有的事，事實上，國共兩黨的要人也常在不同黨派之間走動。[24]但此時的陶希聖只是一位來去匆匆的任課教師，既不參與學校的黨派活動，也不關心校內出現的兩黨紛爭言論。

沒錯，當時也確實有人說陶希聖是中共黨員。1927年，陶希聖曾叫家鄉的佃農葉進山到武昌，陶告訴葉說：「田地對於我沒有幫助。我也決意不靠家產為生計。請你們把我自己應得的一份田地分了吧！」葉進山不敢承受。當時在共產黨的領導

---

22 鄭超麟：《鄭超麟回憶錄》（下），東方出版社，2004年，第227頁。

23 陶希聖：《潮流與點滴》，（臺北）傳記文學出版社，1979年6月再版，第81頁。

24 如中共創始人並參加中共「一大」的陳公博、周佛海，常在國共之間來回走動。像戴季陶、吳稚輝這樣的極端反共者，當初也是社會主義的信奉者，甚至戴本人還是當時屈指可數的馬克思主義理論傳播者。

下，兩湖農民運動正開展得如火如荼，陶的家族於是懷疑陶希聖加入共產黨。陶的三叔公一家到漢口，陶希聖去拜見時，他的三叔公劈頭就是一句「你回來了，你做共產黨了」。[25]陶的三叔公只是猜測，陶希聖說的那句「田地對於我沒有幫助。我也決意不靠家產為生計」卻是大實話。上文已說過，陶希聖帶家眷離開鄉村，按當地習俗，就意味著放棄祖業家產。

陶希聖被誤為共產黨人不足為奇，在武漢時期，陶確實和中共黨員、左派青年來往密切。1924年，陶希聖與惲代英還沒有私人交往；1926年他們卻成了同事，同在上海大學教書；1927年，他們更有上下屬關係，在武漢分校惲代英是總政治教官，陶希聖是政治部教官。在平定夏斗寅反叛時，惲代英重用陶希聖。國共分裂後，遭受重創的中國共產黨準備率部集結南昌，發動起義。在緊要關頭，惲代英仍視陶為「自己人」，吩咐陶跟隨他南下參加起義。但是，陶希聖畢竟不是職業革命者，沒把自己的品性融入到嚴峻的政治鬥爭中去，不願跟隨惲代英南下。在陶看來，惲代英是位嚴肅、沈默、堅定而受人尊重的總政治教官。對人沒有私怨的惲代英在共產黨人中素有「甘地」之稱。但陶與惲似乎也只是上下級關係，沒有史料顯示他們有緊密的黨派關係，畢竟陶希聖的政治信仰仍是三民主義。[26]

---

[25] 陶泰來：《陶希聖年表》，未刊稿。

[26] 詳情參閱李楊：〈希望與幻滅：1927年的國民革命——記武漢分校政治教官陶希聖〉一文，載《黃埔軍校研究》（二），中山大學出版社，2007年8月。

四、陶希聖是左派同情者

國民革命期間陶希聖的思想左傾，難免被人誤為是中共黨員。1925年陶開始接觸馬克思與列寧的論著，是中國最早持唯物史觀者之一。大革命失敗後，陶希聖在《中央日報》提出「分共之後，仍然革命」的口號。陶希聖所要反對的，乃是國民黨當權派因清共而脫離民眾、喪失革命精神的官僚化腐敗傾向。陶希聖對國民黨很失望，同情共產黨，他提到：「我們還常常說到中國國民黨民十三的改組，還常常鼓吹革命……當民十三改組時，國民革命建立的是兩大口號：一個是『打倒帝國主義』，一個是『打倒軍閥』……那時候，我們還常說到農夫工人，現在農夫工人又到哪兒去了呢？革命已經失敗了。新式士大夫已經抬頭了。農夫工人已經躲到茅簷底下凍餓去了。」[27]陶批評國民黨當權派官僚化的腐敗，他的思想相當典型地反映了當時南京國民黨政府的反對派——國民黨改組派對於中國社會與革命問題的立場，其理論鋒芒，直指國民黨當權派官僚化引致的革命危機。[28]陶希聖的言論，曾被國民黨上海市黨部檢舉為「反動分子」。後經朱家驊、陳布雷和陳果夫等人的斡旋才平息下去。[29]

此時陶的政治態度十分接近中共，但不能就此認為是中共黨員。國民革命時期，是中國黨派意識形態的萌芽階段，左右各

---

27 陶希聖：《中國社會之史的分析》「序言」，見陶恒生《「高陶事件」始末》，湖北人民出版社，2003年，第9—10頁。

28 陶希聖於1928年12月加入國民黨改組派，全稱為中國國民黨改組同志會。這是一個擁汪為領袖的派別，以「恢復十三年改組精神，改組國民黨」為總口號，堅持國民革命必須以三民主義為不二法門。

29 陶希聖：〈記陳布雷先生〉，載《傳記文學》（臺北），第4卷第5期、第6期。

派活動異常活躍。各種主義和政治思想也像黨派一樣，互相穿插和混合，各種思想流派的左與右，並不都是截然對立的。

陶希聖雖然是中國的最早唯物史觀者之一，[30]但是，他同時「對於共產主義有學理的批評」。[31]他贊同用馬克思的唯物史觀來分析中國社會，但他反對照搬馬克思關於歐洲的研究成果到中國。陶希聖同時反對「無產階級專政說」和「第四階級革命論」等，在這些觀點上，陶希聖與右翼的醒獅派是一致的。

陶希聖尤其不同意中共的蘇維埃革命，不贊同農村暴動和階級鬥爭。早在1925年，陶就撰文指出：中國社會不是封建社會，中國還沒有分化出極端對抗的階級，沒有階級性何來階級鬥爭？當時理論上區分中共與非中共的標準，主要看是否贊成階級鬥爭。從陶希聖的思想傾向看，未能得出陶信仰共產主義的結果。陶希聖始終認為「三民主義為中國革命之主流」，中國的社會問題，可以通過民族、民權、民生三方面來解決。[32]

其實，在深層意識中，陶希聖屬於自由派知識份子，用他自己的話來說，「我的社會政治關係左至共產主義，右至國家主義，可以說是廣泛。但是我的社會政治思想路線，左亦不至共產主義，右亦不至國家主義」。[33]陶希聖只能算是持三民主義的一個左派同情者。

---

30 知名史家何茲全說：陶希聖是個辯證唯物史觀者。他的政治環境和身份，使左派不承認他是，他自己也不敢承認是辯證唯物史觀者。參見何茲全：《我所經歷的二十世紀中國社會史研究》，《史學理論研究》2003年第2期。第34～35頁。陶希聖自己認為：「我的思想方法，接近唯物史觀，卻並不是唯物史觀。與其說我重視馬克思、恩格斯的作品，無寧說我欣賞考茨基的著作。」參見陶希聖著《潮流與點滴》，臺灣傳記文學出版社，1979年6月再版，第111頁。

31 陶希聖：《潮流與點滴》，（臺北）傳記文學出版社，1979年6月再版，第81頁。

32 陶希聖：《潮流與點滴》，（臺北）傳記文學出版社，1979年6月再版。

33 陶泰來：《陶希聖年表》，未刊稿。

1927年分共後一段苦悶而茫然的時期裏，陶希聖與許德珩、劉侃元、黃克謙、鄧初民等人來往密切，（他們都任職於陳公博任主任的武漢軍事委員會總政治部）結識了一批左派青年知識份子，並和中共黨員有較多的接觸，但並沒有加入黨組織。陶希聖在《潮流與點滴》一書追憶道：「施存統有次告訴我：『共產黨未拉你入黨，是留下一個左派，在黨外與他們合作。』」[34]

今年，陶希聖之子陶恒生先生也就其父親是否中共黨員這個問題對筆者說過：「在先父生前言談、著作、母親的回憶（《逃難與思歸》），與我們兄弟姐妹的瞭解之中，並無蛛絲馬跡足以證明其事。」陶恒生先生還說：「……當年先父回鄉，他的三叔公見他言行叛逆不滿現實，劈頭說『你回來了，你做共產黨了。』幾十年後的一九四六年，我在南京念高中，因北平發生『沈崇案』，全國民眾反美情緒高漲，各地學生紛紛串聯組織『抗暴聯合會』、『抗議美軍駐華暴行聯合會』，發表宣言擴大反美鬥爭，又發起『抵制美貨運動』公開反對美援。後來又舉行『反饑餓大遊行』、『吃光運動』等罷課運動，集體前往國府門前抗議。這些運動，血氣方剛疾惡如仇的我，幾乎無役不與，且在校中與同學張貼壁報批評當道。一天我參加遊行很晚回家，父親見我神色亢奮豪情未消，似笑非笑地說：『你回來了，你做共產黨了。』當時誰不反對政府？誰不討厭國民黨？誰不嚮往共產黨？可誰又真正是共產黨員呢？」

綜上所述，從陶希聖的活動經歷和政治思想看，我們既找不到陶希聖加入中國共產黨的動機，也看不出陶有過共產主義信

---

[34] 陶希聖：《潮流與點滴》，（臺北）傳記文學出版社，1979年6月再版版，第141頁。

仰，更沒有發現陶的入黨具體時間、介紹人和地點等歷史文獻。我們確實還無法證明陶希聖曾加入中國共產黨，入黨之說大概起於某種猜測，只有進一步發掘出相關的史料，這個問題才可能有蓋棺論定的說法。

第三章

陶希聖與《中國之命運》的歷史與解讀

在以往，大陸史學界對1943年出版的、當年影響極大的蔣介石的《中國之命運》一書有如下定論：一、該書由陶希聖代筆完成；二、蔣介石之所以要陶希聖代寫這本書，主要是為掀起第三次反共高潮作思想準備和輿論動員，[1]是蔣介石欲挑起新內戰的宣言書和動員令。[2]三、在毛澤東親自組織和領導下，中共揭露和批判這本書的「反動性質」，最終粉粹了國民黨的「反共進攻」。

在審視以上結論的推導過程中，筆者發現這些結論更多的是似是而非，背後的許多歷史因素被簡單化了，多數研究成果往往沿襲以往「定於一尊」的意識形態話語，未能深入討論處於國內外政治風雲中的蔣介石以及陶希聖的思想、心路變化因素，以及與此糾葛不清、錯綜複雜的國共兩黨之紛爭等多方面的情勢。也許，歷史上的一些重要事件，惟達至結果的過程，更值得我們探究。

---

1 參見何虎生著：《蔣介石傳》（中卷），華文出版社，2007年，第643頁；《中華民國實錄》（抗戰烽火）吉林出版社，1997年，第2904頁；何仲山等著：《毛澤東與蔣介石》，中國檔案出版社，2005年，第179頁；程舒偉等著：《蔣介石秘史》，團結出版社，2007年，第216頁；張秀章編著：《蔣介石日記揭秘》（下），團結出版社，2006年第676頁。

2 軍事科學院軍事歷史研究部著：《中國抗日戰爭史》（下卷），解放軍出版社，2005年修訂本，第502頁；朱漢國主編：《南京國民政府紀實》，安徽人民出版社，1993，第822頁。

本章主要通過陶希聖這位當事人的檔案記錄、蔣介石日記以及相關的中共文獻等，在歷史的大背景下系統地梳理陶希聖以及蔣介石在這一時期的思想言論，考察陶希聖、蔣介石與《中國之命運》一書的寫就及出版前後的心路歷程，盡可能客觀地解讀這段眾說紛紜的歷史，並試圖回答以下幾個問題，一、該書由陶希聖代筆說法是否正確？二、蔣介石推出這本書的主要動機是什麼？三、毛澤東為什麼要在《中國之命運》出版四個月後才組織大批判？四、圍繞《中國之命運》一書爭論背後，國共兩黨領袖交鋒的真正意圖是什麼？

弄清歷史事實真相，不是一件輕而易舉之事，筆者惟有儘量避免「以靴戴帽」式的以論帶史研究方法，本著有一分史料說一分話的態度，儘量在歷史細節上下功夫，努力重現那段豐富而又錯綜複雜的人物活動和歷史場景，期以求教於學界同仁。

一、「陶希聖代書《中國之命運》」說法不準確

在史學界，人們一提起《中國之命運》這本書，就有是由蔣介石的御用文人、前北大教授陶希聖捉刀代筆的定論。

專門考證過蔣氏王朝的李敖就說過：「所謂蔣介石『可以說是著述等身』，其實都是他的文學侍從們捉刀的。蔣的文學侍從最重要的有兩個，一個是陳布雷，一個是陶希聖……蔣介石每寫專書，就有文學侍從代筆。」[3]臺灣的學人如此說。

在大陸，或者說在中共歷史上，最早將《中國之命運》一書和陶希聖名字聯在一起批判的是毛澤東。1943年7月21日《解

3 李敖：〈蔣介石手著了《蘇俄在中國》嗎？〉，載《蔣介石研究》續集，中國友誼出版公司，2006年。

放日報》發表了中共第一篇批判《中國之命運》文章，這篇署名陳伯達的〈評《中國之命運》〉文章開首一段，是毛澤東親筆所加，毛澤東寫道：

> 中國國民黨總裁蔣介石先生所著的《中國之命運》還未出版的時候，重慶官方刊物即傳出一個消息：該書是由陶希聖擔任校對的。許多人都覺得奇怪：先生既是國民黨的總裁，為什麼要讓自己的作品，交給一個曾經參加過南京漢奸群、素日鼓吹法西斯、反對同盟國而直到今天在思想上仍和汪精衛千絲萬縷地糾合在一起的臭名昭著的陶希聖去校對呢？難道國民黨中真的如此無人嗎？[4]

毛澤東一開始便點出陶希聖和《中國之命運》相關聯一事，再以陶希聖曾經跟隨過汪精衛的身份來貶低《中國之命運》。這種「毛澤東筆法」，頗為犀利。中共批判最得力者陳伯達說：「在蔣介石出版了實際由陶希聖代筆的《中國之命運》一書後不久，延安也有了這本書。」[5]此後，在中共黨史的敘述中，陶希聖代筆《中國之命運》遂成定論。

一般說來，領袖人物的著述或多或少由御用文人代筆是常見之事，毛澤東後來針對《中國之命運》發表的〈論聯合政府〉一文，大部分也由政治秘書陳伯達執筆。[6]筆者認為「陶希聖代筆

---

4 陳伯達著：《評〈中國之命運〉》，新華書店晉察冀分店一九四五年版。

5 陳曉農編撰：《陳伯達最後口述回憶》，星克爾出版（香港）有限公司，2007年第二版，第70頁。

6 陳曉農編撰：《陳伯達最後口述回憶》，星克爾出版（香港）有限公

《中國之命運》」說法之所以不準確，是因為該書的撰寫過程中，蔣介石的參與程度被世人大大忽略，這是因為：一，《中國之命運》撰寫內情鮮為人知。二，蔣介石當時仍是國民政府領袖，中共的批判鋒芒大都指向陶希聖，後人也就將論就論地沿用下來。

下面，筆者按照當事人陶希聖的回憶，並參照相關的歷史文檔和蔣介石日記，盡可能將當年的細節疏理還原：

1942年10月10日雙十節慶典後，蔣介石決意出版一本著述，指定陶希聖擔任搜輯資料，整理文稿的工作。時任軍事委員會委員長侍從室第五組組長的陶希聖說：「十月十日，蔣委員長於重慶夫子祠慶祝國慶會場宣佈英美放棄在華的不平等條約，並發表文告。會後委員長找我去，要我寫本書……我就接了下來。」[7]

11月，陶希聖按蔣介石口授內容整理了近3萬字初稿交了上去。接著，「蔣委員長為了草擬與修改文稿，在黃山潛心工作將近五十天之久」，[8]蔣介石在黃山官邸每修改書稿一遍，就傳陶希聖前來取回整理和校定，這一過程一直延續到次年1月。陶希聖對這段頻頻來回往返的苦差事的每個細節記憶猶新：

委員長到黃山，我就到南岸南方印書館去等，那兒有軍用電話可通。忽一個電話來，說稿子來了，要我到差船碼頭去等。我就去了。……有一次我到碼頭對管理員說：「我是侍從室第五組組長，有公事要過江。」他看著我，不認識。當時船在對岸，他就打電話過江，說：「有

司，2007年第二版，第73頁。

7 陶泰來：《陶希聖年表》，未刊稿。

8 陶泰來：《陶希聖年表》，未刊稿。

一位組長要差船，開過來。」後來，我又去了，他就打電話說：「上次來的那個組長又來了。」我心想，這話可不太好，你這個組長怎麼用差船呢？這一天，我在南岸，黃山來電話，通知我先到差船碼頭等，公文立刻送下來。我到碼頭後，不與管理員說，就坐在那兒等。一會兒，黃山下來一輛摩托車，來人下車向我敬禮，並將公文雙手送給我，那管理員見了馬上打電話，說：「開船了，開船了！」這次實在痛快極了。這期間，我住在美專校街，陳布雷因病赴成都休養，我就乘布雷汽車去上清寺官邸。有時剛回住處，又來一通電話要我再去。[9]

有人說蔣介石為一介武夫，不善筆墨，這是以訛傳訛。據蔣介石研究專家楊天石的說法，蔣介石一向很欣賞自己的文筆，喜改他人文稿或代筆。如當年龍雲指責汪精衛叛國投敵，勸汪「立下英斷，絕對與敵人斷絕往來」一函，就是蔣介石代龍雲起草。而吳稚暉〈對汪精衛「舉一個例」的進一解〉一文實為吳稚暉和蔣介石的共同作品，蔣介石在1939年4月11日的日記寫道：「上午，手擬駁斥汪文，修改稚老最後一段，」「甚感痛快，因之心神興奮，幾不成寐。」[10]

同樣，蔣介石在曾補修改《中國之命運》文稿時也有類似的得意心情：「本日增補文稿指斥共產黨為變相軍閥與新式封建一段時，誠精思入神。此文如非自撰，恐任何人不能深入此境

9 陶泰來：《陶希聖年表》，未刊稿。

10 楊天石：《汪精衛出逃與蔣介石的對策》（下），刊於《南方都市報》「歷史」版，2008年5月15日。

也。[11]當年從軍的黃仁宇說，蔣介石為「表示文責自負，數月之後他再寫出：『《中國之命運》出版以來，最反響者一為英國，一為中共。此乃預想所及，然未料其反感有如此之大也。」[12]

陶希聖說：（蔣）「在黃山官邸，以四十多天的工夫，再三再四改稿，每一章每一節的命意與行文，經過七八次乃至十餘次的修訂與增刪，方才定稿。」[13]直到一天晚上，「委員長問我說：『現在可以不改了吧！』我心想，這下可好，回說：『大概可以不改了。』委員長遂交代我定稿。」此時，陶希聖草就的不到3萬字初稿，「經過了蔣委員長將近二十次修改之後，全稿已在十萬字以上」，全書修訂後，書名請沈尹默先生題，「蔣中正」三個字則請蔣介石本人寫。[14]

從上文可以看出，《中國之命運》一書，陶希聖根據蔣介石口述內容起草的篇幅占不到全書三分之一，蔣介石修改、增補部分占三分之二有多。所以當年陶希聖自己也如此陳述：他只負責《中國之命運》的中文原稿的整理、校訂，及排印、校對工作。[15]這些工作屬於輔助性質。

《中國之命運》一書體現了蔣介石的政治和哲學思想，蔣為此感到滿意甚至自豪。因此，當書稿分發國民黨中央及政府

---

11 蔣介石1943年1月25日日記，參見黃仁宇著：《從大歷史的角度讀蔣介石日記》，九洲出版社，2008年，第244頁。

12 蔣介石1943年10月7日日記，參見黃仁宇著：《從大歷史的角度讀蔣介石日記》，九洲出版社，2008年，第244頁。

13 陶希聖著：〈關於《中國之命運》〉，載於《潮流與點滴》，傳記文學出版社（臺北），1979年6月1日再版，第204頁。

14 陶泰來：《陶希聖年表》，未刊稿。

15 陶希聖著：〈關於《中國之命運》〉，載於《潮流與點滴》，傳記文學出版社（臺北），1979年6月1日再版，第204頁。

負責人士研討並簽注意見時，蔣介石面對100多份意見書的態度是：枝節可改、核心部分不可更改。對此，負責收輯意見的陶希聖說：

二百冊分發出去後，共收回百餘份意見，批評最多的是關於不平等條約的弊病。如王寵惠表示中國正與英美並肩作戰，不宜於此刻批評不平等條約。……委員長說：「你們留學英美的，只曉得不能批評英美，但是如果不說出不平等條約的弊病，那我們打了幾年仗才得的結果，豈有價值可言？同時也顯不出撤廢不平等條約的好處。」他們就不好再講了。[16]

還有反對說：

《中國之命運》這一書名宜加修改。若改為《中國之前途》，或較為妥切。委員長認為這一書名唯一的根據就是國父所說「國家之命運在於國民之自決」。這句話就是全書的宗旨所在。如其改變，將使全書的宗旨不明了。

另一條爭議頗多並要求刪改的是：

蔣委員長是國家的領袖，不必自居於一黨的領袖。所以第七章（關於中國國民黨與三民主義青年團的一章）

[16] 陶泰來：《陶希聖年表》，未刊稿。

> 應該刪除。但是蔣委員長認為中國國民黨乃是革命建國的黨。沒有中國國民黨，即沒有國民革命。沒有國民革命，亦即沒有當前的抗戰與戰後的建國事業。倘如中國國民黨被挖空了，那就是國民革命失其依託，而國家亦唯有任人宰割之一條路了。[17]

對這類批評意見，蔣介石完全是一種不容置喙的態度。

《中國之命運》出版後，蔣介石約集國民黨負責人士的會餐上，有人提出：「《中國之命運》出版之後，外間頗有批評。」蔣介石答道：「我發表了一本書，當然引起人們的批評。如果出書之後，沒有反響，那書就失敗了。」[18]蔣介石對書所持觀點，仍然堅定不移，就連外國友人提意見，蔣的態度也如此。傳教士畢范宇也是建議蔣介石刪去第七章。他說：「外國友人都是希望委員長做全國的領袖，不做一黨的領袖。」堅持黨國不分的蔣介石答道：「沒有國民黨領導的革命抗戰，就沒有中華民國的國家」，[19]堅持不作改動。

因這本書，陶希聖沒少遭攻擊。剛從德國回來的蔣緯國聽到傳言紛紛，氣衝衝趕來侍從室找陶希聖挑剔毛病，陶希聖只好將原稿拿出來對他說：「全部初稿完全經委員長改寫，不見我的筆跡。」蔣緯國審視一遍方才甘休。[20]陶希聖心裏百般滋味可想

---

17 陶希聖：〈關於《中國之命運》〉，載於《潮流與點滴》，傳記文學出版社（臺北），1979年6月1日再版，第205頁。

18 陶泰來：《陶希聖年表》，未刊稿。

19 陶泰來：《陶希聖年表》，未刊稿。

20 陶泰來1943年2月21日日記，見《陶希聖年表》。

而知，他雖然沒說什麼，但他的長子陶泰來在日記中留下這樣的記錄：「委員長行伍出身，眾所周知，故對其著述之事，咸表懷疑。實則此書之材料和意見，均出於其本人，父親不過執筆編排而已。謠傳紛紛，均謂非其所著，冤哉。」因此，當書準備正式出版時，陶希聖遂向蔣介石建議：「此書出版後，立即由中央通訊社發佈新聞，述蔣委員長以四十多天的努力，撰述此書之經過」，但蔣介石不同意，陶只好作罷。[21]

當然，蔣介石之所以找陶希聖而不是陳布雷起草這本著述自有他的考慮，陶希聖嫡侄陶鼎來就說過：「蔣要他來寫這本書，顯然不是僅僅因為他會寫文章，蔣下面會寫文章的人很多。蔣要求於他，正是他在中國政治思想史和中國社會史上的研究成就，來補充蔣自己在理論上的不足。這是除陶希聖外，任何別人都做不到的。」[22]

只是陶希聖能有多大的發揮空間還不好說。從書的撰寫過程看，陶希聖基本是按蔣介石的思路起草、整理和校對，整本書體現了蔣介石的思想。儘管陶希聖還說不上僅在蔣的思想框架內尋章摘句，但確實難有大的發揮空間。因此，這本黨化著作與陶希聖以往開風氣之先的經濟社會史著述不同，了無氣象之新，無論是在政治學或是歷史學，均無出色表現，它既像史論，又摻雜了一些哲學思想，正如費正清所言：「蔣介石的思想是來自許多方面的大混合：曾國藩為人處世應以道德目的來衡量的見解，列寧關於帝國主義的解釋，從日本、俄國、美國

21 陶泰來：《陶希聖年表》，未刊稿。

22 陶泰來：《陶希聖年表》，未刊稿。

以及軸心國家方面來的影響，都被放進他那保守的民族主義框架之內。」[23]

張治中的這段評論比較中肯：「一般人認為此書充分流露鈞座保守思想之所在，而鈞座注意當時對國民教育之意義，未注意其可能引起之政治影響。」[24]思想駁雜而又含有強烈的排外性的農民民族主義色彩的《中國之命運》並沒有受到當時的知識階層重視。教授出身的陶希聖也深明這點，私下與友人說過：「明知有傷手之虞，亦唯有盡心悉力捉刀以為之。」[25]腳踏虛空，仍要前行，這也是政治亂世文人從政的不得已。

儘管如此，《中國之命運》還是被國民黨認為是繼孫中山三民主義以後一本最重要的著作，是蔣介石政治哲學思想的一次系統闡述。雖然當時嚴重缺紙，但這本書第一次就印了20萬本，到年底更是重印了200多次。《中國之命運》在學校和大學裏很快就成了一本必讀的書，全體軍官、公務員以及中央政治訓練學院的學生和國民黨青年團成員都必須讀這本書。

綜上所述，陶希聖對該書的起草和校定、整理起了重要作用，是部分書稿的起草者；在書的立意和觀點上，蔣介石提供了思想基礎；在內容上，蔣介石的增訂、補充部分，遠遠超過初稿篇幅。在時間上，蔣介石花費的時間並不比陶少。說陶希聖代書《中國之命運》的觀點至少是簡單化，甚至是不準確的，如同我們說陳伯達代書《論聯合政府》一樣不妥。

---

[23] 費正清：《美國與中國》，世界知識出版社，2001年，236頁。

[24] 張治中：《張治中回憶錄》，中國文史資料出版社，1985年，第408頁。

[25] 陶泰來：《陶希聖年表》，未刊稿。

二、蔣介石推出這本書的動機是什麼？

關於蔣介石推出《中國之命運》的動機，大陸學者幾乎眾口一詞：是「為掀起第三次反共高潮作思想準備和輿論動員」。何以出現這個定論？筆者放下一節解答，我們先來分析蔣介石的寫書宗旨，從而瞭解蔣介石寫這部書的真實動機所在。

首先看當事人陶希聖是怎麼講的：

> 自十月十日起，蔣委員長著手起草一本書。書的目的是在指出百年來所受不平等條約的束縛，一旦解除，一般人應如何以獨立國家自由公民的資格，與世界各國的國民平等相處，同時應如何自立自強，共同致力於建國的事業，使中國真正成為獨立自由的現代國家，與世界上愛好和平的各國分擔世界和平的責任。[26]

為此，陶希聖還特意作了解釋，他說，《中國之命運》的宗旨出於蔣介石的兩段訓詞。第一段是1942年10月10日蔣介石在慶祝雙十節大會上的講話。對中國人來說，這是一個有特殊意義的國慶日。史家黃仁宇當年正好目睹這一場面，他說：「翌日為國慶日，他（指蔣介石——引者注）往重慶較場口宣佈。恰巧當時我和弟妹蹀躞街頭，忽見蔣乘敞篷車至，車行極緩。雖有憲兵指揮群眾清道，但無特別戒備，車行所至，兩側群眾自動鼓

[26] 陶泰來：《陶希聖年表》，未刊稿。

掌。」[27]蔣介石就在這次會上鄭重宣佈美、英兩國政府將放棄一切特權，重新商定平等新約的消息，蔣介石聲明：

> 我國百年來所受各國不平等條約的束縛，至此已可根本解除。國父廢除不平等條約的遺囑亦完全實現。我全國同胞從今日起，應格外奮勉，自立自強，人人要做一個真正獨立自由的國民，始能建立一個真正獨立自由的國家，以期無愧為同盟國之一員。[28]

另一段訓詞是在三個月後的1943年1月11日，中美及中英平等新約正式簽字，蔣介石發表告全國同胞書：

> 我國自清季開始與列強訂立不平等條約以來，到了去年正是百周年，我們中華民族經五十年的革命流血，五年半的抗戰犧牲，乃使不平等條約百周年的沉痛歷史，改變為不平等條約撤廢的光榮紀錄。這不僅是我們中華民族歷史上起死回生最重要的一頁，而亦是英美各友邦對世界人類的平等自由，建立了一座最光明的燈塔。尤其是我們同盟聯合各國證明了此次戰爭目的之所在，是為人道、為正義而作戰的事實。」[29]

---

[27] 黃仁宇著：《從大歷史的角度讀蔣介石日記》，九洲出版社，2008年，第214-215頁。

[28] 陶希聖：〈關於《中國之命運》〉，載於《潮流與點滴》，傳記文學出版社（臺北），1979年6月1日再版，第203頁。[日]古屋奎二主筆：《蔣介石秘錄》（全譯本，第4卷），湖南人民出版社，1988年，第305頁。

[29] 陶希聖：〈關於《中國之命運》〉，載於《潮流與點滴》，傳記文學出

陶希聖強調說：「《中國之命運》的宗旨，就是上述兩段訓詞。[30]兩段訓詞都與廢除不平等條約有關。作為蔣介石的御用秘書，陶的陳述難免有黨派傾向，但他說出了寫這本書的歷史背景。

1941年底，太平洋戰爭爆發後，美國對日宣戰，次日中國也對日本宣戰，國民黨遂成美國和英國的地緣戰略夥伴，從以前互不相干轉為心腹盟友。1942年元旦，以美、英、蘇、中為首的國家簽署〈聯合國家宣言〉後，中國開始躋身「世界四強」地位，美英允諾戰後廢除在華的治外法權。但蔣介石堅持戰後廢約與中國現有國際地位不相符，美英應當在戰時就放棄在華特權。

從當時蔣介石一連串迫不及待的行動中，我們可以看到蔣廢約願望之強烈：

1942年3月，蔣介石借助中國戰場在軍事上的重要性及中國在新的國際關係中的重要地位，推動國內新聞輿論界發起廢除不平等條約運動。4月23日，蔣介石通過宋美齡在《紐約時報》上發表〈如是我觀〉一文，將這一運動推向高潮。文章毫不客氣地譴責英國在遠東作戰不力卻繼續以帝國主義的態度對待中國，宋美齡要求那些以抗戰名義的英國駐華大使館的「大班門」滾回英國。文章措辭尖銳，在美國引起巨大反響。從4月起，華盛頓和倫敦為放棄對華特權一事頻頻商議。8月27日，美國國務卿赫爾告訴英國外交部，現在是採取確切步驟的最好時機。

版社（臺北），1979年6月1日再版，第203頁。

30 陶希聖：《潮流與點滴》，傳記文學出版社（臺北），1979年6月1日再版，第204頁。

9月2日，蔣介石為促成和華盛頓速訂新約之事，派魏道明替換胡適接任駐美大使。10月5日，蔣致電在美國的宋子文，要他向美方表達中國希望立即廢除舊約意向，敦促美國政府「做一件能夠轉移世界視聽，彰明盟國道義權威的大事」，帶頭聲明放棄「對華條約中包含的不平等條約」。同一天，蔣授意陳布雷以新聞稿的方式表明中國政府敦促美國率先表明廢約態度。[31]7日，宋覆電：「關於從速取消不平等條約，原則上美方當無問題，最好俟文回國面陳後再進行。」蔣介石不同意：「如美政府能提前討論取消不平等條約，則我方應立即與之開始交涉，不必待兄回國也。」

蔣介石深感意外的是，沒等宋子文開口，美國政府於9日正式通知宋子文：「美國政府準備立時與中國政府談判，締結規定美國政府立時放棄在華治外法權及解決有關國際問題之條約。美國政府並望在最近期內完成上述目的之草約，提交中國政府考慮。」美國同時通知英國外交部。就在同一天，美英兩國正式通知中國駐美、英使節，「立時放棄在華治外法權，及解決有關問題之條約」，[32]並於10月10日國民政府的國慶日之際公開宣佈這一決定，接著，加拿大、荷蘭、巴西等國相繼表示了同樣的態度。[33]

---

[31] 吳景平主編：《宋子文與戰時中國》（1937—1945），復旦大學出版社，2008年，第182頁。

[32] 陳立文：《抗戰期間中國爭取國際地位之努力論文集》，第59-60頁。參見吳景平主編《宋子文與戰時中國》（1937—1945），復旦大學出版社，2008年，第182頁。

[33] 見何虎生著：《蔣介石傳》，華文出版社，2007年。

檢閱以上的國際外交變故，我們才能體會蔣介石當天在日記寫下這樣的話：「接獲美、英自動放棄治外法權之通告，此為總理（國父）革命以來畢生奮鬥最大之目的，而今竟得由我親手達成。中心快慰，實為平生唯一之幸事。」[34]蔣介石立即致電美國羅斯福總統表達謝意：「幾十年為中國爭自由的奮鬥中，繼續不斷地夢想中國終必成為一獨立並且是民主的國家；近日理想已成事實。謹自內心感謝閣下卓越的領導，鼓勵和協助中國在盟邦取得平等的地位。」[35]

蔣介石激動地表示他為美國「此一壯舉所感動，實無適當言詞足以表達與欣慰之感情」。行文至此，筆者也就理解黃仁宇說過的：「廢除不平等條約對蔣介石為一生大事。」[36]就在這一天，費城獨立廳的自由鐘敲響31下，以此向開始走上獨立之路的中華民國31年國慶日遙致祝福。

正是在這樣的背景下，蔣介石找來陶希聖商議撰寫一部書，目的「是要教導不平等條約束縛之下的國民，鼓舞其民族自尊心，與世界各國國民平等相處」。[37]

以上主要是陶希聖的敘述。蔣介石本人也記載有他寫此書之目的，就在蔣與陶商量撰寫《中國之命運》一周後的10月17日，蔣介石在日記寫道：

---

[34] 蔣介石10月10日日記，[日]古屋奎二主筆，《蔣介石秘錄》翻譯組：《蔣介石秘錄》（全譯本，第4卷），湖南人民出版社，1988年，第305頁。

[35] [日]古屋奎二主筆，《蔣介石秘錄》翻譯組：《蔣介石秘錄》（全譯本，第4卷），湖南人民出版社，1988年，第305頁。

[36] 黃仁宇著：《從大歷史的角度讀蔣介石日記》，九洲出版社，2008年，第214頁。

[37] 陶泰來：《陶希聖年表》，未刊稿。

際茲不平等條約取消，外交勝利之時，應不失機宜推行戰時生活，改造民眾心理，轉移社會風氣，革除政治習性，至於發展經濟，平定物價，健全新縣制各級組織與省縣各級參議會，亦宜同時進行。使人民能為國家服務，不失為現代國民，而得能與聯合國各國之國民並肩作戰，對世界戰爭能有所貢獻，如此方不愧為獨立自由國家之國民也。[38]

從中看出，藉著「不平等條約取消，外交勝利之時」，「推行戰時生活，改造民眾心理，轉移社會風氣，革除政治習性」，應是蔣介石發表《中國之命運》的思想發端。

在國民政府和蔣介石的努力爭取下，1943年1月11日，中美、中英簽訂新約，廢除兩國在華特權。隨後，中國又與比利時、挪威、加拿大、瑞典、荷蘭、法國、瑞士、丹麥、葡萄牙等國簽訂了類似的條約。這樣，百年來資本帝國主義強加給中國的不平等條約在形式上被廢除了。蔣介石在日記裏寫道：「國家之聲譽及地位，實為有史以來空前未有之提高。」[39]

對於中國人來說，取消西方列強近百年在華治外法權，無論如何也是值得記載的歷史時刻，其意義之重要，從當時《時代週刊》記者白修德從重慶發來電訊可見一斑：

中國過去一年突出的事件是取消了與外國列強之間的不平等條約，結束了中國所稱「一個世紀的壓迫」，這是

---

[38] [日]古屋奎二主筆，《蔣介石秘錄》翻譯組：《蔣介石秘錄》（全譯本，第4卷），湖南人民出版社，1988年，第306頁。

[39] 何仲山等著：《毛澤東與蔣介石》，中國檔案出版社，2005年，第177頁。

西方人很少把握的事實，但對於認識中國它卻具有最為重要的意義。對中國人的情感來說，這場戰爭不是始於1937年7月7日，那只是一場更大規模鬥爭中的一個偶發事件。這一鬥爭可上溯到1927年的北伐戰爭，1911年的辛亥革命，以及1840年的鴉片戰爭。在這一鬥爭的編年史上，將記錄下這樣一筆：只有6年來的抗日戰爭才使西方終於接納中國成為國際大家庭的一員，站立在平等的舞臺上。[40]

綜上所述，在時間上，陶希聖敘述的蔣介石兩段訓詞都與《中國之命運》一書出臺密切相關，蔣介石發表第一段訓詞後，即找陶希聖商談撰書一事。第二次訓詞時，正是蔣介石反覆修訂書稿之時。正由於如此，蔣介石在撰寫《中國之命運》時，關於不平等條約的內容也佔據頗多篇幅。

當時書稿在黨內高層徵求意見時，被批評最多的也是關涉不平等條約的內容，認為此時批評友邦，有損心腹盟友關係。但面對諸多批評，蔣介石不為所動。陶希聖說：

委員長認為中國百年國家積弱之勢與國民從自大轉為自卑的心理，都是導源於列強的侵略與不平等條約的壓迫。尤其是國父倡導三民主義國民革命，以廢除不平等條約為主要目的。現在不平等條約由於革命抗戰之堅貞奮鬥而得以解除，一般國民如何改變其民族自卑感而培養起民族自尊心，國家如何與世界各國立於平等地位，而分擔世

40 《時代週刊》，1943年7月12日，見李輝《封面中國》，東方出版社，2007年，第228頁。

界和平的責任，這就是中國今後的根本課題。因而本書不能不追述百年來不平等條約束縛的實況，與我們為國家平等自由而革命抗戰的經過。倘如刪去這些章節，那就是全書失其意義了。」[41]

蔣介石看重廢除不平等條約事件，是他堅持把中國的民族恥辱和其他現代弊端，幾乎完全歸咎於外國列強的掠奪和不平等條約的危害。蔣介石和毛澤東一樣，都是強烈的民族主義者。在蔣介石的政治理念中，不平等條約是中國社會難以擺脫積貧積弱的根本原因。早在1927年南京政府成立之初，蔣介石就把廢除不平等條約作為政府主要外交目標。1930年1月，取消列強治外法權的談判進入與各國會商階段，但因日本侵入中國東北而停止。

蔣介石在《中國之命運》首篇裏赫然聲明：（國父）「彌留之際，確定廢除不平等條約為中國國民革命的第一個目標，複將這個未竟的大業，留給我們後死的同志」。全書共分八章，其中直接涉及不平等條約內容的就占了三章。費正清說過：「該書為慶祝1943年英、美廢除不平等條約而出版」。[42]鄧野也說過：「蔣介石以廢除不平等條約為契機，出版了《中國之命運》一書」。[43]

百年的屈辱記憶，使蔣介石過多地強調民族自尊，因而全書含有強烈的排外性的農民民族主義色彩。因此，當《中國之命運》在中國發行高達100萬冊並成為必讀書時，國民黨的審查機

[41] 陶希聖：〈關於《中國之命運》〉，載於《潮流與點滴》，傳記文學出版社（臺北），1979年6月1日再版，第205頁。

[42] 費正清著：《美國與中國》，世界知識出版社，2001年，236頁。

[43] 鄧野：《聯合政府與一黨訓政》，社會科學文獻出版社，2003年，第1頁。

關卻在外國記者的電文中刪去了一切有關此書的內容。英譯本一再推遲出版。1946年1月份，美國六位國會議員提出要國務院自己翻譯這本書，卻遭到重慶方面的拒絕，理由是該書屬於「絕密」文件。

筆者認為，不論從歷史事實還是蔣介石的思想邏輯、心路歷程來看，引發蔣介石推出《中國之命運》與廢除不平等條約密切相關，甚至可說是蔣介石推出《中國之命運》的最主要動機。

三、「是為第三次反共高潮作輿論準備和宣戰書」是如何提出的？

那麼，幾十年來，中共黨史為何一直沿用蔣介石出書動機「是為第三次反共高潮作輿論準備和宣戰書」，又或者是「蔣介石欲挑起新內戰的宣言書和動員令」等觀點呢？[44]這一論斷是怎麼提出的，是否符合史實？

我們發現，這一說法之所以影響深遠，源於當年毛澤東親自組織批判《中國之命運》運動中的一句關鍵詞，提出者是陳伯達，他在根據毛澤東意見撰寫〈評《中國之命運》〉一文中說：「這是一本對中國人民的宣戰書，是為發動內戰的思想準備與輿論準備。」[45]陳文是當時中共組織批判《中國之命運》系列文章

[44] 見何虎生著：《蔣介石傳》，華文出版社，2007年，第643頁；《中華民國實錄》（抗戰烽火），吉林出版社，1997年，第2904頁；朱漢國主編：《南京國民政府紀實》，安徽人民出版社，1993，第822頁；張秀章編著：《蔣介石日記揭秘》（下），團結出版社，2006年，第676頁；何仲山等著：《毛澤東與蔣介石》，中國檔案出版社，第179頁。

[45] 陶希聖：〈關於《中國之命運》〉，載於《潮流與點滴》，傳記文學出版社（臺北），1979年6月1日再版，第207頁。

中最早和最重要的一篇，由毛澤東親自修訂並作為《解放日報》社論發表。為寫此文，陳伯達全情投入，寫到激動處，陳伯達可謂「筆淚俱下」。陳伯達不無得意地說：「這本書對於打退國民黨第三次反共高潮起了作用」，他還借用李六如的話形象地概括道：這本書甚至「頂了幾個師的力量」。[46]

翻查史載，陳伯達的話顯然誇大了。陳伯達文章發表於1943年7月21日，此時，已是胡宗南部隊撤出陝南的第11天、蔣介石公開聲明對邊區「無進攻之意」的第10天之後，也就是國民黨第三次反共高潮處於退卻階段，何來「頂了幾個師的力量」？如果這是對中國人民（包括中國共產黨）的一篇「宣戰書」，「是為第三次反共高潮作輿論準備和動員令」，那麼，書一出版當引起中共高度重視，而不是事隔4個月以後才組織大批判。

那麼，這幾個月，國共之間到底發生了什麼事情？我們不妨深入一層分析。

從1942年上半年—1943年上半年，也就是《中國之命運》推出前後一段時間裏，國共雙方並未出現劍拔弩張情形，相反是雙方頻頻往來的春風和煦的和談時期，當時雙方都希望將國共問題納入政治解決軌道。兩黨出現這種新思維，主因是世界出現變局。

在中共一方。1941年6月德國突襲蘇聯後，蘇聯無暇東顧，延安失去國際支持。同時，莫斯科希望共產黨支持國民政府積極抗戰，以解除東線之憂。面對新局勢，審時度勢的毛澤東意識到，隨著蘇聯和美、英結盟，世界大勢為之一變，戰後的國際政

[46] 陳曉農編撰：《陳伯達最後口述回憶》，星克爾出版（香港）有限公司，2007年第二版，第71頁。

治格局將出現一種妥協局面，國共關係需作重新調整，做長期合作的打算。

在國民黨一方。太平洋戰爭爆發後，美國成為中國的最大盟友，連一向瞧不起中國的英國首相邱吉爾也立即致電蔣介石：「我等向為良友，現則同對一敵共同奮鬥矣。」[47]美、英的支持，令孤身抗日苦撐近5年的蔣介石突然有了「絕處逢生」的慨歎，他先前預言：「只要我能抗戰到底，則國際情勢終必演變而日本終歸失敗也」，[48]這一天終於到來。借助外部特別是大國美國的力量打敗日本，是蔣介石「九一八事變」以來的一貫思路。現在，在美國支持下，中國正邁向世界四強地位。按陶希聖說法：「民國三十一年至三十二年（1942—1943）是我們中華民國的國際地位增高到了頂點」之年。[49]蔣介石並於1942年初就任中國戰區（包括中國、法屬印度支那、泰國等國家與地區）的最高統帥。蔣第一次成為國際性的頭面人物，緊接著6月1日，蔣介石的肖像再一次出現在《時代》封面上。個人聲望逐漸高漲的蔣介石認為中共對他的威脅在消減。在這種背景下，國共雙方都在尋求新的和談方式，應該說，受莫斯科指示的中共一方更主動。

1942年1月，在蘇聯養病的林彪帶著莫斯科旨意回國，林彪特意通過新疆督辦盛世才向蔣介石報到，並大談特談國共合作，

47 《中華民國重要史料初編——對日抗戰時期》第3編《戰時外交》（2），第89頁。

48 黃仁宇著：《從大歷史的角度讀蔣介石日記》，九洲出版社，2008年，第212頁。

49 陶希聖：〈關於《中國之命運》〉，載於《潮流與點滴》，傳記文學出版社（臺北），1979年6月1日再版，第202頁。

甚至主張國共合作建國。[50]蔣介石留意到他的學生林彪回國後，中共隨即在政治上停止進攻，雙方的軍事摩擦頓減，兩黨關係明顯緩和。5月，蘇聯得到日軍向中蘇邊境集結的消息，再次呼籲中共採取行動。6月15日，共產國際領導人季米特洛夫致函毛澤東：「當前局勢迫切要求中國共產黨在他力所能及的範圍內盡一切努力改善同國民黨的關係。」[51]7月5日，中共駐重慶代表董必武約見國民黨代表王世杰，表示希望政治解決國共糾紛問題，並隨即在發表的「七七宣言」中作出和解姿態：

> 我們願盡自己的能力來與國民黨當局商討解決過去國共兩黨間的爭論問題，來與國民黨及各抗日黨派商談爭取抗戰最後勝利及建設戰後新中國的一切有關問題。[52]

國民黨方作積極回應。7月11日，國民黨派張治中和周恩來、董必武會晤，周恩來提出妨礙兩黨團結的軍事政治問題可以通過談判解決。7月21日，蔣介石親自接見周恩來，對國共談判之事滿口答應。蔣介石於8月14日再次接見周恩來，提出「國內的問題應好好解決」，甚至提出希望一周後去西安會晤毛澤東。[53]毛澤東獲悉也表示：「我去見蔣，將國共根本關係加以改

[50] 見楊奎松：《國民黨的「聯共」與「反共」》，社會科學文獻出版社，2008年，第463頁。

[51] 楊雲若、楊奎松：《共產國際和中國革命》，上海人民出版社，1988年，第546頁。

[52] 〈中國共產黨中央委員會為紀念抗戰五周年宣言〉，1942年7月7日《解放日報》。

[53] 〈周恩來關於蔣欲約毛在陝晤談事致毛澤東電〉（1942年8月14日），

善，這種改善如果做到，即是極大利益，哪怕具體問題一個也不解決，也是值得的。」[54]但由於中共中央一時摸不清蔣介石急切見毛的意圖，擔心蔣對毛不利，只派出林彪在周恩來陪同下面見蔣介石。林彪特別向蔣介石轉告毛澤東的意見：今後國共兩黨「應彼此接近，彼此相同，彼此打成一片。」[55]到了10月下旬，毛澤東仍對親自見蔣談判深感興趣，但遭到周恩來反對而作罷。

11月中旬，國民黨召開五屆十中全會，通過〈今後對共產黨政策之研究結果案〉，表示：「對共產黨仍本寬大政策」，只要「服從政府命令，忠實的實現三民主主義，自可與全國軍民一視同仁。」[56]中共認為「這是對我們今年七七宣言的回答」，是「時局好轉的開始」，即使國民黨「今後不允許我們再組織軍隊，我們可以這樣做。」[57]毛澤東還於12月1日，寫了一封緘件給蔣介石，內稱：「前承寵召，適染微恙，故派林彪同志進謁，嗣後如有垂詢，敬乞隨時示知，自當趨轅聆教。」[58]

由於中共的積極回應，12月16日，蔣介石再度召見周恩來與林彪時，表示國民黨是有誠意解決兩黨統一團結問題，希望真團結，不是政治手段。蔣介石甚至聲稱：只要他活著一天，就

見楊奎松：《國民黨的「聯共」與「反共」》，第468頁。

54 〈毛澤東關於見蔣為改善國共根本關係致周恩來電〉（1942年9月3日），見楊奎松：《國民黨的「聯共」與「反共」》，第469頁。

55 〈周恩來關於林彪見蔣經過的報告〉（1942年10月27日），見楊奎松：《國民黨的「聯共」與「反共」》，第470頁。

56 《中國國民黨歷次代表大會及中央全會資料》（下），第793-794頁。

57 〈中共中央關於國民黨十次全會問題的指示〉（1942年11月29日）。

58 秦孝儀主編：〈「總統」蔣公大事長編初稿〉，見黃仁宇：《從大歷史角度讀蔣介石日記》，九洲出版社，2008年，第241頁。

絕不會讓中共吃虧。[59]1943年3月28日，何應欽明白無誤地告訴周、林：國共兩黨目前最要緊的是精誠團結一致對外，不能再有摩擦發生。敵人一貫政策，是以華制華，同時還進行挑撥離間，是我們內部不能團結，如果我們中了敵人的詭計，將來只有同歸於盡。[60]周表示同意，林也說延安方面很希望兩黨徹底合作。這一時期，兩黨對於合作問題的態度均是積極的。

這段你唱我和時期，正是蔣介石醞釀、寫作、修訂和出版《中國之命運》一書的時間（1942年10月至1943年3月）。如果說，蔣介石一面與中共和談，一面謀劃撰寫一部意在掀起反共高潮的理論書籍，於邏輯和情勢都說不通，更何況國際社會也不允許蔣介石「內訌」。美、英為共同對日，多次警告重慶政府不得發動內戰，否則停止援助。在重慶政府看來，美、英、蘇三方都不能得罪。一向重視「國際之地位」的蔣介石要保持他在國際社會的聲譽，維持國內團結一致抗日的局面是必須的。

雖然，作為一種戰略設想，毛澤東早在1942年4月就提出「國民黨有可能發動第三次反共高潮」的預設，並且認為「他們佈置很久了。」[61]至於「高潮」遲遲未來，毛澤東是這樣解釋的：由於日軍尚未發動反蘇戰爭而進攻雲南、浙江，使得國民黨內部問題嚴重，有暫時延緩的趨勢。[62]此後，隨著國共進入和

59 見楊奎松：《國民黨的「聯共」與「反共」》，社會科學文獻出版社，2008年，第473-475頁。

60 《中華民國實錄》（抗戰烽火）吉林人民出版社，1997年，第2911頁。

61 毛澤東在中央學習組所做時局的報告，1942年4月13日，見《毛澤東年譜》（1893—1949），中卷，中央文獻出版社，第375頁。

62 毛澤東在中央政治局會議上的發言，1942年5月21日，見《毛澤東年

談階段，毛澤東也就不再提「反共高潮即到」言論，反而致電周恩來：「故應避免一切枝節，極力表示好意」。[63]

那麼，《中國之命運》是如何與「反共高潮」沾上邊的？

陳伯達說，1943年3月《中國之命運》出版一個月後，「延安也很快看到了」。但中共這段時期的工作重心在於統一全黨思想的整風運動，並沒有過多關注重慶政府的一舉一動，甚至連當時重慶《中央週刊》雜誌熙熙攘攘組織的《中國之命運》讀後感徵文活動，公開發表了300來篇文章的時候，延安也沒有動靜。至少到6月2日止，中共政治局召開的會議內容，「絲毫未提及中共對國民黨的具體政策，對抗日統一戰線的態度，以及共同抵抗日本法西斯的事情。」[64]為統一全黨思想、方針和路線的延安整風運動，是當時中共黨內的頭等大事。《中國之命運》儘管被捧為「領袖經典」，在大後方紅極一時，卻委實還沒有進入毛澤東的視線。中共反而頻頻向國民黨示好，為保持和談氣氛，中共還致電告誡周恩來，「如我們與國民黨以外之中外人員團體或黨派，有任何足以引起國民黨藉口之秘密協定，在目前都是不妥當的。」[65]6月1日，毛澤東還致電前線的彭德懷，「對國民黨應極力避免大的軍事衝突」。[66]雙方對和談都懷有誠意。

譜》（1893—1949），中卷，第381頁。

63 毛澤東致周恩來電，1942年9月15日，見《毛澤東年譜》（1893—1949），中卷，第403頁。

64 彼得·弗拉基米若夫著：《延安日記》，東方出版社，2004年，第129頁。

65 《中華民國實錄》（抗戰烽火）吉林人民出版社，1997年，第2918頁。

66 毛澤東致彭德懷電，1943年6月1日，見《毛澤東年譜》（1893—1949），中卷，第443頁。

這也意味著，《中國之命運》出版後的幾個月內，並沒有被視作「反共宣戰書」，甚至還沒有引起中共的注意，為何到了7月下旬，中共對《中國之命運》的看法出現180度的轉變？

導致國共關係趨向惡化的誘因是5月22日共產國際突然宣告解散之後。蔣介石比同時代的大多數人更瞭解列寧的觀點和共產國際的工作，從1923年底訪問蘇聯時開始，蔣介石就對國際共產主義運動形成一種固定看法。在蔣介石看來，中共是共產國際移植中國的「傀儡」，共產國際解散，中國共產黨的合法性存在就有了問題。尤其蔣介石認為共產國際的解散，是美國對史達林施加壓力的結果。共產國際是在美國特使戴衛斯出使莫斯科期間突然宣佈解散的。美國注意到共產國際指導下的中國以及各國共產黨所策動的「叛亂」工作，故而對蘇聯給予軍事援助為交換條件，壓迫史達林解散共產國際。蔣介石在5月26日日記寫道：「此次俄國取消第三國際，乃積極與美合作之表示，日本必知之甚明也。」[67]

蔣介石對中國共產黨歷來有嚴密的心理防線，和談，只是一種權宜之計，蔣介石明白，國共終不可能和衷共濟。中共問題的解決始終是蔣介石的一大心病，但礙於國內外輿論，尤其國際輿論，不敢過於明目張膽。在共產國際解散的第三天，蔣介石仍表明：「對中國共產黨問題，我應盡力向政治解決之途為最大努力；在宣傳上尤不可造成政府準備以武力解決之印象。」[68]事實上，對於共產國際解散一事，國民黨也一直克制，沒有在黨報《中央日報》

[67] [日]古屋奎二主筆，《蔣介石秘錄》翻譯組：《蔣介石秘錄》（第4卷），湖南人民出版社，1988年，第322頁。

[68] 《王世杰日記》，第4冊，第78頁，台灣中央研究院近史所，1990年。

上置評一詞，正如學者朱鴻召所言：國民黨對於共產國際解散事件的態度是「大題小作」。[69]

6月1日這一天，毛澤東與蔣介石都有動作。毛澤東覆電彭德懷，指出：國民黨對我疑忌甚大，不願解決問題，打擊我黨威信，厲行特務政策，企圖從內部破壞我黨。對國民黨應極力避免大的軍事衝突。[70]同一天晚上，蔣介石親自主持召開官邸會報，並聲稱：共產黨如能照其所言者做到，中國政治無問題。共產黨如能將軍權、政權統一於中央，中央便可縮短訓政時間而早日實施憲政。6月10日，周恩來、林彪返延安參加整風運動前夕，蔣介石覆緘毛澤東，內稱：「茲承周（恩來）、林（彪）二同志回延之機，特泐數行，以伸悃忱，如能駕渝會晤，尤為欣慰。」[71]此時，雙方談判雖無成果，但談判大門仍沒關閉。

6月16日中共政治局會議上，毛澤東第一次提到《中國之命運》一書，毛說，該書出版後，蔣介石轉好的可能性很小。[72]這句話裏含有毛澤東對蔣介石的一種失望態度，共產國際解散後國共和談重被擱置，毛感到不滿。但此時的毛澤東，鋒藏不露，勢引不發。

將「中共問題」緊張化的是「戴笠方案」的提出，6月，戴笠提出「解決中共問題」方案，其目的是「把握中共弱點，以達

69 見朱鴻召著：《延安日常生活中的歷史》，廣西師範大學，2007年，第159頁。

70 毛澤東致彭德懷電，1943年6月1日，見《毛澤東年譜》（1893—1949），中卷，第443頁。

71 秦孝儀主編：〈「總統」蔣公大事長編初稿〉，見黃仁宇《從大歷史角度讀蔣介石日記》，九洲出版社，2008年，第241頁。

72 張樹軍等編：《中國共產黨重大會議實錄》，湖南人民出版社，第173頁。

到政治解決為目標，惟在軍事上仍須施極大壓力，促其就範」，「以使中共將軍權、政權交還中央為主要目的」。[73]胡宗南佈防16師邊區南部，正是要對延安形成強大的軍事壓力。

國民黨雖然萌生反擊中共意圖，但最終沒有邁出訴之武力一步。7月6日，美國駐華使館代辦艾奇森致電美國務卿，傳遞了蔣介石的態度：國民政府不希望由於進攻共產黨，被人冠以在中國挑起內戰的頭銜。面對美國的疑心，蔣介石這個姿態不得不表明。

因此，蔣介石雖命胡宗南大兵壓境邊區，也只是希望「在軍事上仍須施極大壓力，促其就範」，最終意圖還是以政治解決中共問題。因此，當胡宗南已將3個軍團16個師部署完畢，以求「收復陝北地區」時，蔣仍按兵不動：「切實準備，但須俟有命令方可開始進攻。」[74]蔣介石自然明白「緊事三分輸」的道理。

雖然毛澤東認為早已預計的「國民黨發動第三次反共高潮」終於到來，但毛判斷國內外形勢都不允許國共開戰，有一細節可看出延安的「鎮定自如」：重兵壓境之下，駐防在南泥灣前線的陝甘寧邊區晉綏聯防軍警備八團的戰士們，依然參加鋤草勞動，他們的反應是「保險打不起來」。[75]毛澤東採取「軍事守勢，政治攻勢」方針，號召「各地應響應延安的宣傳，在七月內先後動員當地輿論，並召集民眾會議，通過要求國民政

---

[73] 《中華民國實錄》（抗戰烽火），吉林人民出版社，1997年，第2952頁。

[74] 《在蔣介石身邊八年—侍從室高級幕僚唐縱日記》，群眾出版社，1991年，第366頁。

[75] 《王恩茂日記》（1943年7月13日），中央文獻出版社，1995年，第360頁。見朱鴻召著：《延安日常中的歷史》，廣西師範大學，2007年，第160頁。

府制止內戰、懲辦挑撥內戰分子之通電，發來新華總社，以便廣播，造成壓倒反動氣焰之熱潮，並援助陝甘寧邊區之自衛戰爭。」[76]

在內外因素迫使下，正如毛澤東所料，7月10日，蔣介石果然令胡宗南停止行動，11日蔣、胡覆電朱德，聲明無進攻之意。楊奎松分析說，「蔣之緊急剎車，是因為他這時的基本方針仍舊是要政治解決共產黨問題」，[77]這一論點是符合事實的。7月13日，蔣介石高調地對國民參政員表示：「憲政自應提前辦理」，「希望統一軍政與實施憲政同時辦理」。[78]

綜上所述，陳伯達說這本書是國民黨發動第三次反共高潮的「宣戰書」、「動員令」一辭，更多的是黨派鬥爭、政治宣傳的意識形態用語，與事實無關，不應該成為一種史學論斷。就在陳文發表的前幾天，也即是胡宗南撤兵的第二天，毛澤東致電彭德懷就說過：「國民黨第三次反共高潮已迅速破產。」[79]總不會打敗了「反動派」才來批判「宣戰書」吧？此後蔣介石雖仍有剿共意識，但終未付諸行動。按楊天石說法：「第三次反共高潮，並未成『潮』，更談不上『高』」。時至今天，我們如果仍是沿用當年的政治宣傳話語，未免遮蔽了歷史的複雜性，也不符合史實。

---

76 中共中央書記處致各中央局、中央分局電，1943年7月8日，見《毛澤東年譜》（1893—1949），中卷，第452頁。

77 楊奎松著：《國民黨的「聯共」與「反共」》，社會科學文獻出版社，2008年，第478頁。

78 中國社科院近史所中華民國史研究室：《中華民國史資料叢稿》之增刊第5輯《黃炎培日記摘錄》，中華書局，1979年，第39頁。

79 《中華民國實錄》（抗戰烽火），吉林人民出版社，1997年，第2964頁。

四、毛澤東第一次組織的對國民黨理論宣傳大論戰

就在蔣介石緊急剎車後，也就是「國民黨的第三次反共高潮」轉入退潮階段時，毛澤東突然發起對《中國之命運》一書的批判運動。當時，具有共產國際駐延安聯絡員及蘇聯塔斯社駐延安記者雙重身份的弗拉基米洛夫說道：「國民黨領導人宣佈，他們無意侵犯特區。在特區南部集結兵力和部署兵力的活動已經停止」，「中共中央主席知道危險已經過去，中央政府不會冒風險對反國民黨的宣傳運動進行報復了。於是，又掀起了一次歇斯底里的反蔣浪潮。毛澤東是想充分利用現有局勢，他相信，必要時，莫斯科會從中調停的」。[80]

政治風雲驟變，陶希聖深感意外，時隔四個月，毛澤東才突然將注意力轉向他負責出版的《中國之命運》一書，而且首當其衝被點名批判者，正是他自己。

這場批判從7月21日至10月6日持續兩個多月，身為中共中央主席兼中央宣傳委員會書記的毛澤東親自領導和組織了這場批判運動，中共的理論陣地以延安的《解放日報》、重慶的《新華日報》和《群眾》週刊為主，莫斯科的《紅星報》和《戰爭與工人雜誌》、美國共產黨的機關報《每日工人報》等則遙相呼應。猝不及防的國民黨主要在《中央日報》和《掃蕩報》作被動回應。這種對壘格局預示著論戰的結局，這也是毛澤東出任中共中央主席後第一次組織對國民黨理論宣傳的大論戰。

7月中旬，毛澤東委託在黨內地位漸次提高的劉少奇主持召

---

[80] 見彼得·弗拉基米若夫著：《延安日記》，東方出版社，2004年，第143-144頁。

開延安理論幹部會議，陳伯達、艾思奇、范文瀾、呂振羽、王學文、何思敬、齊燕銘、陳唯實等政治、哲學、歷史等方面的理論家參加了會議。據陳伯達回憶，那時他正擔任毛澤東政治秘書，毛澤東忽然找他和幾位「秀才」說，「蔣介石給你們出題目了，叫你們做文章呢！」於是，根據毛澤東的意見，陳伯達、范文瀾、艾思奇、齊燕銘立即分頭寫文章。

陳伯達花了三天三夜，寫出了〈評蔣介石先生的《中國之命運》〉並送毛澤東審閱。陳伯達回憶道：

> （毛澤東）仔細看了我的文章，把原標題〈評蔣介石先生的《中國之命運》〉中的『蔣介石先生的』幾個字勾掉，在文章中又添了好些尖銳、精彩的句子，並把文中提到「蔣介石先生」處的「先生」二字都勾掉了。……負責《解放日報》的博古同志提出了意見，說這樣連「先生」兩個字都去掉，是不是太厲害了些，現在統一戰線還是要的。……最後文章還是恢復「先生」的稱呼，確定7月21日在《解放日報》發表。[81]

陳文版面如何安排，毛澤東也有周密考慮，他致信《解放日報》社長博古、主編陸定一：「陳伯達文章看過改過，送上請閱，請在今日或明日發表，以約5000字登在社論地位，其餘接登第四版，一天登完。以兩天或三天廣播之，並請廣播兩次。另印一小冊子，亦請在日內印出，印一萬五千份。」周恩來隨即用電

[81] 陳曉農編撰：《陳伯達：最後口述回憶》，星克爾出版（香港）有限公司，2007年，第71頁。

報將文章秘密拍發重慶，以印成小冊子廣為散發。7月21日，陳伯達的長文見報後，毛澤東立即代中央宣傳委員會起草致各中央局、中央分局並轉告區黨委電：

陳伯達同志〈評《中國之命運》〉一文，本日在《解放日報》上發表，並廣播兩次。各地收到此文後，除在當地報紙上發表外，應即印成小冊子。(校對勿錯)，使黨政軍民幹部一切能讀者每人得一本(陝甘寧邊區印一萬七千本)，並公開發賣。一切幹部均須細讀，加以討論。一切學校定為必修之教本。南方局應設法在重慶、桂林等地密印密發。華中局應在上海密印密發。其他各根據地應散發到淪陷區人民中去。一切地方應注意散佈到國民黨軍隊中去。應乘此機會作一次對黨內黨外的廣大宣傳，切勿放過此種機會。[82]

批判的重心也由毛澤東親定。同一天，毛澤東電示重慶的董必武：「本日公佈陳伯達駁斥蔣著《中國之命運》一書，以便在中國人民面前從思想上理論上揭露蔣之封建的買辦的中國法西斯體系，並鞏固我黨自己和影響美、英各國，各小黨派，各地方乃至文化界各方面。」[83]毛澤東一開始就將蔣介石政權性質定性為「封建的買辦的中國法西斯體系」。《解放日報》開篇社論為此作了定調：「今年3月，大後方出版了一本中國法西斯主義的『經典』」。

[82] 陳曉農編撰：《陳伯達：最後口述回憶》，星克爾出版（香港）有限公司，2007年第72頁。

[83] 陳曉農編撰：《陳伯達：最後口述回憶》，星克爾出版（香港）有限公司，2007年第72頁。

毛澤東急需掌握陳文發播後的影響，以便調整輿論鬥爭方向，他專門吩咐董必武「收集此文發表後的各方面影響，並將國民黨回駁此文的文章擇要電告，並全部寄來。」毛澤東告訴董必武：「《新華》尤其《群眾》可用其他迂迴辦法揭露中國法西斯的罪惡（思想、制度、特點和行為）。」[84]時任中共南方局負責人董必武按照毛澤東指示，帶領南方局的同仁，利用《新華日報》、《群眾》週刊陣地對《中國之命運》展開批判。

陳伯達的文章發表後，延安又相繼推出了歷史學家范文瀾的〈誰革命？革誰的命？〉與〈袁世凱再版〉，呂振羽的〈國共兩黨和中國之命運〉等文章。當然，毛澤東批判蔣介石的法西斯獨裁政權是出於鬥爭形勢的需要，彭德懷於這年6月6日提出實行民主教育這一問題時，毛則批彭僅是「從民主、自由、平等、博愛等的定義出發，而不從當前抗日鬥爭的政治需要出發」。[85]毛澤東的多面性源於他對不同情形作不同決定的高度政治靈活性。

毛澤東採取縱橫捭闔的宣傳戰術，不僅在延安和重慶策劃宣傳戰，還配合莫斯科的用意，組織海外攻勢。毛澤東交代南方局負責人董必武，「設法秘密印譯成中、英文小冊子，在中外人士散佈」。[86]從陶希聖以下的話我們可以看到，毛澤東達到目的了。

陶希聖說：「〈評《中國之命運》〉美國的左派同路人趕出一個譯本，加上小注，痛詆此書為法西斯主義」，「美國共產

[84] 陳曉農編撰：《陳伯達：最後口述回憶》，星克爾出版（香港）有限公司，2007年第72-73頁。

[85] 《彭德懷年譜》，第281頁。參見高華：《紅太陽是怎樣升起的》，（香港）中文大學出版社，第620頁。

[86] 陳曉農編撰：《陳伯達：最後口述回憶》，星克爾出版（香港）有限公司，2007年第72頁。

黨領導人白勞德和一些西方評論家曾對這本書寫過評論文章」。8月8日，莫斯科的《戰爭與工人階級》雜誌發表了塔斯社中國分社社長羅果夫的長篇通訊，指斥國民政府中有綏靖主義者，失敗主義者及投降派的陰謀活動，並指出中國將發生內戰，美國共產黨機關報《每日工人報》轉載羅果夫的通訊。這些言論，都被說成是「同盟國的輿論猛烈攻擊重慶當局的倒行逆施」[87]。「他們認為此書具有『民族的尊嚴』，中國人在租界治外法權下，民族尊嚴受到損害，現在要做獨立自主大國民，但發揚民族主義，帶有法西斯色彩。」[88]國外輿論與延安口徑一致。

對此，陶希聖回應道：

> 《中國之命運》對於民族主義與法西斯主義的分別，採取嚴正的態度。我們三民主義之第一個主義，是民族主義。不平等條約之撤廢，就是民族主義求中國之自由平等的奮鬥之成功，民族主義斷乎不可與法西斯主義混為一談，並且德、日、意的法西斯侵略主義正是我們民族主義的大敵。」陶希聖還引述孫中山的遺教：「凡是一種民族征服別種民族，自然不准別種民族有獨立的意思」，「我們中國不講民族主義，而講納粹法西斯主義或世界主義，便有亡國滅種之憂。[89]

87 陶希聖：〈關於《中國之命運》〉，載於《潮流與點滴》，傳記文學出版社（臺北），1979年6月1日再版，第210-211頁。

88 陶泰來：《陶希聖年表》，未刊稿。

89 陶希聖：《潮流與點滴》，傳記文學出版社（臺北），1979年6月1日再版，第207頁。

陶希聖說：羅果夫的「這一長篇通訊一時之間成為美國共產黨及其同路人的宣傳方針」。在美國四處奔走爭取美援的宋美齡也看到美共「歪曲」《中國之命運》一書的情形，立即來信，「建議趕快譯成英文本。」[90]

上文屢屢提到的「美國左派同路人」，是指美國太平洋學會，這是一家與共產國際關係密切的宣傳機構。[91]他們反復宣傳，「延安是民主中國」，「重慶是封建中國」。原美共機關報《每日工人報》總編輯布登茲說：「莫斯科需要我們美國人相信」，「中國國民政府已變為法西斯主義」，「延安是民主中國」，「重慶是封建中國」。[92]陶希聖最擔心這些所謂「同盟國輿論」影響美國政府關注「另一個中國」的存在，從而改變對華政策。陶希聖反問：在他們筆下，何以「蘇俄變成了世界上最民主的國家」，「反抗法西斯的中國國民政府一變為法西斯主義」？[93]

在此之前，國民黨中央機關報《中央日報》改組，胡健中為社長，陳訓悆（陳布雷之弟）為總編輯，陶希聖以侍從室第五組組長身份出任總主筆。陶希聖本來在第五組的工作就與中央宣傳部有密切關係，陶希聖每週參加中央宣傳部社論委員會的會

[90] 陶泰來：《陶希聖年表》，未刊稿。

[91] 據美國參議院司法委員會的一份調查，太平洋學會是國際共產黨的宣傳機構，參見（[日]古屋奎二主筆，《蔣介石秘錄》（全譯本，第4卷），湖南人民出版社，1988年，第326頁。

[92] 原美共機關報《每日工人報》總編輯布登茲：《沒有臉面的人》，1958年出版，參見陶希聖：《潮流與點滴》，傳記文學出版社（臺北），1979年6月1日再版，第212頁。

[93] 陶希聖：《潮流與點滴》，傳記文學出版社（臺北），1979年6月1日再版，第206、212頁。

議，專門商訂各地黨報的言論方針，現在出任《中央日報》主筆，只不過是從幕後走出前臺而已。

「一個報社有『總主筆』的名義，希聖實開此一例。」陶希聖以國民黨理論家身份為《中國之命運》作解釋，他認為，這本書是明確反對法西斯主義的：第二次世界大戰是以法西斯和反法西斯陣營劃線的，中國的政治共同體從不平等條約的地位提升為反法西斯陣營中的「四強」之一，如果說中國戰區的國民政府屬「法西斯」，則會出現很奇怪的陣營。陶希聖說：

> 蔣委員長領導的國民政府若是法西斯而參加德、日、意軸心同盟，則第二次世界大戰的歷史又是一個完全不同的寫法。我們中華民國自始至終是站在民主國家這一邊，不惜任何痛苦犧牲，在反侵略的最前線上，抗戰到底。[94]

中共卻不這麼看，認為蔣介石的法西斯主義與軸心國德、日、意的有相通之處。30年代的蔣介石確有「以德為師」的思想，蔣甚至計劃模仿希特勒組建100個機械師。這就不難理解蔣介石早期曾經提出的必須在中國建立法西斯主義統治的主張。這都成為中共批判蔣介石法西斯主義的口實。8月11日，毛澤東又電董必武：「《新華》、《群眾》多登載反法西斯主義文章，以開展思想鬥爭。」義大利法西斯頭子墨索里尼倒臺後，《新華日報》便以此為題，接連發表了〈法西斯喪鐘響了〉、〈徹底撲滅法西斯毒害〉、〈人類的憤怒〉、〈犯罪者無可

[94] 陶希聖：《潮流與點滴》，傳記文學出版社（臺北），1979年6月1日再版，第211頁。

逃〉等社論、短評，文章以外諷內道：「法西斯制度固然存在於德意日等國家，但法西斯的毒菌卻是無國界的，隨處會找到腐臭物來培養，我們不僅要徹底粉碎德意法西斯制度，同時要撲滅一切法西斯思想」。文章有所指地說：

尤其是中國的漢奸，中國的民族叛徒，因他們一向依附著敵人，無惡不作，卻以為可以逍遙法外，以致呼朋引伴，蜂聚蟻附，造成敵偽橫行一時的狀態……我們主張對這些人類的渣滓，罪惡滔天的民族叛徒，也同樣不作一絲一毫的寬恕，要緝捕他們，要審叛他們，要他們在天地之間無任何地方可以逃避。[95]

對此，陶希聖尖銳地說：

中共及其國際同路人圍攻中華民國和國民政府的用意，第一是要轉化民族戰爭為階級鬥爭。換句話說，它是要轉化外戰為內戰。它為了製造內戰先指責國民政府要打內戰，而不打日本。第二是為了擊敗國民政府，先要孤立中國。當時同盟國是在對法西斯軸心作戰。中共及其國際同路人乃大肆其誣毀，將法西斯主義的帽子加到國民政府的頭上，即可使國民政府陷於孤立的地位。[96]

---

95 〈1938年1月至1947年2月的新華日報〉，新華報業網，2008年1月3日，www.XHBY.NET。

96 陶希聖：《潮流與點滴》，傳記文學出版社（臺北），1979年6月1日再版，第206頁。

陶希聖不明白毛澤東所指的「法西斯主義」，是針對蔣介石「一黨訓政」的軍事獨裁政權。「一黨訓政」所提倡的「國家至上」、「民族之上」，是力圖強化集權統治對全社會的政治整合。「一黨訓政」奉行的是「黨治」理念，一切權力服從於中央執行委員會及其政治委員會的決定，「黨治」背後所依託的是「人治」，這也就成為中共批判其政權為「法西斯主義」的用意所在。

國民黨是個獨裁又保守的統治集團，國民黨戰時政權體制建立後，蔣介石的個人權力達到了高峰，蔣介石高度防範地方的「武裝割據」，始終把排擠異己作為重要大事。這種處處以軍國主義化和獨裁統治來拯救中國的理論與實踐，在中共看來，恰好證明了蔣介石的封建買辦法西斯主義理論形態已經完備。

正如荷蘭學者方德萬所說，「備戰和實踐的需要就驅使國民黨將精力放在以軍事為核心的政權建設上。」[97]在抗戰期間，國民黨終未能擺脫為應付軍事危機而實行社會軍事化所帶來的眾多問題。以一個農業國去對付一場現代戰爭，遠不是一個准現代的國民政府可以承受的，因此，戰時的動員就顯得格外重要，要讓一個處於分裂的國家和軍隊以及人民認識這場戰爭是正義的，須得營造一種政治輿論，[98]《中國之命運》主要起了一種戰時動員作用。費正清說過，蔣介石出版此書是想以重振道德來激勵民族復興。張治中也評論說：出版《中國之命運》是「鈞座注意當時對國民教育之意義。」只是，這種以軍事獨裁為核心的政權建

[97] [荷]方德萬著、胡允桓譯：《中國的民族主義和戰爭》，三聯書店，2007年，第27頁。

[98] [荷]方德萬著、胡允桓譯：《中國的民族主義和戰爭》，三聯書店，2007年。

設的社會動員，必然遭到延安的極力反對。國民黨始終不可能在抗戰中有效地動員中國社會。

五、筆戰演變成意識形態之爭

在「一黨訓政」的政體下，共產黨在《中國之命運》中就被形容為「新式軍閥」。蔣介石在書中有所指地寫道：

> 為什麼我們國內的黨派，倒反而不肯放棄他武力割據的惡習，滌蕩他封建軍閥的觀念，那還能算一個中國的國民？更如何說得上是「政黨」？世界上那一個國家的政黨，有從事武力和割據的方式，來妨礙他本國的國家的統一，而阻礙他政治上步入軌道的？這樣還不是反革命？……怎麼能不禍國殃民？[99]

蔣介石指斥共產黨在地方搞「武裝割據」，暗示兩年之內予以解決。毛澤東識破這個暗示背後的戰略意圖，指責書中的「兩年決定命運」之說，是國民政府準備打內戰。

《中國之命運》第七章第四段有這樣的話：

> 中國往昔的命運是以不平等條約能否取消這一舉，來決定其盛衰榮枯。而今日不平等條約既已取消了，則中國今後的命運乃就要決之於國內政治之是否統一，與國力之

[99] 蔣介石：《中國之命運》（摘錄），魏宏運主編：《中國現代史資料選編》（4），黑龍江人民出版社，1981年，第640頁。

能否集中的一點之上。這是我們中國命運之分水嶺，其決定即在此抗戰時期，而不出這二年之中。[100]

對此，陶希聖的回應是：

《中國之命運》第七章關於中國命運決定於兩年之中的一段，其本旨是說：在未曾取得獨立自由的地位之前，中國的命運在外交而操在外國帝國主義手裏。到了取得獨立自由的地位以後，中國的命運則全在內政而操在我全國國民自己的手上。如果內政統一，國力集中，全國國民再加以一致努力，共同奮鬥，則中國的命運為獨立、為自由。反之，如仍像過去一樣，軍閥割據，破壞統一，妨礙建設，則中國的命運為衰落、為滅亡。「這是我們中國命運的分水嶺，起決定即在此抗戰時期，而不出這兩年中。」原文的本旨如此，是不待多加解釋。[101]

但是，陶希聖私下也承認「委員長『抗戰勝利之決定不出兩年』之判斷……同時給予延安中共及其國內之週邊與海外之同路人以重大之政治心理的壓力。」[102]蔣介石也曾在日記說出《中國之命運》與中共問題的關係：「本書重要之點，即試驗其對軍事政治有否拋棄其割據之局勢，而可以政治方法和平解決之

[100] 陶希聖：《潮流與點滴》，傳記文學出版社（臺北），1979年6月1日再版，第206頁。

[101] 陶希聖：《潮流與點滴》，傳記文學出版社（臺北），1979年6月1日再版，第206頁。

[102] 陶泰來：見《陶希聖年表》，未刊稿。

意。」[103]蔣介石自認為日本人是肌膚之病，共產黨則是心頭之患。對於國共兩黨來說，重慶和延安互相防範的心情比防範日本更加殷切。（費正清語）

這種直言中共地方政權的不合法性，正是毛澤東最為羞惱和不能接受的。此時，除了之前西安勞動營訓導處長張滌非以「西安文化界」首發「解散中共」通電後，在國民黨宣傳情報部門的鼓動下，「皖省臨時參議會」、「四川愛國協會」、「桂林新聞記者公會」、「魯山新聞記者公會」、「長沙青年學會」、「洛陽文化界」、「長沙鄉村研究會」等社會團體加入國共對壘，致電毛澤東要求中共應同共產國際一起解散，將軍令和政令統一到國民政府之下。

面對國民黨的反共攻勢，毛澤東繼續將他的「政治攻勢」發揮得淋漓盡致，把對《中國之命運》的批判推向高潮。8月11日，毛澤東發出指示：「近來國民黨的宣傳鬥爭更加緊了，各地參議會、新聞、文化、婦女等團體請解散中共點已有10多處。中央社更發反動社論、專電動員輿論。此間擬於八、九兩月發動反對中國的法西斯主義運動。」[104]同一天，艾思奇在《解放日報》發表〈《中國之命運》——極端唯心論的愚民哲學〉文章，批判《中國之命運》是鼓吹反共反人民反革命的中國式法西斯主義的愚民哲學。[105]8月16日，周恩來在延安幹部會議上，作了〈論中

103 見黃仁宇著：《從大歷史的角度讀蔣介石日記》，九洲出版社，2008年，第245頁。

104 毛澤東：〈關於發動反對中國法西斯主義的宣傳運動給董必武的電報〉（1943年8月11日），《毛澤東文集》第三卷，第64頁。

105 《中華民國實錄》（抗戰烽火）吉林人民出版社，1997年，第2975頁。

國的法西斯主義——新專制主義〉報告，周恩來對蔣介石的國民黨統治實質，進行了全面系統地剖析。

蔣介石在《中國之命運》裏提到：「沒有中國國民黨，那就是沒有了中國。如果中國國民黨革命失敗了，這亦就是中國國家整個的失敗。簡單的說：中國的命運，完全寄託於中國國民黨。」[106]蔣介石則是統帥國民黨的民族英雄，從而演繹出一個主題：「沒有國民黨，就沒有中國」，頗有一股捨我其誰的霸氣。延安針鋒相對，8月25日《解放日報》社論打出醒目標題：〈沒有共產黨，就沒有中國〉，有人為此編了一首歌〈沒有共產黨，就沒有中國〉，後毛澤東增加一個「新」字，成了〈沒有共產黨，就沒有新中國〉，這首歌迄今仍在中國大陸傳唱。8月30日，毛澤東說，我們對國民黨反動派的批判還可以進行，直到他們向我們有所表示後方可停下來。[107]

非常之人常有非常之舉。高度重視意識形態的毛澤東，組織批判《中國之命運》的部署和聲勢超乎陶希聖的想像，相形之下，四個月前國民黨推行全國各界通讀《中國之命運》的宣傳運作簡單、粗糙，其宣傳的廣度、深度都與毛澤東的宣傳戰不可同日而語。自從毛澤東擔任中央宣傳委員會書記後，陸定一接任《解放日報》總編，扭轉王明、博古（社長）的「一切經過統一戰線，一切服從統一戰線」的辦報「右傾路線」，凡社論和專論稿都必須經過毛澤東或中央其他領導過目修改才發表，[108]這就保

[106] 蔣介石：《中國之命運》（摘錄），魏宏運主編：《中國現代史資料選編》（4），黑龍江人民出版社，1981年，第639頁。

[107] 張樹軍等主編：《中國共產黨重大會議實錄》（上卷），湖南人民出版社，第173頁。

[108] 參見荒坪著：《我的外公陸定一》，廣東人民出版社，2004年，第255頁。

證對國民黨的鬥爭及時、有力和準確。在這一過程中，中共形成了一套行之有效的輿論大批判的方式。

這場筆戰演變成意識形態之爭：國民黨中宣部把蔣介石的《中國之命運》列為「必讀之課本」，全體軍官、公務員以及中央政治訓練學院的全體學生和國民黨青年團的全體成員都必須讀這本書。中共中宣部則把陳伯達的〈評《中國之命運》〉列為中共幹部的「必修之教本」，並在大後方印了幾萬本。而國民黨則下令嚴禁〈評《中國之命運》〉，並稱「陳逆伯達」，陳伯達因此而名噪一時。國共兩黨的中宣部大唱對臺戲，你來我往，你說我是「武裝割據」，我指你是「法西斯主義」，出現了一場如黃仁宇所說的「兩黨領導人針鋒相對地以傳媒既作武器也為戰場地鏖戰」。[109]

面對中共有備而來的進攻，處於風口浪尖上的陶希聖無可奈何，他半自嘲地說：

> （猶如）一葉扁舟被拖出避風塘，揚帆泛海，猶不勝其遍體鱗傷之苦。
>
> 延安由陳伯達主筆，批評《中國之命運》。當時中共在名義上仍受委員長指揮，故箭頭指向我，寫了無數文章罵我。美國左派亦稱我為「Ghost 陶希聖」。另有許多人寫信來罵我，指責我是三家村的秀才，不識大體。甚至在罵我之餘，咒我的孩子將因而發痧子。那時重慶正流行痧子，我的孩子也巧在發痧子，幸遇留德博士周綸治癒。[110]

---

[109] 黃仁宇著：《從大歷史的角度讀蔣介石日記》，九洲出版社，2008年，第244頁。

[110] 陶泰來：《陶希聖年表》，未刊稿。

被百般攻擊的陶希聖，多少帶有傳統文人的哀而不憂、大實若虛之秉性。蔣介石的考量顯然不同，他對突如其來的批判有點猝不及防，甚至想不明白：「《中國之命運》出版以來，……未料起反感有如此之大也。」[111]蔣在給宋子文電報中，對延安接二連三發表批判文章表示：「實為從來任何時期所未有，令人百思莫解。」[112]毛澤東顯然是「小事大以智」。

蔣介石開始懷疑中共有意要激成事變，「我如被激怒，……國際輿論對我更劣」，[113]因此，「對外發言，不必說決不致有內戰，根本無所謂內戰。」[114]蔣沉住氣，他在8月1日的日記寫道：「本周心氣平和，對橫逆與誣陷之來，皆能克己強忍，思慮也較能深入，應益勉之。」[115]

之後，中共的宣傳戰逐漸升級。陶希聖說：「中共及其國際同路人圍攻《中國之命運》的宣傳文件及情報，也是這年的八月間，公開或秘密的，率直或彎曲的，大量地發出。」[116]中共這時前所未有地加強了對蔣介石和重慶政府的批判火力，指名

---

[111] 蔣介石1943年10月7日日記。見黃仁宇著：《從大歷史的角度讀蔣介石日記》，九洲出版社，2008年，第244頁。

[112] 參見楊奎松著：〈國民黨的「聯共」與「反共」〉，社會科學文獻出版社，2008年，第480頁。

[113] 《克省記》卷二十三，1943年7月24日條，見楊奎松：《國民黨的「聯共」與「反共」》，第469頁。

[114] 《在蔣介石身邊八年——侍從事高級幕僚唐縱日記》，群眾出版社，1991年，第369頁。

[115] 《省克記》卷二十三，1943年8月1日條，臺北「國使館」藏蔣中正檔案，參見楊奎松《國民黨的「聯共」與「反共」》，社會科學文獻出版社，2008年，第480頁。

[116] 陶希聖：《潮流與點滴》，傳記文學出版社（臺北），1979年6月1日再版，第211頁。

道姓，痛加斥責，毫不顧及其權威與顏面。[117]蔣介石漸生怒氣，「中共對餘《中國之命運》第7章，最近乃露骨攻訐」，「對於政治方法之解決，完全絕望，乃不得不準備軍事」。[118]期間，美軍參謀長馬歇爾電詢國民政府外交部長宋子文：蔣介石發動內戰的情況如何？並勸蔣介石「勿用武力」。

一向看重美國人意見的蔣介石非常惱怒，蔣和陶都認為，美有如此反應是蘇聯雜誌散佈謠言的結果，後來查明果然是莫斯科的《工人與戰爭》刊物放出的消息。這一天（8月11日），蔣介石在日記裏恨恨地寫道：「此一謠言，聳動美國當局。美國參謀首長馬歇爾果被其煽動，電詢子文以此事之究竟，勸我勿用武力。可知俄國謀我之切。」[119]

期間，蔣介石閃有與中共一戰之念，但隨後也只能表示：「決不加以武力討伐。」[120]這也正是發起宣傳外圍戰的毛澤東所要達到的效果。蔣介石表示：（中共）「只要服從命令，放棄割據，即可承認其軍隊與地位。[121]9月11日，蔣介石在日記總結道：

> 共匪猖狂之目的，在引起內戰，破壞抗戰局勢，減低政府威信與喪失國家在國際上之地位。故其唯一陰謀，在激怒

---

117 楊奎松著：《國民黨的「聯共」與「反共」》，社會科學文獻出版社，2008年，第481頁。

118 《省克記》卷二十三，1943年8月23日條，臺北「國使館」藏蔣中正檔案，參見楊奎松《國民黨的「聯共」與「反共」》，社會科學文獻出版社，2008年，第480頁。

119 [日]古屋奎二主筆，《蔣介石秘錄》（全譯本，第4卷），湖南人民出版社，1988年，第338頁。

120 《總統蔣公思想言論總集》，第37卷，第268頁。

121 蔣介石8月25日日記，見黃仁宇著：《從大歷史的角度讀蔣介石日記》，九洲出版社，2008年，第245頁。

我向匪進攻；如我進攻時遷延不決，則匪勢更張，國際輿論對我更劣；如我速戰速勝，則匪不過遷移地區，不能根本消除共匪黨，而我國內戰既起，複不能根本解決，則國家威信仍有損失。無論勝與不勝，而一經用兵追剿，則彼之目的達矣！故對匪決策仍取守勢，圍而不剿，必須用側面與非正式方法以制之；萬不宜公開或正面的方法以求解決也。[122]

次日，蔣介石復歸平靜，他在日記寫道：「但可知中共之欲毀壞中央之宣傳方法，已無孔不入，無所不為矣！余唯一以正氣主之，毫不為動。」[123]假使我們不可過分相信日記的真實性，我們仍可以通過國民黨五屆十一中全會內容看出蔣介石的意圖。9月13日的國民黨全會上，蔣介石重申：「中共純粹是個政治問題，因此應該以政治方法來解決」，強調「這是這次大會在努力解決這一問題時所應遵循的原則」。[124]秘書長吳鐵城作了有關共產黨「不法行為」的報告也決定不予公開。蔣介石說：「共黨果能真誠實踐，言行符合，則中央可視其尚有效忠抗戰之誠意，自當重加愛護。」[125]

至此，國民黨高層對「政治解決共產黨問題」已達成共識。

對中共態度一向曖昧的蔣介石作出這個決定，除了週邊壓力之外，恐與羅斯福的建議有關。羅斯福曾向蔣介石提出三點建

---

122 張秀章編著：《蔣介石日記揭秘》，團結出版社，2006年，第675頁。

123 蔣介石1943年9月12日日記，見張秀章編著《蔣介石日記揭秘》，團結出版社，2006年，第679頁。

124 楊奎松著：《國民黨的「聯共」與「反共」》，社會科學文獻出版社，2008年，第483頁。

125 《中華民國實錄》（抗戰烽火），吉林人民出版社，1997年，第2987頁。

議，其中包括「中國應從速實施憲政」，「國民黨退為平民，與國內各黨處同等地位，已解糾紛」。[126]剛剛在7月7日（「七七事變」紀念日），接受美國總統羅斯福頒贈的最高統帥勳章的蔣介石，不敢輕易擱置羅斯福的建議。

蔣介石還批評黨內所謂「一黨制絕不可變」的觀點，聲稱非有競爭不能保持黨的革命性，「本黨以外如無他黨存在，則久而久之，本黨必腐化，以至崩潰，其影響將不堪設想。」[127]這就不難理解次年孔祥熙（時任行政院副院長兼財政部長）在美國參議院的演說中，再三表示「中國正邁向民主」，並「保證中國政府堅定推行民主計畫，刻正逐漸充分發展為現代之民主國家。」[128]蔣介石自以為在引中國走向民主之路，一次，周恩來對蔣說，只有在民主政府成立之後，中共才會交出他們的軍隊。蔣驚訝地對周說：「你難道能說我不民主嗎？」[129]

10月2日，蔣介石派王世杰去找董必武，主動商談尋求緩和雙方衝突的辦法。正在召開中共政治局擴大會議的毛澤東順應回應，就暫時停止揭露國民黨以示緩和致電董必武，指示，「從10月6日起，解放日報及新華社一切揭露國民黨稿件暫時停止，風平浪靜，以示緩和」，「延安歡迎政治解決，不願破裂。」[130]

---

126 羅斯福這三點建議是蔣介石在國民黨五屆十一中全會訓詞中提到，《黃炎培日記摘錄》第39頁，參見王建朗、曾景忠著：《中國近代通史》（第九卷），江蘇人民出版社，2007年，第483頁。

127 《王世杰日記》，第四冊，台灣中央研究院近史所，1990年，第159頁。

128 重慶《大公報》1944年8月26日。

129 白修德、賈安娜著：《中國的驚雷》）新華出版社，1988年。

130 〈毛澤東關於歡迎政治解決問題致董必武電〉（1943年10月5日）；

10月6日這一天，正好是中共政治局擴大會議舉行最後一次會議，毛澤東最終為中國共產黨確定了政治路線，並徹底清算了王明路線。10天後，毛澤東被認為「是中國共產黨在思想建設、理論建設的事業上最重要的文獻之一」的〈在延安文藝座談會上的講話〉在《解放日報》公開發表。[131]10月10日，蔣介石宣誓就任國民政府主席，之後，蔣介石準備出席生平唯一一次的國際高峰會議——開羅會議。

保持兩黨和平共處，符合毛澤東的長遠策略。早在1943年7月13日，毛澤東致彭德懷的電報中就表示：「保持國共一年和平，我黨即可能取得極有利地位。」這邊廂的蔣介石也不希望鬧得太僵，11月，蔣介石希望「由恩來出面，如請他再來重慶，什麼都好談些。」並對董必武說：「我可以人格擔保，絕不會在國內動武的。我說了要政治解決嘛，你們可以提條件嘛。」蔣介石希望在出席11月的美、英、中首腦峰會之前，有個和解姿態。可是毛澤東答覆：「周三年在渝無事可做，在國民黨未真想合理解決問題以前不擬出來，各事可由董談判，如至真能合理解決問題時，周可以出來。」[132]

雖然毛澤東對蔣介石的建議不以為然。但無論如何，連續兩個多月的兩黨宣傳大論戰就此告一段落。

《王世杰日記》第四冊，台灣中央研究院近史所，1990年，第190頁。

[131] 這是延安整風運動最高權力機關中央總學委發出的通知，參見朱鴻召著：《延安日常生活中的歷史（1937—1947）》，廣西師範大學出版社，2007年，第122頁。

[132]〈毛澤東關於在國民黨未想真正合理解決問題前周恩來不擬出來致董必武電〉，（1943年11月13日）。參見楊奎松《國民黨的「聯共」與「反共」》，社會科學文獻出版社，2008年，第484頁。

六、國共兩黨爭論《中國之命運》的背後

毛澤東為什麼要到7月下旬才不遺餘力，從黨內到黨外對《中國之命運》展開一場大批判呢？

概括起來，大致有三點：首先，一直進行的國共和談被擱置。6月中旬，周恩來、林彪離開重慶返回延安時，時任三青團中央書記長的張治中正式通知周恩來，談判「須擱一擱」。毛澤東認為：蔣介石讓周恩來、林彪回延，繼則陳兵邊境，迫我作城下之盟。[133]其次，胡宗南重兵壓境的軍事威脅，在毛澤東意料中被解除，此時正是採取「政治攻勢」揭露國民黨實質的一個好時機。最後，也是最重要一點，即已進行一年多的、旨在統一全黨思想、克服黨內對莫斯科權威迷信的延安整風運動，不僅確立了毛澤東的政治路線和思想路線，為毛澤東從容、主動地處理國共關係提供條件，而且，延安整風運動已進入深挖國民黨特務的「審幹」、「反奸」階段，為回應國民黨的軍事進逼，也需要發起一場揭露國民黨法西斯性質的大論戰。

一、二兩點上文已有涉及，本節著重分析最後一點。

1943年是毛澤東確立黨內領導地位的一年。3月，毛澤東在黨內首次出任中共中央政治局主席。不久，王稼祥率先提出「毛澤東思想」概念，它被確定為「馬列主義與中國革命實際相結合的產物」。按照陶希聖的說法，延安整風確立了「毛澤東思想就是中國的馬克思主義」。5月，歷史的機緣又使毛澤東擺脫了共產國際多年來的直接領導。

---

133 毛澤東於7月13日發給彭德懷和中央各局電文，參見《中華民國實錄》（抗戰烽火），吉林人民出版社，1997年，第2963頁。

毛澤東不客氣地說，「關於解散共產國際的建議完全正確，共產國際已經活夠了」[134]，「共產國際的策略是目光短淺，不現實的，脫離了中國的具體條件。」[135]早在共產國際解散前的1939年5月，毛澤東就說過，我們要建設一個大黨，一個獨立的有戰鬥力的黨。[136]在毛看來，中共已不再是一個地區支部，而是逐漸成為一個國家級的革命黨。經過20多年的政治鬥爭歷練，中共在理論和思想上逐漸成熟起來，「已能夠完全獨立地根據自己民族的具體情況和特殊條件，決定自己的政治方針、政策和行動。」[137]毛澤東要趁國民黨軍事威脅解除、當時的國際輿論於己有利之機，利用國民黨政府的「有限民主」間隙，組織人馬對這部「領袖著作」進行抨擊和批駁，「以揭穿蔣記國民黨實質，並教育自己。」[138]

毛澤東說的「教育自己」是有所指的：即批判《中國之命運》與延安整風運動互為呼應。首先，延安整風運動目的是為了反對和清算王明路線。在毛澤東看來，王明錯誤之一，是聽信蔣介石，迷信國民黨，反對統一戰線的獨立自主。越是對蔣介石反動派徹底批判，就越能肅清王明路線餘毒。共產國際的解散，毛澤東可以放開手腳清除黨內殘餘的親蘇分子。8月5日，在批判

---

134 〈伊里切夫致季米特洛夫信〉1943年5月31日。見楊奎松《開卷有疑》，江西人民出版社，2007年，第114頁。

135 參見彼得·弗拉基米若夫著：《延安日記》，東方出版社，2004年，第144頁。

136 《胡喬木回憶毛澤東》，人民出版社，1999年，第190頁。

137 《關於共產國際執委主席團提議解散共產國際的決定》（1943年5月26日），見張樹軍等主編：《中國共產黨重大會議實錄》，湖南人民出版社，第173頁。

138 毛澤東：〈關於發動反對中國法西斯主義的宣傳運動給董必武的電報〉（1943年8月11日），《毛澤東文集》第三卷，第64頁。

《中國之命運》高潮時，毛澤東以中共總學委主任的名義向全黨及延安各機關、學校發出指示，要求各單位一律以主要力量進行一次關於國民黨本質的教育，批判王明「蔣委員長怎麼講，我黨中央怎麼講」的右傾論調，並聲稱，「他們對國民黨採取投降政策，幹了這麼多危害黨的事」，是「蔣介石的應聲蟲」。[139]以致後來甚至出現「王明是國民黨『內奸』」，「王明是執行國民黨破壞中共政策的代理人」的過激言論。多年後，在延安運動沒整過人的林彪也私下說過，毛澤東「對（王）鬥絕了」。

其次，批判《中國之命運》也與延安整風運動進入深挖國民黨特務的「反奸」階段相呼應。7月13日，毛澤東在中央政治局會議上要求：「加緊進行清查特務奸細的普遍突擊運動與反特務的宣傳教育工作。」[140]7月15日，這是延安整風運動的一個重要日子，康生在這一天作了著名的〈搶救失足者〉報告，從此，審幹運動進入群眾性搶救運動。所謂「搶救」實質是抓國民黨特務。當時曾想自殺的劉白羽回憶說：「審幹運動像是狂風暴雨，而真正的搶救高潮，卻像延河夏天的山洪，充滿巨大的恐怖。」[141]「你根本想像不到這種自我批判會是多麼令人痛苦。」[142]這一天，被延安的知識份子稱為「黑色的七月十五」。

---

139 參見彼得·弗拉基米若夫著：《延安日記》，東方出版社，2004年，第144頁。

140 毛澤東在中央政治局會議上的講話，1943年7月13日，見《毛澤東年譜（1893—1949）》中卷，第455頁。

141 劉白羽：〈心靈的歷程〉，見《劉白羽文集》第9卷，華藝出版社，1995年，第373—374頁。

142 L.H及G.C.L的陳述，兩人都是知識份子，當時在延安。見韓素音著：《周恩來與他的世紀》，中央文獻出版社，1992年，第256頁。

8月15日，中共中央作出〈關於審查幹部的決定〉，「凡發現了特務活動並且有了思想準備和組織準備的地方，就可動手審查他們。」[143]頓時人人自危，草木皆兵。8月22日，毛澤東滿意地說：「過去宣傳總是不痛不癢，唯獨此次打到了痛處，故能動員群眾壓倒反動派氣勢。」

陶希聖未能悟出毛澤東所指的「反動派」語帶雙關。正當陶自己感到「猶不勝其遍體鱗傷之苦」之時，他沒料到，延安革命隊伍裏的「公家人」也正處於一種令人窒息的精神恐懼之中。革命的張力和恐怖更多地來自革命內部，當時延安魯迅藝術學院師生約有300人，被打成特務的竟有267人。[144]弗拉基米若夫觀察到：「在許多機構中，揭出來的日蔣『特務』達幹部總數的百分之百，在其餘的機構中，也不少於百分之九十。」[145]這數字顯然有誇大之嫌，但據高華研究，光是黨中央機關報《解放日報》「被搶救出來的『特務』占全體人員的95%」，就連積極批判《中國之命運》的副總編艾思奇也成了嫌疑分子，被免去學委委員。[146]7月16日才回到延安參加整風的周恩來，立即發現由他直接領導的國統區中共地下黨已被懷疑為國民黨特務組織的「紅旗黨」。[147]據統計，被搶救成各類

143 《中華民國實錄》（抗戰烽火），吉林人民出版社，1997年，第2978頁。

144 朱鴻召著：《延安日常生活中的歷史》，廣西師範大學出版社，2007年，第133頁。

145 弗拉基米若夫8月21日日記，參見彼得·弗拉基米若夫著：《延安日記》，東方出版社，2004年，第155-156頁。

146 高華著：《紅太陽是怎樣升起的》，(香港)中文大學出版社，2000年，第514頁。

147 高華著：《紅太陽是怎樣升起的》，(香港)中文大學出版社，2000年，第586頁。

「特務分子」達15000人，[148]「僅延安一地自殺身亡就有五六十人」。[149]可謂人心惶惶。

毛澤東要在思想上改造、組織上改組，全黨上下思想一致，確立和鞏固獨立自主的政治路線，以適應未來的抗戰勝利新形勢。延安整風使全黨相信，在中國，只有毛澤東思想才是指導革命勝利的絕對真理。

就在批判《中國之命運》期間，也即是從9月7日至10月6日，毛澤東主持召開了中共中央政治局擴大會議，會議內容為反對國民黨的階級鬥爭與反對王明的黨內路線鬥爭交織進行，會議清算十年內戰後期的王明路線問題。在毛澤東的領導下，階級鬥爭和路線鬥爭都進入克敵制勝階段。

此外，毛澤東選擇這個時機批判《中國之命運》也與莫斯科態度轉變有關。1943年前後，蘇聯忙於對德作戰，中蘇關係趨於冷淡甚至惡化。陶希聖認為，「這個時期可以說是中蘇關係的扭轉期。中國的國家與政府開始在國際與國內受到各種誣衊與打擊。」[150]從1943年7月起，莫斯科開始批評重慶政府。莫斯科《紅星報》發表有關中日戰爭的專文。在陶希聖看來，作者別有用心地「將中國抗戰的光榮都加到中共身上，而對國民政府不贊一詞」。8月8日，「莫斯科發出了圍攻中華民國與國民政府的信號，那就是《戰爭與工人階級》雜誌發表塔斯社中國分社社長羅果夫的長篇通訊，誣指國民政府裏面有『綏靖主義者，失敗主義

---

148 朱鴻召著：《延安日常生活中的歷史》，廣西師範大學出版社，2007年，第200頁。

149 《胡喬木回憶毛澤東》，人民出版社，1994年，第280頁。

150 陶泰來：《陶希聖年表》，未刊稿。

者，及投降派所進行的陰謀活動』，阻止軍事改革和工業建設，削弱戰鬥力。並且指出『中國將發生內戰』。」[151]

陶希聖認為莫斯科對重慶政府態度轉變與它戰後格局的安排意圖有關，「史達林的戰後計畫是在大戰中間安排戰後的世局。……亞洲方面，他以中華民國為第一個目標，要掠取中華民國長期抗戰的戰果，並控制中國戰場作為其征服亞洲擾亂世界的基地。」[152]蔣介石一直懷疑「中共最近悖亂挑戰」是「受原有第三國際某國之主使」，意在使中國抗戰加速崩潰。[153]蔣介石認為蘇聯對中國有領土野心，他指出，蘇「迫盛（世才——引者注）簽訂之『新錫協定』，比之袁世凱簽訂二十一條者猶有過之。」[154]

蘇聯的對華政策，目標始終是確保其在遠東的安全和利益。1943年夏秋，庫爾斯克會戰後，蘇軍開始展開戰略反攻，盟軍勝利，指日可待。史達林開始考慮戰後新秩序的安排，它不希望在亞洲有一強國與它平起平坐。這年10月莫斯科會議上討論〈四強宣言〉時，史達林就堅決反對中國加入戰後以美、英、蘇、中為中心的國際和平機構，而羅斯福則決心要中國加入世界四強：「美國的決心是，如果不以四強名義發表，則不惜流

151 陶希聖：〈關於《中國之命運》〉，載於《潮流與點滴》，傳記文學出版社（臺北），1979年6月1日再版。

152 陶希聖：〈關於《中國之命運》〉，載於《潮流與點滴》，傳記文學出版社（臺北），1979年6月1日再版，第210、212頁。

153 楊奎松著：《國民黨的「聯共」與「反共」》，社會科學文獻出版社，2008年，第480頁。

154 蔣介石1942年7月11日日記，參見[日]古屋奎二主筆，《蔣介石秘錄》（全譯本，第4卷），湖南人民出版社，1988年，第320頁。

會。」反復無常的史達林不得已才作出讓步。[155]戰後中國在聯合國安全理事會的常任理事地位，由此奠定。這是後話。

對於《中國之命運》遭攻擊一事，陶希聖有一句話很值得玩味，他說：1942-1943，「是我們中華民國的國際地位增高到了頂點，同時又是我們國民政府的國際信譽受到國際共黨及其同路人圍攻的開端」。所謂「頂點」則意味著開始走下坡路。陶希聖似乎透過兩黨紛爭的硝煙，看到國共兩黨力量對比即將發生變化的端倪。

1943年，世界大戰格局開始發生轉變，在歐洲戰場，斯大林格勒之戰後，蘇軍開始反攻德軍，墨索里尼的法西斯政府垮臺；在太平洋戰場，經中途島之戰、所羅門島之戰後，日本海空軍節節敗退，美軍轉入反攻，開始收復南太平洋群島，同盟國勝利在望。國共兩黨領袖都在為戰後作準備，對於《中國之命運》的爭論，凸現兩黨領袖都在激烈地爭奪民心，他們心照不宣地關注著同一個問題——未來天下。毛澤東一開始將《中國之命運》當作國民黨第三次反共高潮的「宣戰書」來批判，只是虛晃一槍，真正用意，是通過批判《中國之命運》，為中共在輿論上爭取民心。應該說，爭取一個怎樣的抗戰結果來安排未來中國的政治秩序，是兩黨領袖不約而同考慮的問題，他們為此各自展開其文韜武略。

《中國之命運》是蔣介石在個人威望最頂峰之時，展望抗戰未來而提出的一套系統的建國方略，蔣介石是為他在中國戰後的地位作準備。蔣介石憑藉日本入侵帶來的嚴重民族危機產生的

155 [日]古屋奎二主筆，《蔣介石秘錄》（全譯本，第4卷），第345-346頁。

向心力，獲得了民眾和各種政治勢力對國民黨的認可，蔣企圖以「國家至上、民族至上」為藉口，激發中國人在外敵入侵下的民族悲情和自尊，以樹立其領袖權威。

而毛澤東1940年寫就的《新民主主義論》，標誌著中共關於新民主主義革命的理論、路線和相應的具體政策已經形成了完整的體系。兩黨領袖的兩本著作，雖然同是關注著中國的未來，走的卻是絕然對立的兩條道路。

延安中央黨校校長鄧發有段話很能說出毛澤東的想法，鄧發說：「我們究竟走《中國之命運》的道路呢？還是走毛澤東新民主主義的道路呢？我想一切有國家觀念、有民族天良的熱血青年，……絕對不願意走那法西斯黑暗統治的《中國之命運》的道路，我相信中國青年是會選擇引導中國走向獨立、自由、民主的毛澤東新民主主義的道路。」[156]彭德懷也指出一個事實，毛澤東的《新民主主義論》已被黨內奉為「中國革命現階段的指標」。[157]毛澤東甚至自己也說過：「孫中山的三民主義比我們的新民主主義差，新民主主義的確比三民主義更進步，更發展，更完整。」[158]只是鄧發和彭德懷都未曾預料到，1949年建國革命任務完成後，毛澤東卻逐漸遺棄了新民主主義。

[156] 鄧發：〈誰愛護青年？誰殘害青年？〉載《毛澤東選集》，第1卷，代序，《論毛澤東思想》，第17頁。

[157] 彭德懷：〈民主政治與三三制政權〉，載《毛澤東選集》，第1卷，代序，《論毛澤東思想》，第1頁。參見高華《紅太陽是怎樣升起的》，香港中文大學出版社，第610頁。

[158] 毛澤東在中共「七大」大會上的講話。見王建朗等著：《中國近代通史》（抗日戰爭），江蘇人民出版社，第585頁。

不管怎麼說，延安整風使全黨相信，在中國，只有毛澤東思想才是指導革命勝利的絕對真理。因此，被國民黨奉為領袖經典的《中國之命運》一書必然遭到對手批判，只不過是遲早問題。

毛澤東絕不輕視《中國之命運》，國共論爭停止以後，毛澤東在關鍵場合仍不時提到《中國之命運》這本書。1944年10月，毛在為新華社寫的評論〈評蔣介石在雙十節的演說〉一文中，兩處提及該書。在被稱為中共有史以來「最盛大、最完滿」的中共「七大」會議上，毛澤東的開幕詞，赫然以〈兩個中國之命運〉為標題。毛澤東說：「中國之命運有兩種：一種是有人寫了書的；我們這個大會是代表另一種中國之命運，我們也要寫一本書出來。」這本書就是《論聯合政府》。1948年12月25日中共通過新華社頒佈戰犯時，文人陶希聖被列為第41號戰犯，這多少與他參與這本書籍的撰寫有關。

在毛澤東批判《中國之命運》的背後，我們看到：1943年，中共雖然還未成為歷史舞臺主角，但毛澤東已洞察道，抗戰後期的國共力量對比將彼此消長，必引起中國政局的變化。未來中國命運之爭，具體落在國共雙方爭取不同的抗戰結果之上。關於這一點，蔣介石遠沒毛澤東敏銳。早在抗戰初期，毛已將戰局的發展與政局的轉換聯繫起來。1937年8月兩黨統一戰線剛形成，毛澤東就提出：在聯合抗戰的情況下，要把民族革命與社會革命貫通起來。[159]鄧野解釋說：「民族革命指中日問題，社會革

[159] 中共中央文獻研究室編：《毛澤東年譜》中卷，人民出版社、中央文獻出版社，1993年，第17頁。

命指國共問題……這就是說，整個抗戰時期，中共始終是將兩個革命聯繫起來一併展開的。」[160]

這兩者的主次關係隨著戰爭進程而轉化。國民黨理論家陶希聖自以為看到這點，他說：「中共及其國際同路人圍攻中華民國和國民政府的用意，第一是要轉化民族戰爭為階級鬥爭。」[161]列寧主義者認為，階級鬥爭或者說階級衝突，是解決國家政權的形式與功能的手段。格局將決定結局，富有戰略眼光的毛澤東欲利用抗戰後期兩黨力量的變化，爭取在抗戰後期，實行兩黨關係的政治轉型。

從以陶希聖為主的國民黨理論回應來看，國民黨的黨治文化權威主義擴展功能在消滅。1943年是重慶政府內政與外交糾纏的一年。1944年，國民黨的「一黨訓政」基礎隨著中共「聯合政府」口號的提出而發生動搖，這也是中國經歷了十餘年的武裝割據之後，毛澤東第一次向國民黨提出國家政權再分配的政治要求，在毛澤東看來，國家的政權問題是一切革命的根本問題。1944年中共六屆七中全會上，毛澤東說：現在要準備應付將來的大事變，準備由鄉村去奪取城市，中共已有奪取大城市的條件。劉少奇甚至提出一個政治口號：「先到為君，後到為臣」。張聞天說：「過去認為國民黨是老大哥，今後我們就是老大哥」。發展起來的中國共產黨站在新的水平線上重新打量對手。[162]

---

160 鄧野著：《聯合政府與一黨訓政》，社會科學文獻出版社，2003年，第2-3頁。

161 陶希聖著：《潮流與點滴》，第206頁。

162 張樹軍等主編：《中國共產黨重大會議實錄》（上卷），湖南人民出版社，第189-190頁。

逐漸壯大隊伍的中共意氣風發。相形之下，長期的戰爭消耗，以一個農業國應付一場現代戰爭的國民政府，不可必免地走向衰敗，戰時寅吃卯糧的財政狀況逐年惡化。1944年，國民政府的財政開支僅是1937年的五分之一。[163]戰時的財政狀況逐年惡化，通貨膨脹日趨嚴重，1945年的物價竟是1936年的1631.6倍。[164]僅就可以掌握的數字而言，如銀行金銀、產業以及交通設備，以1937年7月的美元幣值換算，8年抗戰的損失已達313億美元。[165]這場戰爭對整個中國社會經濟破壞程度驚人。國民黨的政權統治不論在政治或經濟、文化，已是急景凋年。這正是蔣介石之所以推出《中國之命運》所擔心的，也正是毛澤東批判《中國之命運》的目的所在。

如毛澤東所預計的，在就批判《中國之命運》次年，國共關係果然開始發生政治轉型，毛澤東正式提出，今後要由共產黨，而不是由國民黨來擔負起解放中國的責任。[166]坐實了陶希聖所擔心的「抗戰的結果比抗戰的進行更危險」。[167]真是世事如棋局。

問蒼茫大地，誰主沉浮？在毛澤東心裏，答案逐漸清晰。

---

[163] [荷]方德萬著、胡允桓譯：《中國的民族主義和戰爭》，三聯書店，2007年，第389頁。

[164] 虞和平：〈抗戰時期後方的金融、財政及其投資〉，載朱蔭貴等主編《近代中國：經濟與社會研究》，復旦大學出版社，2006年，第662頁。

[165] [日]古屋奎二主筆，《蔣介石秘錄》（全譯本，第4卷），第408頁。

[166] 〈毛澤東在中共中央七中全會第二次會議上的發言〉（1944年6月5日），見張樹軍等主編：《中國共產黨重大會議實錄》（上卷），湖南人民出版社，第189-190頁。

[167] 1945年5月5日《中央日報》社論。

下編

陶希聖與陳獨秀、胡適交往的另一種記錄

第一章
與陳獨秀的交往

在中國現代史上，陶希聖與陳獨秀都是有爭議的歷史人物。他們同是書生「政治家」，因風雲際會相遇、往來，後期兩人更是惺惺相惜。若要拂去歷史塵埃，透視兩個已故的風雲人物，實在不是件容易之事，更何況，迄今學界，對陶、陳兩人的交往問題尚未見有專門的研討。

史載上，陶希聖與陳獨秀前後有兩個交往時期：第一次相遇正值大革命高潮（1927），他們一是國民黨中校軍官，一是中共總書記。在國共合作背景下，兩黨還不是階級對立者，有著共同的革命目標。這次見面，陶希聖不僅對陳獨秀印象深刻，更抱有感激之情——陶在陳獨秀的影響下逃過一劫；第二次相遇正逢國難時期（1937），陶希聖再次見到陳獨秀，這時，已是北大教授的陶希聖最終棄學從政，逐漸成為國民黨核心權力之要角。被開除出黨的陳獨秀已是階下囚，於「七七事變」後獲特赦。這段時期兩人身份懸殊，卻是陶希聖和陳獨秀真正深入交往時期，在此期間，陳獨秀思想發生劇變、並最終形成他的「最後見解」。

陶希聖與陳獨秀命運跌宕起伏，透射出民國時期的中國社會，「一切都在搖盪不定之中，一切都在隨時變化之中」。（朱自清）陶、陳的身份依次變化為：學生—教授，軍人—黨人，黨人—文人。在當時，新興群體的「黨人」和「軍人」，都屬社會精英。[1]陶希聖與陳獨秀的命運變化，呈現出一條中國知識份子如何從社會邊緣進入中國政治中心的起伏曲線。

筆者並不準備對這兩位風雲人物作是非判斷，而是著重從兩人交往關係的角度，澄清一些基本史實：在他們第一次尤其是第二次交往中，這種以朋友之誼超越意識形態分歧的交往，是在什麼情形下發生的，他們的交往過程以及相互間的思想共識是什麼？

對以上問題的探求，並不限於兩人往來的個人活動記錄，而是將他們的關係放置於一個思想和政治關聯異常活躍、黨內黨際黨政鬥爭內外糾纏的亂世大背景下去探討。筆者本著以「見之於行事」的敘述方式重建史事，努力重現那段錯綜複雜的人物活動和歷史場景。也許，我們從中可透析出，亂世潛流下的書生參政之局限性何在。

一、因緣際會，同一條戰線

對於陶希聖和陳獨秀來說，1927年都是個人命運大起大落之年。

1927年1月，陶希聖棄筆從戎，出任黃埔軍校武漢分校政治部教官。同年4月，陳獨秀與汪精衛同船抵達武漢。在此之前，陳、汪共同發表〈汪精衛、陳獨秀聯合宣言〉，目的無非是借助樹立汪精衛的黨權以制裁蔣介石的軍權，以發動工農力量來制約蔣的獨裁傾向，最終完成國民革命。[2]

---

1 關於黨人和軍人的敘述，參見王奇生：《中國近代通史——國共合作與國民革命》，江蘇人民出版社，2006年。

2 詳情參閱李楊：〈希望與幻滅：1927年的國民革命——記武漢分校政

工農運動成為武漢國民政府的主要革命力量來源。國內外報紙稱武漢為「赤都」，指的正是如火如荼的工農運動，尤其農民運動。陶希聖在武漢近一年時間裏，給他印象最深的也是農民運動，他與陳獨秀相遇的機緣也來自農民運動。

北伐戰爭引發的兩湖農民運動之迅猛，人們用「兩湖之變」形容。時居北京的王國維正是受到「兩湖之變」引致「巨劫奇變」的刺激，於這一年的6月2日自沉昆明湖。可見兩湖農民運動對中國社會震動之劇烈。

本來，「國民革命的完成，有賴於全國農民之興起」是國共兩黨的共識，[3]國民黨利用其南方政權的合法性資源，對社會中上層城鎮力量進行動員。勢力相對弱小的中共，直接到最基層的鄉村搞農運。意想不到的是，兩湖底層社會動員的規模和聲勢超乎兩黨想像，甚至也遠超過1923年中共領導的「二七大罷工」。當農民自拉大旗沒收土地捕殺土豪劣紳的風潮此起彼伏時，似乎沒有一種力量能作出有效的控制。這一場改變傳統鄉村基本組織的就地革命，引起一番從沒有過的社會「亂象」，它打斷了正常的城鄉商貿活動，激發武漢國民政府的財政危機，更導致軍心動搖。

在陶希聖眼裏：「各縣的農民協會喊著『打倒土豪劣紳』的口號，逮捕、拘禁、打殺他們指為土劣的紳士和讀書人，並且沒收這些人等的土地。到後來這種鬥爭與恐怖的影響，進入軍

治教官陶希聖〉一文，載《黃埔軍校研究》（一），中山大學出版社，2007年，第186頁。

[3] 見〈中國國民黨中央執行委員會第三次全體會議對農民宣言〉，該議案提出者：中央農民運動委員會常務委員鄧演達、陳克文、毛澤東。參見中共中央黨校黨史教研室選編：《中共黨史參考資料》（二），人民出版社，第425頁。

中。」[4]武漢國民政府所倚重的唐生智部隊多系湘藉，所謂「無湘不成軍」，湖南農運高漲時，軍官們幾乎每天都收到來自家鄉的壞消息，什麼家屬被農民協會戴高帽遊鄉，土地被沒收，父親被逮捕，如此等等。軍人驟然發現革命一場，反而給自己的家庭帶來災難，這使得當初支持農民運動的唐生智轉而對農運反感。唐部軍心動搖非同小可，它與中共的擁汪聯唐以制蔣的戰略部署相衝突。

這種情形下，陳獨秀坐不住了，5月中旬，在總政治教官惲代英的陪同下，陳獨秀專程到中央軍事政治學校（先前的黃埔軍校武漢分校）作演講，申明他保護軍人家族土地的主張，以安撫軍心。在此之前，中共總書記從沒有到過黃埔軍校作演講，包括在廣州的黃埔軍校本校，此行不同尋常，引起軍校官兵的關注。陶希聖說：

> 獨秀到軍校來演講，官生大家都趕來聽，並不是說對他表示熱烈的歡迎，而是想看看這個神秘人物，想一睹他的廬山真面目。因為共產黨的主要分子向來是不出面的。」「我是政治教官，排在行列的前面。這是我看見獨秀的初次。[5]

---

[4] 陶希聖：〈記獨秀〉（上），《傳記文學》（臺北），第5卷第3期，第10頁。

[5] 陶希聖：〈關於獨秀的三段事〉，《傳記文學》（臺北），第13卷第5期，第21頁；陶希聖：〈記獨秀〉（上），《傳記文學》（臺北），第5卷第3期，第10頁。

早在1919年，同在北大的陳獨秀與陶希聖參加了五四運動，他們一是北大教授，一是北大法學科學生，互不相識。這是初次見面，陶希聖對中共總書記的演講印象深刻，他記錄下當時的細節：

> 那時沒有擴音機，在操場中心有一座木臺子，他站在上面講，四面學生圍成方形隊伍，他穿一件很舊的西裝，走上講臺後，司令官喊聲『立正』，他就向四面轉著答禮，他行的是軍禮，可是他的掌心向外，不合標準。」陳獨秀的演講是「秀才式的，聲音也不大，不過他的話是代表共黨的，就有權威了。」[6]

陳獨秀的講話真的有權威嗎？當時，陳獨秀就連親自去長沙進行和平調解以平息軍隊憤怒的主張也沒能實現。5月23日，陳獨秀在中共與共產國際代表聯席會議上指出：目前情況下，「假如我們想同國民黨和小資產階級合作的話，問題主要在農民。」整個湖南現在出現了兩個極端，一方面是將軍們要鎮壓農民運動，另一方面是農民們想要平分土地。在政黨動員農民起來為政治目標服務的同時，農民也在利用政黨的力量為自己謀利。因此陳獨秀強調：「糾正幼稚的行為和過火行動，這不是讓步政策，必須堅決這樣做。」[7]

---

6 陶希聖：〈關於獨秀的三段事〉，《傳記文學》（臺北），第13卷第5期，第21頁。

7 〈中央政治局委員與共產國際執委會代表團聯席會議記錄〉，1927年5月23日。參見楊奎松：〈陳獨秀是右傾機會主義者嗎？——從陳獨秀與共產國際的關係談起〉，楊奎松個人網站http://www.yangkuisong.net/

可是，陳獨秀的意見並沒有得到執行，或者說，根本無法執行：

一方面，在鄉村，被動員起來的社會力量，沒有得到有效的組織化，中共上層意見無法抵達基層組織，更不用說被執行。這與共產黨對驟然興起的農運沒作充分準備有關，時湖南農會會員200萬，其中中共黨員只有1759人，中共湖南區委慨歎：「一千人中還只有同志一人，又怎麼去領導呢？」[8]既要維持國共統一戰線，又要借助農運力量與國民黨右派抗衡，在這內外矛盾纏結的情形下，不僅中共，就連共產國際也沒有明確的政策指導。陳獨秀難免有些手足無措，他畢竟是「黨在初創時期的幼稚，當了黨的總書記」。[9]

另一方面，在如何對待工農運動「過火」問題上，中共領導層出現分歧。共產國際要求共產黨維持與國民黨的統一戰線，而國民黨——無論是右派還是左派——與社會中上層的社會關係決定了他們反對土地革命的立場。因此，從根本上說，農民運動的土地革命性質與共產國際的國共合作政策是相矛盾的，中共內部出現的種種衝突，實在是難以避免。

陶希聖說：「中共黨內兩派意見即將衝突。鮑羅廷和陳獨秀仍然主張維持國共合作的局面，保衛武漢政權，所以暫時妥協，修正農民政策的『過火』，安定軍心。有一個來自莫斯科的

index.htm。

8 〈中共湖南區委通告〉（1927年2月），見《湖南革命歷史文件彙集》（省委文件）（1927年），第58頁。

9 見《毛澤東選集》（中文豎排版），人民出版社，1964年，第232頁注。

印度共產黨人羅易，是一個激烈派，主張用激烈手段，不但要土地革命，組織農民軍，成立『革命裁判所』，審判反動軍人。同時要改組軍隊，召集農民軍。」[10]羅易這種不切實際的極端手法，遭到陳獨秀反對。

革命激情主義者的羅易當然不會就此甘休。5月底，羅易給共產國際執行委員會政治書記處發去電報，強烈主張武裝農民，組織反擊，說「共產黨人應當鼓勵和發展這些『過火』行為。」[11]與此同時，那一廂的史達林也收到鮑羅廷電文，內容是國民黨決定為了反對土地革命而戰鬥，甚至與共產國際決裂也在所不惜。這時，湖南省委正組織一支龐大的農民自衛隊，準備對長沙及其附近城鎮發起總攻。史達林急忙發出指示，尤其強調「中國共產黨必須竭盡全力直接與左派國民黨聯合」。[12]史達林的指示傳到中央後，中共政治局委員李維漢命令湖南省委停止行動。陳獨秀等認為，農民進攻的唯一結果是激怒唐生智，促使它推翻共產黨支持的武漢政府。此時，中共內部不免顧此失彼。當處於革命重大轉變關頭，共產黨人要迅速對各種混亂局面作出正確判斷，並在有限的政治行動空間作出選擇，實在不是件容易之事。此時的陳獨秀，是一個肩負重任四面受敵而沒有力量的總書記。

在陶希聖看來，中共的兩派紛爭：

---

10 陶泰來：《陶希聖編年表》，未刊稿。

11 〈羅易給共產國際執行委員會政治書記處的電報〉（1927年5月30日），《聯共（布）、共產國際與中國國民革命運動》（4），北京圖書館出版社，第296頁。

12 參見費正清主編：《劍橋中華民國史1912—1949》（上卷），中國社會科學出版社，1993年，上卷，第738—739頁。

前一派是鮑羅廷的指示，與陳獨秀的主張。後一派是羅易的主張，與瞿秋白等的支持。鮑羅廷是第三國際派到中國來的代表。羅易是印度共產黨人，亦是第三國際派到中國來的。此刻莫斯科是在進行著史達林與托洛斯基的鬥爭。史達林對中共的指示，總是模棱與含混。所以他們二人的見解不同，也影響中共內部的爭論。[13]

也正是中共領導層的意見紛爭，使捲入咸陽農運的陶希聖避過一劫。陶希聖事後回憶說：「倘如中共內部沒有這種矛盾和鬥爭，我這條生命斷乎不能留到現在。」[14]5月底，陶希聖在處理咸寧縣農民協會的訟案上，因強行阻攔農會書記逢開大會就要槍斃農民的習慣做法，被這位鬥爭性強而年輕的農會書記指控為「反動軍閥」。[15]在當時，「反動軍閥」罪名足以送命。當陶希聖被五花大綁帶回武漢時，主張「修正」農運「過火」行為的陳獨秀仍主控中共局面。在陳獨秀看來，陶希聖在咸陽縣城「下令解散『委員會』，並且制止總工會和農民協會的專橫行為，清理訟案，視察監所，釋放了農民協會綁來要殺的小農民，開脫了善良的紳士」[16]均屬「修正」農運「過火」行為，故陶希聖絲毫未損。回到軍校，陶不僅未受任何處分，還被指派為政治部秘

13 陶泰來：《陶希聖編年表》，未刊稿。

14 陶泰來：《陶希聖編年表》，未刊稿。

15 詳情參閱李楊：〈希望與幻滅：1927年的國民革命——記武漢分校政治教官陶希聖〉一文，載《黃埔軍校研究》（二），中山大學出版社，2007年。

16 陶泰來：《陶希聖編年表》，未刊稿。

書長，兼任宣傳處長。陶由此對陳獨秀終生感激。[17]這一親身經歷，使陶希聖深深體會到革命背後刀光劍影的殘酷。

陶希聖能避過殺身之禍，除了陳獨秀因素外，也與兩湖農民運動出現轉折有關。馬日事變後，各地的農民運動陸續遭到毀滅性打擊，「湖南的黨經過五月事變的打擊，差不多完全瓦解了。」[18]湖南各地的駐軍和地主，紛紛開始向當地的共產黨人和工會、農會反攻倒算。此時距毛澤東的〈湖南農民運動考察報告〉發表不過兩個月。矛頭直指中共和地方農會的許克祥等在長沙成立了「中國國民黨湖南救黨委員會」，通令各級黨部及民眾團體一律改組。武漢國民政府也因此失去對湖南大部分地區的管轄權。受重創的武漢國民政府認為種種「事變」均是農民過激行動所導致，武漢國民黨上層產生嚴重敵視工農運動的情緒。中共中央審時度勢，同意武漢國民政府和平解決馬日事變，時任全國農協會主席的毛澤東只好寫下「全國農協會臨字第四號訓令」承認失敗。[19]不久，毛澤東向中央請求到湖南工作。

至此，國共兩黨的黨政格局出現改變。首先是駐江西第三軍的朱培德藉口「制止過火的工農運動」，以「禮送」方式驅逐142名共產黨員和政工人員出境，並查封當地的工會和農會。接

17 陶對陳的感激，既包括對陳的敬重，也包括對陳的主張的好感。關於陶希聖認同陳獨秀的有關農民運動、階級鬥爭的觀點，請參閱李楊：〈希望與幻滅：1927年的國民革命——記武漢分校政治教官陶希聖〉一文，載《黃埔軍校研究》（二，中山大學出版社，2007年，第186頁。

18 〈湖南組織報告（5月—8月）〉（1927年9月5日），見《湖南革命歷史文件彙集》（省委文件）（1927年），第126頁。

19 （英）迪克·威爾遜：《毛澤東傳》，中央文獻出版社，2005年版，第89頁。

著，第四軍的唐生智直截了當地宣稱「擁汪反共」。最終，汪精衛宣佈分共，國共合作成了國共分家，寧漢對立則成了寧漢合流。共產黨的「文鬥」終不敵國民黨的「武鬥」，國共兩黨就此分道揚鑣。

經過緊急改組的臨時中共政治局常委決定舉行南昌起義，然後南下廣東。惲代英在校本部召見陶希聖，告訴他說：「今日時局在變化中。程潛主張東征，張發奎主張南下。我們決定將軍校改編為教導團，跟隨第二方面軍南下，回到廣州。第二方面軍政治部主任是郭沫若，請你擔任教導團政治指導員。你的辦公廳有一個秘書，十個幹事，幫你做工作。」[20]陶希聖畢竟還不是政治家，沒把自己的品性融入到政治鬥爭中去。他思前想後，不願跟隨教導團南下，[21]偕同家人急行遷居福壽庵隱居了將近一個月。

「分共」以後，陳獨秀隱居武漢。陶希聖說：「共產黨的八七會議，獨秀被開除了總書記的職位。」[22]陶希聖此處的敘述不準確，黨史教科書幾十年也一直沿用「開除」一說，這實在是與當年對陳獨秀的處理不明不白有關。關於這個問題，筆者不妨多說幾句，陳獨秀不是被開除，而是他自己提出辭職的。

1927年7月5日，陳獨秀參加最後一次中共中央政治局常委會議後，再也無法繼續執行共產國際的指示，「以前季諾維也夫一向教我們幫助資產階級，現在史達林教我們二十四點鐘內實

---

20 陶泰來：《陶希聖編年表》，未刊稿。

21 這個軍官教導團參加了廣州起義，並成為屢次起義的主力部隊，後在中國共產黨的領導下，走上了從城市武裝起義轉向農村武裝鬥爭，建立農村革命根據地的道路。

22 陶希聖：〈關於獨秀的三段事〉，《傳紀文學》（臺北），第13卷第5期，第20頁。

行土地革命」，[23]陳獨秀非常苦惱，「究竟叫我怎麼領導？我這個領導怎麼領導法？」[24]那時，「中央政治局的精神愈益混亂不振，大家都沉悶得很，又像迷失路途似的。」[25]陳獨秀於是提出辭職，帶著他的秘書黄玠然過起隱居生活。黄玠然回憶道：「大約1927年7月9日或10日晚上，我隨陳獨秀先生到一家餐館的閣樓上躲藏起來；第二天，我們轉移到前花樓亞東書局的紙莊，直到離開武漢。」[26]蔡和森說：在莫斯科的干預下，陳獨秀自1927年7月12日起，「自此即不視事」。[27]據張國燾回憶，1927年7月15日，陳獨秀提交一封信給中央：「向中共中央表示無法繼續工作，要求解除他的書記職務。」[28]也就是說，陳獨秀在「八七會議」前就自己放棄總書記職務。代表湖北省委出席「八七會議」的鄭超麟說：「（八七）會議自始至終未曾點出陳獨秀的名字，更未曾有什麼決議撤銷陳獨秀的總書記職務。」[29]事後，陳獨秀解釋說道：「向中央提出辭職書，其主要的理由是說：『國際一面要我們執行自己的政策，一面又不許我們退出國民黨，實在沒有出路，我實在不能繼續工作』」。[30]

---

23 《蔡和森的十二篇文章》，人民出版社，1980年，第96頁。

24 黄玠然回憶，1980年5月20日。參見任建樹：《陳獨秀大傳》，上海人民出版社，1999年，第429頁。

25 《蔡和森的十二篇文章》，人民出版社，1980年，第98頁。

26 辛平：〈陳獨秀秘書黄玠然談大革命前夕的陳獨秀〉，《炎黄春秋》1997年第1期。

27 《蔡和森的十二篇文章》，轉引任建樹：《陳獨秀大傳》，上海人民出版社，1999年，第431頁。

28 張國燾：《我的回憶》第2冊，東方出版社，1998年，第266頁。

29 鄭超麟：《鄭超麟回憶錄》，東方出版社，2004年，第483頁。

30 陳獨秀：〈告全黨同志書〉，1929年12月10日，見中國人民解放軍政治

9月上旬，脫離中共總書記職務的陳獨秀與黃玠然離開紙莊，與友人一起乘英國「公和」輪回上海。12月，陶希聖也「脫離軍校，既不從汪精衛，也不隨惲代英，遠離政治，獨自回到上海」。此時的陶希聖一無所有，「沒有錢，也沒有職業，只有一番痛苦的經歷」。[31]兩人曾先後意氣風發地從上海趕赴赤都武漢，又先後孤寂黯然地返回上海。

武漢時期，陶希聖與陳獨秀的命運隨著中國革命由高潮跌入低潮而升降浮沉。

二、國難當前，再次同一條戰線

大革命失敗後，陶、陳各奔前程。曾幾何時，勢去道移，陶希聖和陳獨秀不約而同地成為各自所屬黨內的反對派。

回到上海的陶希聖加入以反對蔣介石為主旨的國民黨改組派（奉汪精衛為領袖），提出「分共之後，仍然革命」口號，曾被國民黨上海市黨部檢舉為「反動分子」，後經朱家驊、陳布雷和陳果夫等人的斡旋才平息下去。[32]在1928年的「中國社會史」大論戰中，陶希聖將現實中的中國社會性質和革命路線之爭引入理論界，成為這次大論戰的急先鋒。陶希聖撰寫的《中國社會與中國革命》、《中國社會之史的分析》等著作營銷一時，甚至波及海外，有所謂「陶希聖時代」之稱。[33]後陶希聖順理成章地到

學院黨史教研室編：《中共黨史參考資料》，第五冊。

31 陶泰來：《陶希聖編年表》，未刊稿。

32 陶希聖：〈記陳布雷先生〉，載《陳布雷回憶錄》，傳記文學出版社（臺北），1967年，第176、177頁。

33 參見翁賀凱：〈1927-1934陶希聖之史學研究與革命論〉，《二十一世紀》網路版，2002年8月號。

中央大學任教，1931年回母校北大，出任法學院政治系教授兼主任。陶希聖潛心治學，創立「食貨學派」，在學界有相當聲譽。

相比陶希聖退守書齋，陳獨秀的命運可謂跌宕起伏。陳獨秀回上海後，一直潛居亭子間，在1928年的「中國社會史」大論戰中，成為中共反對派的領軍人物。1929年5月爆發中東路事件，張學良試圖強行收回控制在蘇聯手中的中東鐵路。[34]7月，在共產國際指示下，[35]中共提出「武裝擁護蘇聯」、「蘇聯的勝利，也就是中國革命的勝利」等口號。陳獨秀強烈反對，指責他們（以李立三為首的「左」傾中央）不應採取叛國口號和行動。中共批評陳獨秀脫離了階級觀點看問題。中共解決黨內分歧的最終手段是開除出黨。同年11月，陳獨秀被中共開除黨籍。1932年被捕入獄，因「叛國」罪獲刑13年，後改判8年，在南京模範監獄服刑。

陶希聖對陳獨秀有更多的認識和往來，是在1937年。1937年，是一個令國人刻骨銘心的年代。「七七事變」後，整個中華民族一夜之間被推到危急關頭。

7月中，陶希聖與三大大學校長蔣夢麟、梅貽琦、張伯苓以及胡適、傅斯年等平津學者參加著名的「牯嶺茶話會」，這是國民黨中央為「團結各方共赴國難」邀請各黨派及無黨派人士在廬山牯嶺舉行的茶話會。這次茶話會最重要內容，莫過於蔣介石於7月17日發表的全面抗戰講話，這就是由程滄波起草、陳布雷修訂的、有名的〈最後關頭〉講話。蔣介石聲明：「如放棄尺寸土地與主權，

34 中東鐵路是俄國沙皇政府於1897年至1903年在中國東北境內修築的一條丁字形鐵路，清朝時稱東清鐵路，民國時期改稱「中東鐵路」。

35 「中東路問題發生後，中央曾得到國際一個短電的指示。」要求中共「加緊……擁護蘇聯的宣傳。」參見《中共中央文件選集》第5冊（1929），中央黨校出版社，1990年，第412頁。

便是中華民族的千古罪人。那時候，只有拚民族的性命，求最後的勝利」。「如果戰端一開，那就是地無分南北，人無分老幼，無論何人，皆有守土抗戰之責任」。[36]這篇確立國民政府抗日方針的講話影響極大，一時成為蔣介石抵抗到底的金字招牌。新聞界最活躍的《大公報》主編張季鸞逢人就說：「《大公報》方針已定，我剛才見了委員長，他表示抗戰決心已定，一個字——打！」[37]自西安事變以來，蔣介石的地位被抬高到前所未有的高度，報紙上常常出現「領袖」一詞。抗戰前，邊遠山區的彝族和苗族農民還不知民國為何物，現也知道中華民國的「領袖是蔣委員長」。[38]蔣介石被視為中國獨立抵抗日本的抗戰領袖，獲得全世界的同情。紐約《時代週刊》發表專文，稱讚蔣介石是一位「偉大的政治家」。[39]中華民族的生死關頭，誰決心抗戰到底，誰得民心。

〈最後關頭〉的講話同樣使生逢其時的陶希聖感到震動，他回憶說，「這一篇講話震動了全國，也震動了整個世界。全中國和全世界都聽到了『戰端一開，只有打到底』的全民動員全面抗戰的號召。」[40]茶話會期間，陳布雷找陶希聖見蔣介石。陳布雷對他說：「在會中，你是客人，現在則是以黨員的身分見主席。」蔣介石見了陶希聖說：「你在北平做得很好，你還是回去指導他們繼續努力。」出來後，陶問陳布雷：「這是怎麼回

[36] 王泰棟：《陳布雷大傳》，團結出版社，2006年，第187頁。

[37] 王泰棟：《陳布雷大傳》，團結出版社，2006年，第237頁。

[38] 參見許紀霖等主編：《中國現代化史》（第一卷），上海三聯出版社，1995年，第508頁。

[39] 施羅曼、費德林史坦合著、辛達謨譯：《蔣介石傳》，黎明文化事業公司出版（臺北），1985年，第180頁。

[40] 陶希聖：《潮流與點滴》，傳記文學出版社（臺北），1979年，第148頁。

事？」陳說：「這是命令。」雲深不知處的陶希聖感到突然，「我很惶恐，能不能回去還是一個問題，只得天天注意戰局的發展。」[41]「牯嶺茶話會」成了陶希聖人生的一個分水嶺，經陳布雷推薦，陶希聖加入國民黨中央政治會議國防參議會，從事國際宣傳工作。

國民黨最高層為什麼會選中陶希聖？也許從陳布雷的話可看出些端倪，陳布雷說過，「我們黨國就是缺乏宣傳人才」，[42]尤其戰時的民眾宣傳鼓動至為關鍵。在牯嶺，陳布雷兩次和陶希聖談到全民動員抗戰的重要性，強調要以精神力量補充物質力量之不足。但是，國民黨是一個缺乏政黨文化傳統的執政黨，它在意識形態整合、理論宣傳甚至文藝文化運動方面，缺少可資依靠的社會力量和行之有效的手段，在這方面，歷來不是共產黨的對手，甚至也不如左舜生的青年黨。周恩來私下說過：「國民黨不瞭解文藝的重要，也不曉得如何運用文藝，看我們的！」蔣介石也曾自知之明地說過：國共之間只能拚武力，不能拼黨力。陳布雷十分清楚要廣為吸納這方面的人才。陳對陶也算是知根知底，欲用其所長。

陶希聖進入國民黨高層視線，也與他之前在北平的一場論戰有關。「牯嶺茶話會」前，北平新舊學聯之間發生一場政治衝突，陶希聖意外被捲入，在與平津左派教授苦鬥中，陶前後共發文40篇，其鋒芒犀利，連北大同事胡適也說陶的「為文所向無敵」，[43]曾任國民黨中宣部長劉蘆隱也說過：「平常的一句話到

[41] 陶泰來：《陶希聖編年表》，未刊稿。

[42] 王泰棟：《陳布雷大傳》，團結出版社，2006年，第250頁。

[43] 陳存恭等編：《陶希聖先生訪問記錄》，第24頁。

他的口上就有刺。平常的一篇文章在他筆下就煽動。」[44]這場衝突與筆戰雖因時局突變而終止，但作為社會史學家的陶希聖在政治上的態度與立場，深得國民黨高層認可。[45]牯嶺時，國民黨中組部長張厲生曾就北平論辯一事對陶希聖「深致鼓勵」，蔣介石也當面對陶說：「你在北平做得很好。」陶希聖成為國民黨當局戰時對外宣傳的首選也就不足為奇了。

讀過舊書的陶希聖，自有滿腹「修齊治平」一套，「學成文武藝，貸與帝王家」的政治情結還是有的，陶希聖晚年就說過「早歲嘗懷經世志」。更為重要的是，陶希聖是有著十一年黨齡的國民黨黨員，「黨人」是當時讀書人入仕途的一條捷徑。國難當頭，兼有「黨人」和教授身份的陶希聖，突然得到國民黨最高層的賞識，從「坐而言」轉為「起而行」，從而獲得一個「盡其言責」的空間。可以說，陶希聖的身份轉變有其合理性，雖然陶希聖棄學從政的動機是書生式的。從此，陶希聖離開北大，開始了他的「書生從政而不知政」的吊詭生涯。

8月初，陶希聖從廬山下來到南京，參加蔣介石夫婦在黃埔路官邸舉行的午餐會，被邀請的還有胡適、蔣夢麟、梅貽琦、張伯苓等人。餐席上，蔣介石表示：「我要以戰略打擊敵人的戰略。敵人的戰略是要不戰而取，我要他戰而不取；敵人要速戰速決，我要他戰而不決。我們是一定勝利的。」[46]此後，備受鼓舞的陶希聖加入軍事委員會委員長侍從室第五組，一心一意地投入

[44] 參見《陳布雷回憶錄》，傳記文學出版社（臺北），1967年，第176頁。

[45] 參見范泓：〈「公竟渡河」的悲劇——陶希聖從政之痛〉，載《社會科學論壇》，2006年3月上半月期。

[46] 陶泰來：《陶希聖編年表》，未刊稿。

抗日宣傳運動。他在南京的主要工作是發揮他的辯才四處演講。9月，陶希聖應聘為國防參議員，為開展民眾動員宣傳與各黨派人士穿梭往來，一時甚為活躍。[47]

此時，南京政府宣佈特赦政治犯。之前，胡適曾給汪精衛去信，請汪出面同蔣介石商談，釋放陳獨秀。汪精衛轉司法院設法開釋陳獨秀。兩天後，司法院院長居正向國民政府主席林森呈文，要求為陳獨秀減刑獲准。8月23日，衰老憔悴的陳獨秀緩步走出南京模範監獄的大門。這一天，率先提出抗日的中共在洛川召開政治局擴大會議，會議提出著名的〈抗日救國十大綱領〉，工農紅軍已被正式改編為國民革命軍第八軍。全國上下同仇敵愾一致抗日，這是一個民眾覺醒、愛國激情澎湃的年頭。陳獨秀出獄後，記者第一次訪問他，問道：「陳先生今後要做文化運動，不做政治運動了，是不是呢？」陳獨秀答道：「不對，不對！……現在的抗日運動，就是政治運動，我能夠不參加抗日運動麼？」[48]

陳獨秀出獄後暫住他的學生傅斯年家（傅時任中央研究院總幹事）。南京國民政府為統一事權，以便快速行動而成立六個部門，分掌軍令、軍政、經濟、政略、宣傳、組訓，其中第五部主管宣傳，該部設在陰陽營四號。陶希聖說，「部長是熊式輝，副部長是周佛海。這個部聘請各黨派人士為顧問或參議，號稱為小參議會。我以國防參議員的身份亦參加。……為了參加這一個工作，同時又與各黨派人士聯絡，我有時到陰陽營四號會商事

[47] 國防參議會主要網羅各黨派及社會名流為參議員，主席為汪精衛。

[48] 《陳獨秀著作選》第3卷，第404頁，參見任建樹：《陳獨秀大傳》，第591頁。

情。」陰陽營離陳獨秀住宅很近，陶希聖利用開會便利訪問了陳獨秀兩三次。陶希聖對「有耿耿孤忠」的陳獨秀一直懷有特殊敬意，十年前陳獨秀有恩於陶希聖，陶一直未敢忘懷。

隨著淞滬戰事愈演愈烈，陳獨秀於9月9日離開南京赴武漢。此時，第二次國共合作正緊鑼密鼓地進行。9月22日，國民黨中央通訊社公佈由周恩來起草的〈中國共產黨公佈國共合作宣言〉。次日，蔣介石終於捐棄前嫌發表談話承認中共的合法地位：「對於國內任何黨派，只要誠意救國……政府自無不竭誠接納。」[49]至此，第二次國共合作正式形成。隨即，國家社會黨領袖張君勱、中國青年黨領袖左舜生也都發表公開信，表示願意接受國民黨領導，精誠團結共赴國難，儘管青年黨曾睥視國民黨為「舊革命黨」。第三黨（中華民族解放行動委員會）負責人章伯鈞也放棄對共產黨的批評，呼籲國民黨應接納各黨派的政治要求，共商國是。各種政治力量匯集在國民黨的抗日大旗下，抗戰使中國形成了新的統一。掌有抗戰領導權的蔣介石躊躇滿志地對《巴黎晚報》法國記者說：中國黨派之爭，現已不復存在。蔣介石儼然成了辛亥革命以降的民國政權法統的守護神。

自從1927年大革命失敗後，一直處於政治邊緣的中國共產黨又回到了中國的政治中心，只是陳獨秀早已遠離中共舞臺。此時的陳獨秀無黨無派，人生的挫折，陳不免生出「三十功名塵與土」之感慨，但他仍以「待從頭收拾舊山河」[50]的鬥志投身於抗

[49] 《中共中央抗日民族統一戰線檔選編》（下），第823頁。

[50] 當時包惠僧向陳求字留念，陳獨秀寫了這首〈滿江紅〉給他，想必也是他本人心志。參見任建樹：《陳獨秀大傳》，上海人民出版社，1999年，第591頁。

戰大潮中。陳獨秀甫到武漢，「他的全副精神就放在抗戰文章上了」。就在這時，在陳立夫安排下，陶希聖奉蔣介石之命也來到武漢「傳達抗戰的宗旨與目的」。仿佛與十年前一樣，那時是國民黨少校的陶希聖與中共總書記的陳獨秀站在同一條戰線——國民革命；現在是放棄北大教職的陶希聖和無黨派的陳獨秀同在一條戰線，一致對外抗日。當時，陳獨秀住糧道街的一條小巷裏，陶希聖頻頻與陳獨秀來往。

南京撤守後，武漢成為戰時首都。各種社會力量、政治流派和文化名流，風雨同舟，雲集武漢，武漢一時抗戰氣氛高漲，出現少有的生氣勃勃的團結景象，國共合作處於蜜月期，「外國記者在這裏享受到了中國首都裏空前絕後的自由空氣。這種自由空氣，多少是由於蔣介石和共產黨的聯合正處於最真誠的時期。」[51]可以說，1937年底至1938年，抗日民族統一戰線的精神滲透到所有社會階級和政治團體，國共兩黨出現少有的真誠合作，從1938年初延安頻頻傳出的資訊也可證明這點。

1938年1月，中共領導人在日本近衛內閣宣佈不以蔣介石為對手，蔣介石重複堅持〈最後關頭〉立場之後，也再次宣佈擁護以蔣介石為代表的國民政府。王明是非常積極地促進統一戰線的，他說：「國民政府是全中國的政府，它需要加強而不是改組。」[52]王明提出：「一切服從統一戰線，一切通過統一戰線」。[53]毛澤東也承認國民黨不僅在抗日戰爭時期的領導作用，

---

[51] [美]麥金農：〈美國記者與戰時中國〉，載《民國檔案與民國史學術討論會論文集》，檔案出版社，1988年，第577頁。

[52] 〈抗戰的現狀和任務〉，見郭華倫，《中共史論》第3卷，第363頁。

[53] 季米特洛夫建議中國共產黨運用法國共產黨組織人民陣線時期的經驗，並

而且在戰後的建國階段仍起領導作用。[54]周恩來說：「以委員長的經驗和精神，他可以領導全國走向勝利」，[55]周堅守與國民黨合作並服從中央政府領導的承諾。博古也說：「國民黨作為（主要）執政黨無疑正在領導抗戰。[56]中共還鄭重聲明，「今天，只有日本法西斯軍閥及其走狗漢奸托派才企圖打倒國民黨。」

但是，國共合作的維持是微妙的，中共領導人的講話，有各自不同的解讀。在王明「抗日必須依靠國民黨」的背後，有著貫徹史達林「使中國的抗戰集中在蔣介石的國民政府周圍」的意圖。早在1935年，莫斯科就形成「建立全中國人民反對日本的統一戰線」的共識。史達林甚至對美國駐華大使赫爾利透露，在國共兩黨之間，俄國人寧願支持蔣介石。[57]莫斯科派王明回來，就是為了強化共產黨與蔣介石建立統一戰線的承諾。當然，莫斯科也不希望看到中共被統一戰線所淹沒，王明就曾清晰地表明，「中國將來是由民族陣線轉到人民陣線最後到社會主義的勝利」，只是「今天的中心問題是一切為了抗日，一切經過統一戰線，一切服從抗日。」[58]毛澤東清楚王明的話具有莫斯科的權威，如果公開攻擊王明，意味著蔑視共產國際。在為王明飛回延

建議在中國提出這樣的口號：「一切服從抗日民族統一戰線，一切經過抗日民族統一戰線」。參見王明：《中共50年》，東方出版社，第74頁。

[54] 毛澤東：〈論新階段〉，《毛澤東集》第6卷，第198頁。參見費正清：《劍橋中華民國史》（下），中國社會科學出版社，1993年，第976頁。

[55] 韓素音：《周恩來與他的世紀》，中央文獻出版社，1992年，第213頁。

[56] [美]愛德格·斯諾：《紅色中國散記》，江蘇人民出版社，1992年，第30頁。

[57] [美]麥金農：〈美國記者與戰時中國〉，見《民國檔案與民國史學術討論會論文集》，檔案出版社，1988年，第581頁。

[58] 參見楊奎松：《開卷有疑——中國現代史讀書劄記》，江西人民出版社，2007年，第213頁。

安的洗塵宴上，毛澤東話中有話地說：「喜從天降，……在這一歷史時刻，……他又回來指導我們了」。毛澤東雖然也表態支持國民黨領導抗日，但戰略高手的毛澤東的真正用意是保持政治上和軍事上的獨立自主權，並「以創建根據地為主」。[59]作為中共與國民黨談判首席代表的周恩來則希望通過積極抗戰，在全國提高共產黨的形象與地位。

應該看到，此時中共領導人表示願意聽從國民黨領導抗戰的態度，比幾個月前的洛川會議進了一步。洛川會議是確立以共產黨的武裝力量為抗戰核心，在國共關係上堅持獨立自主原則。中共立場的轉變，除了王明返國帶回莫斯科意見因素以外，在陶希聖看來，也與蘇聯大使來華有關。1938年初，蘇聯大使盧幹茲奧利奧斯基到達武漢，他到任的第一件事，就是糾正中共及左翼的一些不切實際的觀點，「他召集左派重要人士，對他們說，中國抗戰可以解除蘇俄東顧之憂，讓蘇俄以全力應付歐洲情勢。他指示他們支持國民政府，爭取抗戰的勝利。」[60]史達林和季米特洛夫認為鞏固的、廣泛的民族統一戰線是抗日戰爭勝利的保證，中共的政策必須以此為準繩，不同意中共不合時宜地提出在抗日戰爭中的領導權問題。[61]中共於是決定，「共產黨決心同國民黨親密合作，不僅為了爭取抗日戰爭的勝利，而且也為了抗戰勝利後共同建國。」[62]

---

59 費正清：《劍橋中華民國史》（下），中國社會科學出版社，1993年，第708頁。

60 陶希聖：《潮流與點滴》，傳記文學出版社（臺北），1979年，第159頁。

61 奧托·布勞恩：《中國紀事》，東方出版社，2004年，第279頁。

62 奧托·布勞恩：《中國紀事》，東方出版社，2004年，第280頁。

一直關注著中共態度變化的國民黨理論家陶希聖心裏清楚，抗戰是手段，三民主義建國才是目的。陶一直強調「為三民主義建國而抗戰！」。陶希聖不僅積極投入他所擅長的理論宣傳運動中，還與周佛海成立藝文研究會，研究會的宗旨就是宣傳「一面抗戰，一面建國」。由於戰爭突然爆發，在國家被倉促地置於戰時體制背景下，陶希聖提出的「抗戰與建國」口號，有符合國情的合理考慮。正如胡適、蔣百里、陳立夫等反對高等教育要為戰爭讓路，繼續堅持原有的學術教育一樣，都是出於對中國未來建設的考慮，教育畢竟代表著一個國家的未來。

但究深一層，陶希聖的政治動員，明顯有著擴大民眾支持國民黨抗戰基礎的用意，是黨治文化的一種形式，意在通過對權力資源的控制，規範全社會的政治信仰和行為方式。陶希聖清楚蔣介石是要以抗日之名，統一全國軍政之用意。正如陳布雷所言：「蔣公深思遠慮，其所著眼者又不僅戰爭有形之消長，而為戰後復興與改造民族之大計焉。」[63]陶希聖由是抨擊左翼人士提出的「民主聯合政府」口號：「所謂『聯合政府』是要製造一個克倫斯基政府，然後利用失敗主義來拖垮它，乘機奪取政權。」[64]陶希聖認為中共有利用抗日統一戰線奪取全國政權的用意。[65]為此，陶和左翼人士經常發生摩擦。在國防參議會上，陶

---

63 《陳布雷回憶錄》，傳記文學出版社（臺北），1967年，第129頁。

64 陶希聖：《潮流與點滴》，傳記文學出版社（臺北），1979年，第157頁。

65 共產黨把這一時期看作在全國範圍奪取中國資產階級民主革命勝利的準備時期。參見王明：《中共50年》，東方出版社，2004年，第75頁。「博古認為，對毛澤東的言論應當這樣來理解，只要戰爭進程還沒有改變國內力量的對比，那就要不動聲色。直到力量對比有了變化，更高一級的民族統一戰線才能實現。到那時，建立聯合政府的可能性也不是不存在的。」但在王明看來，現在提出領導權問題和政權問題都是錯誤的。參

希聖幾番與對政治民主化有高期望的沈鈞儒爭議，一次會畢，沈鈞儒拉著陶希聖的手，說與陶的父親是莫逆之交，「希望你我客氣點」。陶說：「世交是世交，辯論還是辯論，才是民主。」沈說：「那又何必呢！」[66]此時的陶希聖積極倡導國家民族、抗戰建國等主張，在理論建樹上，陶已是多黨見，少己見。

相形之下，陳獨秀擱置私仇黨見直言不諱，他認為國民黨是執政黨，在抗戰中居於領導地位，在野黨的中共當然要接受國民黨的軍事最高統帥權。這與王明的「一切通過統一戰線」有異曲同工之妙。[67]陳獨秀「承認國民黨一黨政權及其對於抗日戰爭之軍事最高統帥權這一事實，不要把開放黨權和開放政權混作一談。」[68]陳獨秀同時批評國民黨：「如果定要拿思想信仰之統一為各黨各派合作抗日的條件，那只有先從事內戰，肅清了異己，然後才來抗日……都在客觀上幫助了敵人！」[69]陳獨秀也反對托派在抗戰中爆發革命的天真想法，只要國民黨一天抗日，就不可能生成打倒國民黨統治的社會革命，組織工人農民革命的階級觀點和思想傾向必須拋棄。陳獨秀並譏笑中共「鬧出『山上的馬克思主義』的笑話」，指責共產黨「不應該有保存實力趁火打劫的企圖。」[70]跳出一己格局的陳獨秀依然是「我有口舌，自陳好惡；我有心思，自崇所信」。陳獨秀此時已是少黨見，多己見。

見奧托·布勞恩：《中國紀事》，東方出版社，2004年，第278、279頁。

66 陶希聖：《潮流與點滴》，傳記文學出版社（臺北），1979年，第158頁。

67 參見任建樹：《陳獨秀大傳》，上海人民出版社，1999年，第625、626頁。

68 陳獨秀：〈抗戰中的黨派問題〉，見《陳獨秀文章選編》，生活、讀書、新知三聯出版社，1984年，第590—591頁。

69 《陳獨秀著作選》（三），上海人民出版社，1993年，第472頁。

70 《陳獨秀著作選》（三），上海人民出版社，1993年，第486頁。

私底下，陳獨秀不掩飾他對蔣的仇恨，他對周佛海、胡適說過：「蔣介石殺了我許多同志，還殺了我兩個兒子，我和他不共戴天，現在大敵當前，國共二次合作，既然是國家需要他合作抗日，我不反對他就是了。」[71]陳獨秀之所以把抗戰與建國的希望寄託於國民政府，是他相信國民政府不會中途妥協。1937年12月，陳獨秀發表〈言和即為漢奸〉一文中就說道：「我相信政府更能夠抗戰到底，不會中途妥協而言和，因為政府自己已經公告天下：『言和即漢奸』。」[72]「言和即漢奸」成為當時最具威懾力的抗戰用語。

三、陶希聖抱不平的「陳獨秀事件」

極具諷刺的是，就在陳獨秀發表〈言和即為漢奸〉一文的同時，中共中央在延安召開的政治局會議上，就涉及有關陳獨秀與漢奸問題。王明在會上表示，反對毛澤東張聞天原定在「三條件」下團結陳獨秀抗日的方針。王明提出，我們可以與蔣介石及其屬下的反共特務等等人合作，就是不能與陳獨秀合作，並說「陳獨秀是每月拿三百元津貼的日本間諜」。當場有人表示質疑。王明卻堅持說「史達林正在雷厲風行的反托派，而我們卻要聯絡托派，那還了得」，史達林認為中國托派就是日本特務，因此「反對托派，不能有仁慈觀念」。[73]王明進一步發揮了1932年

[71] 包惠僧：〈我所知道的陳獨秀〉，見《包惠僧回憶錄》，人民出版社，1983年。

[72] 陳獨秀：〈言和即漢奸〉，《陳獨秀著作選》（三），上海人民出版社，1993年，第411頁。

[73] 張國燾：《我的回憶》（第三冊），東方出版社，1998年，第422、423頁。

中央「左傾」觀點，再次強調托陳派比反動派更危險。在莫斯科以緊跟王明著稱的康生，隨後在中共機關刊物《解放週刊》發表長文〈剷除日寇偵探民族公敵的托洛茨基匪徒〉，文內指責陳獨秀是每月領取300元津貼的日本漢奸。一個多月後，中共中央長江局機關報《新華日報》轉載了康生的文章。「漢奸」一詞最能激起公憤。此文一出，一片譁然。正在武漢主持藝文研究會的陶希聖對此有詳細敘述：

> 有一天（3月15日），在武漢出版的新華日報轉載延安《解放週刊》的一篇文章。這篇文章是康生的〈剷除日寇偵探民族公敵的托洛茨基匪徒〉。其中有一段話，……日本給陳獨秀每月三百元的津貼，由羅漢領取。……次日，大公報和武漢日報都登了王星拱、傅汝霖、段錫朋、梁寒操、高一涵、張西曼、林庚白等的一封信。第三日，掃蕩報也把這封信登出了。……為獨秀辯誣的一封信，我也列名。[74]

引文指的「一封信」，是指由九位社會名流為陳獨秀辯誣的聯名信。康文發表後，引起人們普遍不滿，但一向辯才無礙的陳獨秀面對康生指責，拒絕作出聲明。一批社會名流看不過，於是在《大公報》和《武漢日報》登出他們的聯名信。他們是，王星拱（武漢大學校長）、周佛海（國防參議會參議員、江蘇省教育廳長）、傅汝霖（中央研究院語言研究所所長、中央大學校長）、梁寒操（國民黨中央政治委員會委員）、高一涵（國民黨中央監察委員會委員）、張西

[74] 陶希聖：〈記獨秀〉（下），《傳記文學》（臺北），第5卷第4期，第14頁。

曼(國民黨中央立法委員)、陶希聖(國防參議會參議員)、林庚白(國民黨中央立法委員)、段錫朋(國民黨中央常務委員)。聯名信中有這麼一段話:「獨秀先生生平事業,早為國人所共見,在此次抗戰中之言論行動,亦國人所周知。漢奸匪徒之頭銜可加於獨秀先生,則人人亦可任意加諸異己。此風斷不可長」。[75]

康生的指斥,就連那些素不問政治而有正義感的普通人士也覺得「太不成話」。救國會的沈鈞儒也在漢口《大公報》上發表文章,不贊成給陳獨秀扣上漢奸帽子。遠在晉察冀阜平司令部的聶榮臻聽了這一消息也很愕然,他反問蕭克:「陳獨秀是300塊大洋能買到了的嗎?」[76]在延安,曾彥修說:「三百元也太笑話了,這還不及20年前陳獨秀在北大當文科學長時的月薪,不知康生是怎麼想出來的。我看當時同在延安的同學、同事似乎也不大有人相信此事似的。」[77]中央內部意見也不統一。陳獨秀出獄時,毛澤東、張聞天等希望與陳獨秀形成某種一致抗戰的合作關係。當時的《解放週刊》還發表文章說,希望陳獨秀「重振起老戰士的精神,再參加到革命的行列中來」。深諳黨內鬥爭詭秘嚴酷的毛澤東認為:史達林老是鬧肅反,恐怕錯誤有多於我們。現在我們是團結抗日,陳獨秀托派如果表示改悔,何嘗不可一起抗日。[78]但是,毛的建議遭到王明反對。王明說,「陳獨秀即使不是日本間諜也應該說成是間諜」。張國燾對王明的解釋感到「這

---

[75] 任建樹:《陳獨秀大傳》,上海人民出版社,1999年,第616頁。

[76] 朱洪:《陳獨秀風雨人生》,湖北人民出版社,2004年。

[77] 曾彥修:〈漫談陳獨秀〉,《炎黃春秋》,2001年第3期。作者是原人民出版社總編輯。

[78] 張國燾:《我的回憶》(第三冊),東方出版社,1998年,第422頁。

真令人毛骨悚然」。在張國燾眼裏，王明「儼然是捧著尚方寶劍的莫斯科『天使』，說話的態度，彷彿是傳達聖旨似的，可是他仍是一個無經驗的小夥子，顯得志大才疏，愛放言高論，不考察實際情況。」[79]

陶希聖之所以為陳獨秀抱打不平，除了他敬重陳的人格以外，還在於他與康文指斥的一個重要事實有關聯，陶對此有一則重要補充：

> 第八路軍駐武漢辦事處及其代表周恩來發表談話，指責陳獨秀接受日本的津貼，每月三百元。這一談話顯然是謊言。陳獨秀在監獄裏五年，抗戰之初，以政治犯的資格開釋出獄。他隨即由南京遷居武昌，由藝文研究會補助他的生活費。[80]

康生揪住不放的所謂「300元日本津貼」，應該是藝文研究會補助陳獨秀的生活費。對這一情節，陶希聖是這樣解釋的：

> 陳獨秀也到武昌，住在後長街進去的一條小巷子裏，我常常去看他，一個星期中有兩三次。他的生活極為清苦，有一個女工招呼他，有人說就是他的太太。我那時主持藝文研究會，籌得一筆錢，許多學術文化界人士要逃離戰區到後方去，而缺乏路費的，就接濟一下。我那時指定

[79] 張國燾：《我的回憶》（第三冊），東方出版社，1998年，第423、424頁。
[80] 陶泰來：《陶希聖編年表》，未刊稿。

一個職員跟他的女工聯絡，如果把錢直道獨秀住在那裏，我就去看他。後來大本營遷到武昌，我隨國防參議員搭接送給獨秀，他是不會接受的，只有去找他的女工。每週或每月補助一些買菜錢。這個女工有一天把腿摔傷了，我們還找外科醫生看，幫助她一點醫藥費。[81]

陳獨秀個性崛強，一般不願接受旁人資助，陶希聖除了通過「女工」（實際是陳獨秀的太太潘蘭珍）資助的生活費以外，還有陳獨秀在陶希聖主持的《政論》週刊發表文章的稿費。

至於陶說「周恩來……指責陳獨秀接受日本的津貼」一句要稍作分析：

按共產黨的組織原則，對外宣傳口徑要統一。參加那次政治局會議的張國燾就說過：「從此，在中共宣傳上，陳獨秀就變成了『每月拿三百元津貼的日本間諜』了」。[82]周恩來是中共中央長江局副書記，王明的副手，擔任「黨的喉舌」《新華日報》董事長，又是國民政府軍事委員會政治部副部長，作為與國民黨談判的首席代表，常常代表中共發表談話，對陳獨秀事件的意見，自然要和黨中央保持一致。

另外，我們看歷史往往只看邏輯演進過程而捨棄時間的關聯性。周恩來的講話在時間上有一個細節應注意：就在周恩來發表講話前，陳獨秀剛發表一篇文章。陶希聖說道：「陳獨秀文章，提出希特拉的法西斯是極右，史達林的共產黨是極左，

[81] 陶希聖：〈關於獨秀的三段事〉，《傳記文學》（臺北），第13卷第5期，第22頁。

[82] 張國燾：《我的回憶》（第三冊），東方出版社，1998年，第423頁。

兩者都是反民主的，希史現在鬥爭，有一天他們會合在一起。這篇反納粹又反共的文章，引起了軒然大波。」對陳的「自陳好惡」的言論，中共十分不滿，才引起周恩來以上這番講話，周是借用中央決議的「漢奸」定調，警告有「反共」言論的陳獨秀。周恩來說，如果陳獨秀接受兩個條件，一不對外講話，二不發表文章，中共可以把他的生活和醫療包起來。桀驁不馴的陳獨秀當然拒絕。[83]

陶希聖為陳獨秀鳴不平，為此還當了些風險。陶希聖說道，

> 那封信（即聯名信——引者注）發表的次日，上午十時，新華日報記者特為來到漢口天津街四號我的辦事室，氣勢洶洶，質問我有什麼憑據證明獨秀未曾接受日本的津貼。我與此人爭辯了一小時之久，好不容易才把他送出辦事室。[84]

又一日的晚間，希聖從漢口過江到武昌，回正衛街。那一條街沒有路燈，漆黑一團。他扣門進內，忽然發覺背後跟進一個灰耿色軍服的軍。那軍人開口就說：『我來談一談獨秀的事。』他兩手插在灰色大衣的口袋裏，似乎要拿出手鎗就放」。「我立刻感覺事態的嚴重……我與此人是面對面，別無躲閃的餘地和餘時。我保持鎮定與從容，很客氣地請他就坐。」陶希聖告訴他，

[83] 費正清：《劍橋中華民國史》（下），中國社會科學出版社，1993年，第707頁。

[84] 陶希聖：〈記獨秀〉（下），見《傳記文學》（臺北），第5卷第4期，第14頁。

陳獨秀出獄後，沒有任何政治活動只發表幾篇文章。康生說陳獨秀接受的日本津貼，均為藝文研究會資助其生活費，這件事乃陶希聖所為。[85]

但是，陳獨秀「收受日本津貼」一事並不因陶希聖的說明而冰釋。項莊舞劍，意在沛公。王明、康生意圖，並非陳獨秀是否漢奸問題，而是陳獨秀能否參加反對托派運動的問題，這也是聯共黨內鬥爭的延續和史達林指示的影響。對於政治家來說，事實不是惟一需要尊重的。

由於「陳獨秀事件」引起社會的極大反響，並影響了中共統一戰線團結抗日的形象，如媒體普遍認為指控陳獨秀為漢奸的做法是「強拉栽誣」，「鬼鬼祟祟，玩弄手段」，「不擇手段，肆意誣衊」等。更多的人認為，王明、康生等硬要陳獨秀自己作公開聲明是否「漢奸」是荒唐的，從法律上說，認定一個人是否漢奸，絕不能因為自己聲明「是」或「否」來決定的。

據當時擔任《新華日報》採訪部主任的石西民說：

> 《新華日報》上突然宣佈陳獨秀是漢奸，引起了社會上有識之士的疑慮和不安。就連張西曼教授這樣的靠近我黨的著名學者和社會活動家，都對這種武斷的作法表示了不滿。一些學者聯名寫信，要求澄清事實，王明不但不允許報紙發表這些信件，並且以評論的形式對此提出責難，傷害了這些朋友的感情，後來，還是周恩來同志在十分困

85 参見陶泰來：《陶希聖編年表》，以及陶希聖：《記獨秀》（下），《傳記文學》（臺北），第5卷第4期，第15頁。

難的局面下，做了大量的工作，才減輕了這起事件給黨造成的損失。[86]

4月，時在長沙任八路軍辦事處主任的徐特立，在陳獨秀北大學生何之瑜（曾任中共湖南省委書記，後為托派）的陪同下，專程從長沙到武漢，調解陳獨秀與中共的糾紛。

德高望重的徐特立，是延安最受尊敬的人之一。事後，徐特立認為：「事情是解決了的」。但對陳獨秀來說，事件的開始和結束都是不可理喻的。4月8日，陳獨秀致信何之瑜說：「徐老先生所說『事情是解決了的，』真使我莫名其妙。」[87]

後陳獨秀避難江津，戴笠、胡宗南曾登門訪問，他們拿出王星拱等九人在《大公報》的聯名信剪報給他看時，陳獨秀仍氣憤不已，抖著剪報說：「此誣陷之事，雖經徐特立先生調解，但我陳某的人身受到極大的攻擊，至今仍未忘懷。」陳獨秀表示，「延安坐井觀天，謬論橫生，自己多遭誣衊，幸公道在人心，先生等所示剪報啟事一則，足可證明。」[88]事後中共也總結歷史教訓，反思當年「把托派與漢奸相提並論，是由於當時在共產國際內流行著中國托派與日本帝國主義間諜組織有關的錯誤論斷所造成的。」[89]

---

[86] 石西民：《報人生活雜憶》，重慶出版社，1991年。

[87] 任建樹：《陳獨秀大傳》，上海人民出版社，1999年，第621頁。

[88] 沈醉、文強：《戴笠其人》，文史資料出版社，1980年，第207—210頁。

[89] 中共中央文獻研究室編：《毛澤東選集一至四卷注釋校訂本》，中央文獻出版社，1991年，第125頁。

在黨內路線鬥爭史上，凡屬於黨內異己分子，往往被視為最危險敵人而被肅清。歷史學家黎澍指出：「以所謂路線鬥爭為名的黨內鬥爭，卻往往可置對手於死地。」鐵血般的革命組織，自有一套機制宰製不同政見者。

四、陶、陳的「黨爭政爭」見解之異同

「陳獨秀事件」拉近了陶希聖與陳獨秀的距離。此後，陶、陳頻頻往來。在武漢的半年多時間裏，陶「訪問他總在10次以上。」陶、陳黨派不同，但陶、陳兩人同有讀書人底色，又曾是「黨人」、「軍人」，這種新興群體的身份，使他們對時局的「黨爭政爭」看法互有異同。儘管陶希聖與陳獨秀懷有「主義」參政的意識不盡相同，卻並不妨礙他們的深入交往。

陳獨秀出獄後一再表白他已擺脫黨派的拘束，他對葉劍英（中共駐南京辦事處負責人）說過：「我的意見，除陳獨秀外，不代表任何人。我要為中國大多數人說話，不願為任何黨派所拘束。」[90]陳也對王凡西說：今後他「不屬於任何黨派，陳獨秀只代表陳獨秀，至於誰是朋友，誰是敵人，得在新鬥爭的分分合合中決定。」[91]中共曾派人勸陳獨秀到延安，陳獨秀感觸地說，大釗死了，延年、喬年也不在了，延安就不去了。

陳獨秀雖說決意不再與任何黨派有瓜葛，但他畢竟擔任過五屆中共總書記，身份邊緣而不墜耳，仍不斷有說者上門。陳果夫、陳立夫欲聘陳出任勞動部部長之職。陳獨秀說：「他叫我當

---

[90] 《陳獨秀著作選》（三），上海人民出版社，1993年，第432頁。

[91] 王凡西：《雙山回憶錄》，東方出版社，2004年，第233頁。

部長是假，叫我點綴門面是真。」剛從延安出走的張國燾和譚平山也先後遊說陳獨秀組織共產黨或第三黨，陳均無意。

身為國民黨參議員的陶希聖也請陳獨秀參加他們的所謂低調談話會，「先生始終毫無表示」，[92]一次，陶希聖忍不住問陳獨秀：「你有沒有組黨的意思？」陳獨秀說：「假如我們真正相信唯物史觀，就該知道一個社會裏，不會有兩個共產黨，一個是殺人放火的強盜，另一個是無產階級民主政黨」。陳再三對陶說他無意組黨，更無意回黨。[93]

1938年6月3日，國民黨中央監察委員會決議恢復毛澤東、陳獨秀等26人的國民黨黨籍。通權達變的毛澤東建議恢復「黨內合作集團」，共產黨在保留共產黨黨籍條件下，公開加入國民黨。毛還準備向蔣介石提交參加國民黨的共產黨員名單，並提出把國民黨改變為「民族聯盟」。多疑的蔣介石把毛的建議視為「特洛伊木馬」式的花招而拒絕。[94]陳果夫乾脆認為，中共「擬仍用十三年至十五年之方法，以消滅本黨。」[95]所謂的「民族聯盟」，是史達林的意圖，1938年2月17日，史達林指示說：中國統一戰線的形式，可以考慮兩種方案：一是國民黨和共產黨聯

---

92 陳覺玄：〈陳獨秀先生印象記憶〉，《大學》月刊，1942年第9期。

93 陶希聖：〈記獨秀〉（下），《傳記文學》（臺北），第5卷第4期，第14頁。

94 參見費正清：《劍橋中華民國史》（下），中國社會科學出版社，1993年，第977頁。奧托·布勞恩：《中國紀事》，東方出版社，2004年，第298頁。早在1936年春，國民黨駐蘇使館首席武官鄧文儀按蔣介石和陳立夫旨意，會見了中共駐共產國際代表王明，鄧提出三項條件，其中一條就是恢復1924-1927年的合作形式或任何其他形式。參見范小方《國民黨兄弟教父——陳果夫與陳立夫》，湖北人民出版社，2005年，第219頁。

95 范小方：《國民黨兄弟教父——陳果夫與陳立夫》，湖北人民出版社，2005年，第245頁。

盟；二是建立由國民黨和共產黨組成的民族革命聯合會（其他黨派參加）。[96]

蔣介石希望以一種政治結構安全地容納與掌控中共，他私下對陳布雷說：「我以為與其用政治力量抑制其他黨派或思想之存在，不如融合其他黨派於一信仰——三民主義與一個組織之下。共為國家民族前途而努力。簡言之，即化多黨為一黨。」[97]對此，中國青年黨和國家社會黨表示考慮和接受，但遭到中共代表博古和王明的拒絕：「合作可，合併則不可。」[98]蔣介石後對周恩來表明，對各派「惟願融成一體（其意可為一黨）」，希望共產黨融入國民黨，而不是跨黨。蔣介石說，「我的責任就是要將兩個黨合成一個組織……此目的達不到，我死了也心不安，抗戰勝利了也沒有什麼意義。」[99]周恩來回答：「黨不能取消，國共兩黨都不可能，只有從聯合中找出路。」[100]中共對10年前國共兩黨從政爭到武爭之血的教訓記憶猶深。

無黨無派的陳獨秀對國民黨的建議不以為然，陳獨秀對包惠僧說：「由它去吧，當初國民黨開除我，我沒有聲明，現在恢復我，也用不著聲明。」[101]陳獨秀之所以對再次「容共」表示消極，與他對當年孫中山「容共」政策看法有關。

---

96 參見季米特洛夫著，馬細譜譯：《季米特洛夫日記選編》，廣西師範大學出版社，2002年。

97 《陳布雷回憶錄》，傳記文學出版社（臺北），1967年，第130頁。

98 《陳布雷回憶錄》，傳記文學出版社（臺北），1967年，第131頁。

99 黎辛等主編：《博古，30歲的輝煌與悲壯》，學林出版社，2005年，第409頁。

100 〈陳紹禹、周恩來致中共中央電〉，1938年2月10日。參見《民國檔案民國史學術討論會論文集〉，檔案出版社，1988年，第172頁。

101 包惠僧：〈我所知道的陳獨秀〉，見《包惠僧回憶錄》，人民出版社，1983年。

洞悉黨際合作幽深曲折的陳獨秀和陶希聖談到：

> 孫中山先生當年容共聯俄，在與越飛的聯合宣言中說得很清楚，共產制度不宜行於中國，蘇聯幫助中國的是國家統一。孫中山是民族主義聯俄，而不是共產主義聯俄。國民黨的人因為聯俄容共，跟著共產黨走，是錯誤。共產黨因為聯合國民黨，加入國民黨，要組織黨團，搞階級鬥爭，破壞三民主義，也是錯誤。兩方面都搞錯了，才演變到今天這個局面。」陳獨秀再三強調「中山先生容共是為了結合全民族的力量，求中國自由平等而容共，不是為共產主義而容共。[102]

兩黨宗旨不同，始終會爆發衝突，最後導致失敗。

陳獨秀痛定思痛，有此結論一點不奇怪，早在1925年下半年陳獨秀就提出中共退出國民黨，但被共產國際拒絕。陳獨秀始終認為中共長期被「逼迫」留在國民黨內是大革命失敗的主因，黨際合作難以行得通。國共兩黨均「以俄為師」，都具有列寧主義形式，其組織形態和政治文化具有許多相通和相似之處，但是，「一個真正的列寧主義政黨，是不可能容納另一個列寧主義政黨在其黨內活動的」，[103]這本身就存在著不可調和的矛盾，或者說，也許從來就沒有一個適合的政治結構可容納兩黨。

---

[102] 陶希聖：〈記獨秀〉（下），《傳記文學》（臺北），第5卷第4期，第13頁。

[103] 參見王奇生：《中國近代通史——國共合作與國民革命》，江蘇人民出版社，2006年，第409、445頁。

第二次國共合作也有此弊病，二次國共合作的最終形成，是一種「沒有成文綱領，只是遇事協商」的「東方式合作」。由於中共無法在上層和中層參政，參政渠道只是一民意機構——國民參政會。為了防止不自覺地支持國民黨戰時集權統治的一黨專制，中共必須同國民黨掌權人物劃清界限。[104]國民政府最高諮詢機構國民參政會，是戰時最高民意機關，中共有七個席位，毛澤東是其中之一，但毛一次也沒參加過會議。蔣介石邀請其他6位中共參政員到國民政府工作，願以骨幹任之，也遭拒絕。[105]到了1939年，國共合作口號從「統一和獨立」逐漸轉為「統一和鬥爭」，甚至出現博古說的奇怪現象：1939年形成一種三角關係，日本攻擊國民黨和共產黨，國民黨攻擊日本和共產黨，共產黨攻擊日本和國民黨。[106]

孫中山也不承認國共關係是一種黨際「合作」關係，[107]在所有孫中山著作和孫中山逝世前的國民黨文件中，不曾有過「容共」提法。[108]在國民黨「一大」會上，甚至孫中山本人都沒有提出所謂的「三大政策」，「這是日後總結的提法」。[109]國民黨文件中，最早出現與「容共」相似的提法，是孫中山逝世後，1925

104 參見奧托·布勞恩：《中國紀事》，東方出版社，2004年，第277頁。

105 黎辛等編：《博古，39歲的輝煌與悲壯》，學林出版社，2005年，第409頁。

106 參見奧托·布勞恩：《中國紀事》，東方出版社，2004年，第309頁。

107 見王奇生：《中國近代通史——國共合作與國民革命》，江蘇人民出版社，2006年，第43頁。

108 黃彥：〈關於國民黨一大宣言的幾個問題〉，見中國孫中山研究學會編《孫中山和他的時代》（中），中華書局，1989年，1238－1239頁。

109 陳錫祺：〈孫中山與國民黨「一大」〉，見《中國國民黨「一大」六十周年紀念論文集》，中國社會科學出版社，1984年，第34頁。

年5月國民黨一屆三中全會通過的〈對全體黨員之訓令決議案〉中提到的「容納中國共產黨分子」，此後，「容納共產分子」之類的提法漸成習慣用語。[110]孫中山只是在國民黨「一大」會上的一次演講中提到「新青年」一方已「誠心悅服本黨三民主義，改共產黨為國民黨員」。毛澤東也說過，「中國革命之父的所有這些原則（指民族、民權、民生——引者注），都是我黨黨綱的神聖組成部分。」[111]國共合作初期，雙方都沒有「容共」、「聯共」的提法，儘管孫中山也確實把共產黨看作「新血液」。由此看來，陳獨秀闡釋孫中山的「容共」本旨並不是凌空蹈虛，是大致合乎孫中山原意的。

孫中山之所以同意共產黨加入到國民黨的一個主因與蘇俄有關，三者是互動關係，也即是說，孫拉「新青年」主要是想獲得俄援以反英，通過國共合作的方式達至與共產國際合作。陳獨秀對陶希聖說道：

> 中山先生反英。他在廣州倡導革命，必然反英。因為廣州是香港的勢力範圍。他在英國的影響之下倡導革命，就要反英。中山先生為求中國自由平等而反英，為了反英，方才決定聯俄。假如蘇聯是誠心誠意幫助中國，中蘇聯合起來，將英國的勢力排出東方之外，中國便能求得自由平等。[112]

---

[110] 見王奇生：《中國近代通史——國共合作與國民革命》，江蘇人民出版社，2006年，第47頁。

[111] 彼得·弗拉基米洛夫：《延安日記》，東方出版社，2004，第10頁。

[112] 彼得·弗拉基米洛夫：《延安日記》，東方出版社，2004，第10頁。

聯俄反英帝國主義，使中國獲得自由平等的民族意識，使得孫中山雖然不認同共產主義，卻不反對革命的結果。反英帝的要求越迫切，爭取蘇俄援助的願望就越強烈。[113]孫中山明白，與共產國際的一個東方支部合作，更能獲得蘇俄的支持。[114]

但在陳獨秀看來，蘇俄後來並沒有誠心誠意幫助中國，蘇俄的對外政策，由「世界革命利益中心」演變為「蘇聯利益中心」。陳對陶說：

「亞洲是列強的殖民地和次殖民地。俄國革命打倒了帝俄。中蘇合作再排除英國勢力在亞洲之外，那就不僅中國得到民族自由，就是亞洲所有的民族都得到自由。」「不幸蘇聯承襲帝俄的帝國主義傳統，中共又甘心做他的侵略工具。中山先生如在，愈要反對。」[115]

與陳獨秀從政治鬥爭看問題不同，陶希聖是從歷史角度看蘇俄問題的。陶希聖認為蘇俄之所以變化是由於「共產主義是隨時代與環境而演變的。」他分析說：

從馬克思到列寧，從列寧到史達林，共產主義經過了強烈的演變。同樣的，從陳獨秀到李立三，從李立三到毛

[113] 有關這方面的論述，參見羅志田《激變時代的文化與政治——從新文化運動到北伐》，北京大學出版社，2006年，第264頁。

[114] 共產國際確有如此用意。1924年，當孫中山欲開展「彈劾中國共產黨人案」時，鮑羅廷就發過「俄國的援助取決於共產黨繼續參加國民黨」的警告。

[115] 陶希聖：〈記獨秀〉（下），《傳記文學》（臺北），第5卷第4期，第13頁。

澤東，也經過了強烈的演變。」「即如十九世紀末年，俄國馬克思主義之父蒲列哈若夫的思想領導了初期社會民主工黨。蒲列哈若夫無疑的是正統的馬克思主義。初期社會民主工黨也無疑的是馬克思主義的組織。但自後起的布林塞維克看來，那不過是左翼自由主義而已。[116]

顯然，陶希聖的這些看法並非是自說自話！

早年讀過《資本論》的陶希聖一直以為，中共早期領導人真正讀過馬克思全集的人很少，這話不假。毛澤東直到70年代還一再抱怨黨內真懂馬列的人不多，基本上沒幾個對馬克思主義系統研究過的。陶希聖說：「中共黨人真正讀過馬克思全集，至少讀過《資本論》三大本者，如李季、劉仁靜以及彭述之等，都被幹部派（中共正統派——引者注）開除而參加反對派。」[117]20年代末，在馬克思主義理論佔優勢的《嚮導》時期的中共知識份子大多數都被列入「反對派」，陳獨秀更是首當其衝。[118]這種現象，是馬克思主義傳播史上的一個悖論。中國革命的完成，也許並不需要讀懂《資本論》，畢竟，共產主義意識形態在農業國家的歷史演進，並非是馬克思主義理論的邏輯推理結果。

---

116 陶希聖：〈記獨秀〉（下），《傳記文學》（臺北），第5卷第4期，第13頁。

117 陶希聖：〈記獨秀〉（上），《傳記文學》（臺北），第5卷第4期，第10頁。

118 中共中央機關報《嚮導》（1922—1927）幾乎每期都有陳獨秀文章，有時整個一期全是陳文。據統計陳獨秀在《嚮導》上發文有402篇，參見王奇生的《中國近代通史——國共合作與國民革命》，江蘇人民出版社，2006年，第522頁。

在社會革命理論探討上，陳獨秀和陶希聖20年代末有過交手。在中國思想史影響極大的「中國社會史」大論戰中，陳獨秀為首的中共反對派，與中共的幹部派以及國民黨的反對派（改組派）展開激烈爭論。陶希聖是國民黨改組派的理論旗手，在大論戰中充當要角。當時，不同政見者互生齟齬，紛擾不休。與陳獨秀性情相反，陶希聖對批評者很少惡聲相向，沒有發表過直接攻擊中共幹部派的言論，但對被開除出黨的中共反對派是同情的。陶希聖說：「我時常在新生命月刊上介紹反對派的理論，並加以批判，又在新生命書局接受這批『貧而無諂』的知識份子的書稿，為他們籌些稿費。」[119]陶希聖對中國社會性質的闡述與中共的幹部派和反對派有同有異。陶希聖主持的新生命書局出版了不少馬克思主義的書籍，同時也出版了中共反對派的書籍。陶希聖因此被幹部派說成與反對派關係密切，[120]還被左翼人士扣上兩頂帽子：「布哈林派」和「社會民主主義者」。陳獨秀帽子也不少，「不是一個好的馬克思主義者」，「中國的孟什維克」，和托洛茨基更是脫不清干係。陶希聖和陳獨秀身份的含混不清，暗合了中國二、三十年代是「主義之爭」的特徵。

陳獨秀出獄後脫離托派。一般研究者認為，陳獨秀是站在民族立場上脫離托派的。[121]但在陶希聖看來，陳獨秀之所以脫離托派，還有深一層原因。1939年，陳公開否定托洛茨基派的立

[119] 陶希聖：〈記獨秀〉（上），《傳記文學》（臺北），第5卷第4期，第10頁。

[120] 王凡西：《雙山回憶錄》，現代史料編刊社，1980年，第178頁。

[121] 任建樹：《陳獨秀大傳》，上海人民出版社，1999年版。

場，以為沒有高於資產階級制度的民主，根本不能算是工人國家。陶希聖對陳獨秀的這一觀點作進一步解釋：「他指出托洛斯基與史達林一樣，不懂得資產階級民主政治的真實價值。他認為托派只是反對史達林，殊不知史達林的罪惡是所謂無產階級獨裁制的成果。」[122]陶希聖說：「若不實現民主制，史達林死後，誰也免不了還是一個專制魔王。所以獨秀不承認自己是托派。」他說托洛茨基直至「獨裁這把利刃傷害到他自己時」，才有所覺悟，「然而太晚了」。[123]陶希聖認為陳獨秀是站在民主立場徹底否定托派的。

陳獨秀對陶說：「共產主義與納粹主義是屬於同一範疇，兩者都是反對民主政治，實行極權專制。兩者都與民主政治和自由主義不能相容。」[124]有一次，陶希聖又去看望陳獨秀，迎面看到李公樸急匆匆從屋裏走出來，陶希聖進屋問陳獨秀，陳說：「他碰了我一個釘子，我對他說，你們還在那裏反納粹、反法西斯。蘇聯的布林雪維克主義，同納粹主義沒有兩樣，本質上是相同的，都是反民主政治的。今天你們跟著史達林去反法西斯，你們是最反法西斯的；明天史達林同希特勒一合作，你們怎麼辦？」

陳獨秀接著說：「我對公樸說：『你們是抗日的，最抗日的。你們也要預防，蘇俄有一天與日本妥協，鼓勵日本南進，對

122 陶希聖：〈記獨秀〉（下），《傳記文學》（臺北），第5卷第4期，第14頁。

123 陳獨秀：〈給西流的信〉，《陳獨秀著作選》（三），上海人民出版社，1993年。

124 陶希聖：〈記獨秀〉（下），《傳記文學》（臺北），第5卷第4期，第13頁。

付英美。那時你們最抗日的又怎樣轉彎。』我說到這裏，那公樸紅著臉，回頭就走，不辭而別。」陶希聖說：「『陳先生，李公樸的臉還會紅麼！』我們都笑了。原來李公樸那張很黑的臉，是不會紅的。」[125]

果然，1939年8月23日，〈蘇德互不侵犯協定〉橫空出世，一周後，德蘇兩軍先後閃擊波蘭，德蘇兩國共同瓜分英法盟國的波蘭，第二次世界大戰全面爆發。陳獨秀就此提出「重新估計布爾什維克的理論及其領袖之價值」。又說史達林的蘇聯「放棄了以世界革命為中心的政策，代之以以俄國民族利益為中心的政策」，在這種情況下，「若要更說它是社會主義國家，便未免糟蹋社會主義了。」[126]

重慶《新華日報》1939年9月1日刊出毛澤東的談話，毛指出：蘇德互不侵犯協定粉碎了國際反動資產階級反蘇反共的陰謀，……日本帝國主義受了蘇俄協定的嚴重打擊，它的前途更加困難。[127]可惜不到兩年，1941年4月13日，〈蘇日中立條約〉締結，蘇聯再次令全世界左翼震驚。蘇維埃與法西斯結盟的事實，已在陳獨秀意料之中。

陳獨秀在〈我們為什麼反對法西斯特〉一文中說：「法西斯統治停止自由思想，會把人類變成猴子，這是法西斯統治發展的自然邏輯。」陳還反對一些「只問目的，不擇手段」的反法西斯者，「只要他在事實上採用法西斯特同樣的手段，我們都一律

---

[125] 陶希聖：〈關於獨秀的三段事〉，《傳記文學》（臺北），第13卷第5期，第22頁。

[126] 《陳獨秀著作選》（三），上海人民出版社，1993年，第607頁。

[127] 《中華民國實錄》（三），吉林人民出版社，1991年，第2349頁。

反對。」陳獨秀的指責，包括實行集權專制，反對民主政治的所謂「共產主義」。

這篇文章發表在陶希聖主持的《政論》週刊上。

五、陶希聖印象中的陳獨秀「最後見解」

武漢期間，陶希聖與陳獨秀已是朋友之誼超越了意識形態的分歧。在陶希聖的記憶中，「獨秀與我多次見面，無所不談」。談論話題中，陶印象最深的不是當時鬧得熙熙攘攘的「陳獨秀事件」，而是陳獨秀的「最後見解」。陶希聖說，「他每次與我談論，都鮮明表達他思想轉變的方向」。[128]

史學界對陳獨秀「最後見解」的釋義，是指1940年3月2日至1942年5月13日期間，陳獨秀發表的4篇文章和寫給朋友的6封通信，後人將這10篇文字收集成冊命題為《陳獨秀的最後見解（論文和書信）》一書。按陶希聖說法，「最後見解」的主要內容是「陳獨秀最後對於民主政治的見解」。陶希聖說：

> 「他雖已為匪黨所放逐，仍以真正的馬克思共產主義者自命，而有『耿耿孤忠』之概。但是他有堅強的民族自尊心，也有明確的民主思想。這兩種成分存在他那馬克思主義的思想體系之內，經過了『六七年深思熟慮』，他的民族思想與民主主義便突破馬克思主義的藩籬，而結成他的『最後見解』」。[129]

---

[128] 陶希聖：〈記獨秀〉（下），《傳記文學》（臺北），第5卷第4期，第13頁。
[129] 陶希聖：〈記獨秀〉（下），《傳記文學》（臺北），第5卷第4期，第13頁。

陶希聖特別說明：「獨秀與我談論，遠在這十篇文字發表之前。」[130]也就是早在1938年上半年，陳獨秀已和陶希聖多次談及他的「最後見解」。那麼，陳獨秀根據蘇俄二十年來的經驗，深思熟慮了六、七年，所得的結論是什麼呢？和陳獨秀作過多次深談的陶希聖說：

他以為共產黨應該是無產階級民主政黨。他以為無產階級民主是與資產階級民主一樣，有集會、結社、言論、出版的自由。

他以為若是不實現大眾民主，所謂『無產階級獨裁』必然流為史達林式的少數人的專制。若不實現民主制，史達林死後，誰也免不了還是一個專制魔王。[131]

觀察歷史可以有很多視角，民主是最重要的一個標準。陳獨秀把民主作為衡量一個國家進步或反動的唯一標杆。基於民主立場，陳獨秀對蘇聯非民主經驗有深刻的認識，甚至比托洛茨基對史達林的認識更為根本和透徹。陳說：「我們若不從制度上尋出缺點，得到教訓，只是閉起眼睛反對史達林，將永遠沒有覺悟，一個史達林倒了，會有無數史達林在俄國及別國產生出來」。陳獨秀對史達林問題的認識，已經觸及政治制度層面。「是獨裁制度產生了史達林，而不是有了史達林才產生獨

[130] 陶希聖：〈記獨秀〉（下），《傳記文學》（臺北），第5卷第4期，第13頁。
[131] 陶希聖：〈記獨秀〉（下），《傳記文學》（臺北），第5卷第4期，第14頁。

裁。」[132]一直受史達林打壓而命運坎坷的陳獨秀說，「不能一切歸罪於史達林」。留俄的國民黨員白瑜感慨地說：「陳先生寬恕斯達林，胡適之先生謂其心存厚道，正如太炎先生吊袁世凱『敗不出走，於今猶傑』，均書生本色。」[133]

早在1936年莫斯科大審判後，陳獨秀開始對蘇聯國家性質發生疑問：這樣不民主，還算什麼工人國家？1939年德蘇協定後，陳公開否定托洛茨基派的立場，以為沒有高於資產階級制度的民主，根本不能算是工人國家。如果工人階級國家不比資產階級國家更加民主，工人階級奮死鬥爭又為了什麼。

那麼，資產階級的民主是什麼呢？為讓大家明白「資產階級民主政治的真實價值」，陳獨秀列張表，具體比較英美與俄德意的政治制度：

（甲）英、美及戰敗前法國的民主制：

（一）議會選舉由各黨（政府反對黨也在內）壟斷其選舉區，而各黨仍須發布競選的政綱及演說，以迎合選民要求，因選民畢竟最後還有投票權。開會時有相當的討論爭辯。

（二）無法院命令不能任意捕人殺人。

（三）政府的反對黨派甚至共產黨公開存在。

（四）思想、言論、出版相當自由。

（五）罷工本身非犯罪行為。

---

[132] 《陳獨秀著作選》（三），上海人民出版社，1993年，第555頁。

[133] 白瑜：〈我所見到的陳獨秀先生〉，《傳記文學》（臺北），第13卷第5期，第32頁。

（乙）俄、德、意的法西斯（蘇聯的政制是德、意的老師，故可為一類）：

（一）蘇維埃或國會選舉均由政府黨指定。開會時只有舉手，沒有爭辯。

（二）秘密政治警察可以任意捕人殺人。

（三）一國一黨不容許別黨存在。

（四）思想、言論、出版絕對不自由。

（五）絕對不允許罷工，罷工即是犯罪。[134]

陳獨秀說：「每個康米尼斯特（即共產黨員——引者注）看了這張表，還有臉咒罵資產階級的民主嗎？宗教式的迷信時代應當早點過去，大家醒醒罷！」[135]通過比較，陳獨秀認為蘇俄的專政是退步和反動的，「俄國的蘇維埃制，比起資產階級的形式民主議會還不如。」「所謂『無產階級民主』『大眾民主』只是一些無實際內容的空洞名詞，一種抵制資產階級民主的門面語而已。」[136]

胡適認為陳獨秀這張列表十分重要，將它整段引入他為《陳獨秀的最後見解（論文與書信）》一書撰寫的〈序言〉當中。胡適說這本書足以代表陳獨秀的最後思想，也是陳獨秀對於民主政治沉思熟慮的最後結論。晚年承認「民主主義乃是人類社會進步之一種動力」的陳獨秀，與一生鼓吹民主、自由的胡適可說得上殊途同歸。

在陶希聖看來，陳獨秀認為將來中國還是要走民主政治的道路，只是這「『無產階級民主』不是一個空洞的名詞，其具體內

[134] 《陳獨秀著作選》（三），上海人民出版社，1993年，第557—558頁。

[135] 《陳獨秀著作選》（三），上海人民出版社，1993年，第558頁。

[136] 《陳獨秀著作選》（三），上海人民出版社，1993年，第555頁。

容也和資產階級民主同樣要求一切公民都有集會、結社、言論、出版、罷工之自由。特別重要的是反對黨派之自由，沒有這些，議會或蘇維埃同樣一文不值。」[137]民主與社會主義是一致的，拋棄民主就是拋棄社會主義。不實現民主，無產階級專政必然蛻變。

如果說陳獨秀是立足於政治制度層面看民主政治問題，那麼陶希聖則主要立足於唯物史觀看社會發展和資本主義問題。早在1929年陶就提出，中國的封建制度已經崩壞，資本主義尚未發達，現在的中國，從倫理的基礎上爭論資本主義與社會主義之路，是沒有多大價值的。資本主義或社會主義之路是一個經濟發達的事實問題及社會階級勢力推移的問題，不是愛憎問題，不是喜懼問題。[138]陶希聖似乎隱含這樣的意思：社會主義作為一種倫理上的理想無可厚非，但是它必須建立在發達的工業經濟基礎之上，而中國目前尚不具備這樣的條件。[139]「半資本主義」制度下，在小農經濟的汪洋大海之中，民眾難以對人權、民主、自由等觀念有廣泛的和深切的理解，更說不上有強烈追求。陳獨秀與陶希聖是從兩個不同維度看民主政治問題，兩者可為互補。

陶希聖十分認同陳獨秀的「最後見解」，認為「他的遠見是值得大書特書的」。事實上，在陶希聖主持的《政論》週刊上，1938年半年裏發表了陳獨秀六篇文章，包括有〈抗戰與建國〉、〈告反對資本主義的人們〉、〈我們不要害怕資本主義〉、〈我們為什麼反對法西斯蒂〉等重要文章。

---

137 《陳獨秀著作選》（三），上海人民出版社，1993年，第560頁。

138 陶希聖：《中國社會與中國革命》，上海新生命書局，1929年，第319頁。

139 參見翁賀凱：〈1927-1934陶希聖之史學研究與革命論——兼論其與國民黨改組派之關係〉，《二十一世紀》網路版，2002年8月號，總第5期。

外號「火山」的陳獨秀說過，我「絕對不說人云亦云豆腐白菜不痛不癢的話，我願意說極正確的話，也願意說極錯誤的話，絕對不願說不錯又不對的話。」陳獨秀的《最後見解》公開後，如同瞿秋白臨死前留下的《多餘的話》一樣，引起許多爭論、圍攻，甚至「遭當世罵」。《解放日報》發表署名文章，批評陳獨秀旨在「否認蘇聯社會主義，否認中國三民主義，否認全世界的民族主義與民主主義，否認反法西斯陣線的存在和力量，否認戰後世界的任何光明前途」，指責陳文體現了「托洛茨基陳獨秀派的漢奸本質。」[140]文章同時責問道，國民黨的報刊為什麼讓這種違背三民主義的文章刊登出來？彭述之稱陳獨秀「有始無終」，「是以一個光耀的民主主義者踏上中國政治舞臺，而以一個最不名譽的民主主義者鑽進他的墳墓裏去了。」[141]

真所謂性格決定命運。陳獨秀也明白自己永遠是個不「入時合流」的「反對派」，總是充當一個艱難而彆扭的角色，所謂大丈夫不能投機，更不能取巧。「適之兄說弟是一個『終身反對派』，實是如此。」胡適說：「我覺得他的最後思想……特別是對於民主自由的見解，是他『深思熟慮了六七年』的結論，很值得我們大家想想。」胡適認為陳獨秀的最後見解具有「獨立思想」，「實在是他大覺大悟的見解」。胡適將陳獨秀的「最後思想」評價為「中國現代政治思想史上稀有的重要文獻」。[142]陳獨秀的學生傅斯年說：「他在思想上是膽子最大，分析力最透闢

[140] 李心清：〈斥陳獨秀的投降理論〉，《解放日報》1942年5月8日。

[141] 參見祝彥：《晚年陳獨秀》，人民出版社，2006年，第314頁。

[142] 胡適：〈陳獨秀最後對於民主政治的見解序〉，《傳記文學》（臺北），第5卷第4期，第52頁。

的人。」[143]世道從來就不是為少數堅持「獨立思想」的人而提供的，它只為那些願意「入時合流」的人設立，陳獨秀不是！

雖然陳獨秀「仍以真正的馬克思主義者自命」，但在陶希聖看來，陳獨秀屬於「左翼自由主義」。[144]陶的這一看法不無道理。抗戰後期至抗戰勝利，正是中國自由主義抬頭並對現實政治最有影響的時期。當然，所謂的「左」和「右」都是相對的和多層次的，蔡和森就說過陳獨秀是民族資產階級的左翼。陶希聖晚年對陳獨秀「最後見解」的追述，難免有「追空」之疏漏，後人只能根據時空脈絡填補材料，重現歷史真相。

1938年7月，陳獨秀離開武漢去重慶，後轉江津。10月初，陶希聖也飛去重慶，後轉成都與家人會合。同年12月，陶希聖跟隨汪精衛到昆明，開始陶希聖一生中最不堪回首的時光。[145]從此，陶希聖再也沒有見過陳獨秀。1942年5月27日，陳獨秀在病困孤寂中辭世。

陶希聖與陳獨秀有一個共同點，都是以教授身份介入政黨政治之中，均是書生本色的「政治家」。陳獨秀好友朱蘊山贈詩云：「僵死到頭終不變，蓋棺論定老書生。」鄭學稼也說過：「陳獨秀是書生，不是政治家」。至於陶希聖，時為國民黨中宣部部長的顧孟餘也說過陶「是講學問的讀書人。」[146]陶希聖晚年亦自稱，「書生論政，論政猶是書生」。欲以一介書生之耿介與

143 任卓宣：〈陳獨秀先生的生平與我的評論〉，《傳記文學》（臺北），第13卷第5期，第17頁。

144 陶希聖：〈記獨秀〉（下），《傳記文學》（臺北），第5卷第4期，第13頁。

145 有關這段往事，參見范泓：〈「公竟渡河」的悲劇——陶希聖從政之痛〉，載《社會科學論壇》2006年3月上半月期。

146 陶泰來：《陶希聖編年表》，未刊稿。

率真，在鐵血般的「一個階級推翻一個階級的暴烈行動」中貫徹其民主政治理念，一開始就註定要失敗。「陳作為政治領袖，在中國不可能成功……這位書生氣頗重的教授是註定要失敗的。」書生式革命家天生缺乏練達的政治家的領導策略，或說權術，所以不易成功。[147]

在政治鬥爭的暗湧中，書生缺乏權術不善謀略的另一面，是往往保持著獨立人格和真性情，所謂「乾坤清氣得來難」。李維漢說過：我黨早期的領袖中只有兩個人不搞陰謀詭計，陳獨秀一個，瞿秋白一個。[148]他們都是書生「政治家」。

亂世潛流的書生「政治家」，既有他閃光一面，但最終難免成為悲劇性人物。陳獨秀說過：「我半生所做的事業，似乎大半失敗了。」陶希聖晚年也曾感慨：「早歲嘗懷經世志，暮年不倦說天心」。陶希聖的一生，「無疑也是一場悲劇，乃一個關心國事的知識份子的悲劇。」[149]

潮起潮落，人生得失，都付諸東流。只是，人生總有一時與千秋之別。

---

[147] 李澤厚：《中國思想史論》（下），安徽文藝出版社，1999年，第929頁。

[148] 參見單世聯：〈枉拋心力作英雄——讀瞿秋白《多餘的話》〉，刊於《同舟共進》2000年第6期。

[149] 這句話是陶希聖的弟子何茲全說的，參見范泓：〈「公竟渡河」的悲劇——陶希聖從政之痛〉，載《社會科學論壇》2006年3月上半月期。

第二章
陶希聖眼中的胡適

一、五四之後，學術界引領潮流的人物是胡適

1920年，當陶希聖還是北大法科（後改稱法學院）法律門（後改稱法律系）二年級學生時，胡適先生已出版《嘗試集》，旋即又有《胡適文存》第一集出版。因為陶希聖讀的是法科，與文科無涉，沒有上過胡適的課，但一直尊他為師。即使後來兩人北大共事，陶在給胡適寫信時都稱「適之師」，但胡適本人並不認為陶希聖就是自己的學生。只有一次不確定的「例外」，即在胡適去世的前兩年，當國民黨在臺灣鼓噪修憲或修改臨時條款，其目的是為了爭取蔣介石三連任，對於這件事，胡適、雷震等人表示堅決反對。其中有一則報導這樣披露：在臺北陳誠官邸的一次宴會上，胡適提出了三點質詢，其中第二點，即「我有一個『荒謬絕倫』的學生陶希聖，他說修改臨時條款不是修憲……」當時「總統府」秘書長張群加以辨解，說「你的學生不是完全沒有道理！」而在場的王世杰竟也附和：「不修憲，連任的問題也可以談談」[1]……這些細節在胡適日記中確實可以讀到，胡適稱「這一則報導，大致不錯。不知是怎麼傳出來的」。不過，這畢竟是剪報上的說法，胡適在日記中並沒有明說。執以胡適的

[1] 曹伯言整理：《胡適日記全編》（第8冊），安徽教育出版社，2001年，第690頁。

為人及性格而論，在這樣重要的場合下，儘管會提及陶希聖關於修改臨時條款不是修憲這一問題，但絕不會說「我有一個『荒謬絕倫』的學生陶希聖」這樣的話。陶希聖知道後，即對報端表示：「我們應當維護北大這位大師的尊嚴，不使其玷污於謠言製造者之手，現在關於胡先生的謠言是太多了，[2]我們對於謠言的辦法，就是不理」。胡適去世後，臺灣《傳記文學》舉辦過一次座談會，陶希聖舊事重提，說「這不是胡先生的話，因為胡先生從來不說我是他的學生」[3]。不過，陶希聖與胡適的交往又非同尋常，當年陶捲入「日汪密約」中進退失據、焦慮不安時，惟一想到可以寫信表達心聲的人就是胡適；若干年後，蔣介石敦請胡適出任行政院長一職，派的就是陶希聖秘密赴北平去向胡適說項，這一歷史細節大概鮮為人知，人們更多的只是知道在這之前，同樣是胡適的朋友王世杰曾經為邀其出任政務委員一事而費盡了不少口舌。

1931年上半年，年僅三十三歲的陶希聖在南京中央大學法學院任教。這時突然接到北平師範大學史學系學生會的一封電報，邀其擔任該校的教授；陶當時不勝詫異，為何聘請一個教授要由學生會來出面？未出三天，北平復馳來一電，這是母校北京大學法院院長周炳琳給他發來的一份通知，亦即邀請擔任北大的教授。對於陶希聖來說，這似乎無以推脫，他當即給中大校長朱家驊先生寫了一封信，說明「北京大學是我的母校，母校的聘約不可推辭」，同時又給北平師學大學史學系學生會作覆，表示自己已接受母校北大的聘書，預備到了北平之後，「願意兼任師大

2 1960年2月17日臺北《中央日報》。

3 陶希聖：〈關於敦請胡先生出任行政院長及其他〉，《傳記文學》（臺北），第28卷第5期，第19頁。

史學系講師」。朱家驊用人心切，冒雨來到陶希聖的宿舍，再三表示挽留之意，說「一個大學的風氣，以中國文學及史學兩系為樞紐。他的計畫是一步一步對中央大學的文史兩系，力求充實」，並稱已邀請顧頡剛也到中大史學系來，由此勸說陶希聖不要走。陶希聖對朱家驊一再解釋，說無力抵抗母校的聘約，而且「學問還差得很遠，願意回到母校，力求上進」。就這樣，朱家驊在大雨中告辭，陶希聖後來也形容自己是「在大雨中告別了中央大學」[4]……胡適大陶希聖九歲。自陶到北大任教成了同事之後，兩人相處得一直彬彬有禮，以陶希聖的話來說，就是「各守各的分際」。這時《獨立評論》已創刊，每月在譯學館（北大三院）左首的清華同學會聚餐一次，陶希聖偶爾也去，但不是獨立評論社的社員。「九一八」後，胡適在對待國事的態度上有所轉變。有一次，在文學院院長辦公室，胡適對蔣夢麟、陶希聖說：「我一向主張世界和平，從現在起，我是愛國主義者。」[5]這一期間，胡適、蔣夢麟、梅月涵、周炳琳、陶希聖等人，經常在一起聚首晤談，針對複雜多變的時局交換意見。1935年11月19日，二十九軍軍長宋哲元邀請北平各界人士至中南海居仁堂談話，宣佈華北五省自治。胡適與傅斯年當場慷慨陳詞，表示反對；宋有了顧忌，敷設幾句便宣佈散會。胡、傅二人回到學校後，在深秋的黃昏中，立即邀請教授們在馬神廟二院一間教室裏集會，通報居仁堂之事。經眾人商討之後，一致認為在北方如此危情之下，北大的教授、學生只要還在北平一天，就應做好二十年的打算。

---

4 陶希聖：《潮流與點滴》，傳記文學出版社（臺北），1964年，第124頁。

5 陶希聖：〈關於敦請胡先生出任行政院長及其他〉，第19頁。

甚至議到圖書儀器一概不搬，萬一平津失守，學校南遷，只要搭幾座茅棚，照樣可以講學諸如此類的細節。隨後胡適等人發表反對華北自治的聲明，產生巨大的影響。陶希聖當時就感到「這一股慘澹剛健之氣，真是可以開金石、動鬼神」。陶希聖甚至認為，五四之前，在中國學術界引領潮流的人物是梁任公；五四以後，則就是胡適先生了。

在「一二·九」學生運動中，胡適在北大遇到前所未有的挑戰，北大學生於他多有疏離，甚至有學生給他寫抗議信，認為「你還能當北大的文學院長嗎」？胡適沒有動搖，儘管在事實上「這一有組織的暗中運作不是胡適少數人『安心求學』的口頭勸說所能抵抗得住的」[6]。以余英時後來的考證，「一二・九是劉少奇主持中共北方局的一大傑作」。在陶希聖的記憶中，「一二・九」開始時只是一次規模很小的學生請願，是北大學生自發的，其動機是反對華北自治。這一天「稀稀落落約有百餘人，但隨後各校皆有行動，其中活動較厲害的是中國大學、北平大學、法商學院，教授們也以這幾個學校為多」，後來則發展到普遍罷課。就在這時，在北大教授每月一次的餐會上，文學院教育系教授尚仲衣提出「我們現在要實行抗戰教育，為什麼還要教這些課？」胡適聽了立刻說：「仲衣，你不要曲學阿世！大學教育就是大學教育，沒有什麼抗戰教育。」[7]陶希聖當時幫著胡適說話，同時又感到適之先生「義正詞嚴，有大勇氣，大魄力」。

[6] 余英時：《重尋胡適歷程——胡適生平與思想再認識》，廣西師範大學出版社，2004年，第39頁。

[7] 陳存恭整理：《陶希聖先生訪問紀錄》，國防部史政編譯局（臺北），1994年，第14頁。

一周之後，即陶希聖認為的「一二・一六」事件，事態則更為嚴重。陶希聖這樣說：「現在有人把『一二・九』這筆帳掛到共產黨的項下，實在是錯誤，也可以說是荒謬。……『一二・九』是北大學生自發的，『一二・一六』才是所謂學聯會鼓動起來的。從此北大就和其他大學，形成對立的形勢。一二・一六之後，北大學生大會在三院禮堂開會，我站在後排，只見胡先生上臺將要講話，有一部分學生搓地板，胡先生指著他們說『你們有話就站起來講，這樣子，下流！下流！』多數學生鼓掌，把那些預備鬧事的學生的氣焰給壓下去。胡先生講了一番話，斬釘截鐵，勸大家沉著，勇敢，上課講學。大會決定不罷課，北平的學校也就不罷課了……」[8]這一段文字見諸陶希聖1986年5月22日一次正式談話，兩年之後他就去世了。對於「一二・九」儘管今天可作新的審視，但陶希聖當時對胡適在這場學生運動中所堅持的大局觀以及理性態度慨然繫之，以致當宋哲元下令搜查北京大學三院、清華大學、中國大學，有三十多名學生、三位教授被捕時，陶希聖立即去找胡適商討解決辦法。陶希聖對胡適說：「現在這些軍政當局者都是我班上的偷聽生，與我很熟悉；再則二十九軍都是從鄉下投軍行伍出身的，看到秀才舉人都覺得了不起，相當尊重，大學教授起碼算舉人進士，今天教授們若肯出面與他們打招呼，他們必然高興，問題好解決；三則國立大學若與二十九軍站在一起，則今天的華北局面尚可支持，否則情勢更加惡劣。況且二十九軍宋哲元等果真附日、親日嗎？不是的，他們與國立大學師生同樣愛國，不過為應付日本不得不如此，所以我們應諒解，

8 陶希聖：〈關於敦請胡先生出任行政院長及其他〉，第20頁。

共同來維持北方局面……」[9]胡適在聽清楚了這一番話後，當機立斷，對陶希聖說「你去」……陶希聖隨即找到北平市市長秦德純，據理力爭。次日，軍方即停止了對各大學的搜查，被捕學生和教授也相繼開釋。這一結果胡適當然是很滿意的。

二、「在國難中間，我與胡先生是站在一起的」

陶希聖晚年在《潮流與點滴》一書中說：「有人誤解我是胡適之派。其實，我和他在治學方法與講學精神上，大不相同。北京大學這時包容著各種學派和學說，而章太炎先生學派有些教授是向左翼靠攏了。在國難中間，我與胡先生是站在一起的……」[10]據陶希聖回憶，當時章太炎門下除了錢玄同是站在胡適這一邊的，「其他的通通是反胡的，很奇怪的是他們也通通左傾了。他們並不曉得共產主義、人民陣線，可能純為『反胡』」[11]，這些人當中有北平大學女子學院院長范文瀾、中國大學講述三禮的教授吳檢齋，以及馬敘倫等。從陶希聖在《獨立評論》先後發表的二十二篇文章來看，其中一半是關於民主政治與憲法問題的。儘管在某些問題上，他的見解與胡適互有出入，但陶希聖在此時提出「開放黨禁」這一敏感問題，深得胡適的贊許。臺灣學者陳儀深認為「把這時期的陶希聖稱作『民主論者』還是恰當的」。胡適曾寫信給陶希聖，評說他這個人沒有「名師益友，但為文所向無敵，是不是運氣使然？」陶希聖這樣回覆：「武松打虎走滄州路，打盡天下無對手，但遇見張青與孫大娘，

9 陳存恭整理：《陶希聖先生訪問紀錄》，第17頁。

10 陶希聖：《潮流與點滴》，第141頁。

11 陳存恭整理：《陶希聖先生訪問紀錄》，第6頁。

忽然心生感激與親切。而我見您的批評，亦生類似的感覺」[12]。在另一封信中，陶希聖又說：「假如先生願作我的導師（諍友），我也願作先生的諫臣。相反的思想有時是相成的。不過像我那樣意氣用事的文字，和『郎當』式的東西，收不到相成的效果，只供人家以趣味罷了……」[13]陶希聖雖然對胡適一向尊以為師，卻又願以諫臣的身份而相隨，真可謂「各守各的分際」，相輔相成了。陶希聖創辦《食貨》半月刊，是上世紀三十年代史壇上一件影響深遠的大事，儘管「其學術價值一直為政治的強光所遮蔽」，仍有待於今天的人們對於「食貨學派」有一個新的認識，但「陶希聖在歷史舞臺上所扮演的特殊政治角色」卻是不容忽視的。[14]

「西安事變」發生時，胡適明確表示不支持張學良。當時國民政府下了三道命令：一，軍事委員會委員長不能行使職權時，由常務委員代行職權；二，行政院長一職由副院長孔祥熙代理；三，特派何應欽擔任討逆總司令。有一天，北大教授又在豐澤園聚餐，一向出言謹慎的胡適此時也有點衝動，對陶希聖說：「希聖，你們國民黨有讀書人，否則無法下這種命令，這是春秋大義。」陶希聖說：「……我推想這件事處理過程中，最具影響力的可能是戴（季陶）先生。」胡適說：「我不是國民黨，我一向反對國民黨、批評國民黨，但是今天我要加入國民黨。」陶希聖說：「你若加入，我做介紹人」[15]。這件事

[12] 同上，第24頁。

[13] 《胡適來往書信選（下）》，中華書局分局（香港），1983年，第490頁。

[14] 陳峰：〈《食貨》新探〉，《史學理論研究》，2001年第3期。

[15] 陳存恭整理：《陶希聖先生訪問紀錄》，第29頁。

我們只能當作胡適一時之心情，畢竟後來也沒有加入國民黨。而另一次在騎河樓清華同學會聚餐時，東北大學農學院院長金某亦在場，他剛從西安來，急切要與北平的教授們見面。他一再解釋說：「漢卿先生見中國無法兩面作戰，向委員長建議抗日不反共，未為委員長接受，故有此兵諫……」陶希聖回憶，胡適當時就直言相告：「什麼叫兵諫，這在軍紀上是犯上，是不當的，蔣委員長如有差池，中國要倒退二十年……」[16]事實上，「西安事變」一爆發，胡適當時就有電報並以北平各大校長的名義告誡張學良，「陝中之變……名為抗敵，實則自壞長城」，這與陶希聖後來的述說基本相一致。這時的胡適作為北平學界最具影響力的一位人物，對國事的態度實際上也代表著更多人的想法。「七七事變」當晚，北平市長秦德純在中南海邀請胡適、陶希聖、羅隆基等人商談國是。當時宋哲元已避回樂清故里，北平由秦德純一人勉力維持。秦對眾人說：「豐台已經被日本人占了，日軍又侵入長辛店演習，情勢危急，我們也沒有別的話說，只有一句話，希望上面不要聽信小報告，相信宋哲元先生和二十九軍是可靠的，是愛國抗日的。」羅隆基則接過話頭，沒頭沒腦地說：「華北特殊化，形成一個緩衝地區，也是好的。國民黨既是退出，何不讓各黨各派來玩一玩，活動活動呢？」話音畢落，胡適當即指著羅隆基說：「努生！你這是什麼話。你知道我一向批評國民黨反對國民黨。但依訓政時期的約法，國民黨行使政權，等於日本的天皇，倘若我們政府要求天皇退出日本，日本人將怎樣答覆。國民黨因為抗

[16] 同上，第30頁。

日，遭日本逼迫撤退黨部，而你們各黨各派在華北活動，若是抗日還不是會被日本趕走；如果不抗日，那你們做什麼呢？你的話說錯了。」[17]胡適1937年日記自6月21日起即未記，到7月20日才恢復，陶希聖的這一段憶述實可看出胡適當時複雜的心情。之後就是歷史上有名的牯嶺茶話會，胡適在會外與蔣介石還有過一次單獨談話，這時他已知戰爭確實不可避免了。8月，到南京後，蔣介石又約張伯苓、胡適、梅貽琦、陳布雷、陶希聖等人在黃埔路官邸午餐，張伯苓一開口就老淚縱橫，說自己幾十年的努力都完了。蔣見狀說：「抗戰勝利後，我還你一個南開大學。」胡適則對蔣介石說，張自忠為了北平這座城市與日本人簽訂停火協定，以免城市遭到敵軍的破壞，這件事在國際法與慣例上，是合法的，不應被譴責……又說：「兩國作戰，一方面作戰，一方面還是有交涉，外交部亞洲司高宗武這個人很好，可用。」[18]9月，胡適去國遠行，陶希聖、陳立夫、羅家倫、王世杰等人前來送行，胡適在日記中不無傷感地寫道：「坐在星光下，聽空中我們的飛機往來，心裏真有點捨不得離開這個有許多朋友的首都。」[19]不久，胡適即奉命出任戰時中國的駐美大使；陶希聖這時也離開了北大，從此棄學從政，並在日後捲入一場複雜萬端的政治旋渦之中。其間，他兩次給遠在美國的胡適寫信，傾述衷腸。

[17] 同上，第43—44頁。也可參見《潮流與點滴》，第143頁。

[18] 陳存恭整理：《陶希聖先生訪問紀錄》，第59頁。

[19] 曹伯言整理：《胡適日記全編》，第6冊，第711頁。

三、「翁詠霓不能做行政院長」

1947年行憲，翁文灝出任行政院長。後因貨幣制度改革受挫，「自應負責去職」。1948年10月，陶希聖在北平與胡適見過面。一日，陶希聖突然接到黃埔路官邸的電話，命其立即趕到。蔣發問：「你上次到北平去，胡適之先生對你說什麼？」陶希聖說：「胡先生只有一句話，要我只能報告你一人，不能對任何人說，那就是翁詠霓不能做行政院長。」陶還說，當時自己就問適之先生：你和翁詠霓是幾十年的老朋友，為什麼說這話？胡適坦言之：「蔣先生謬采書生，用翁詠霓組閣。翁詠霓自在長沙撞車以後，思想不能集中。同時，他患得患失，不知進退，他對朋友嘻嘻嘻的一笑，沒有誠意，而對部下，則刻薄專斷，他不能做行政院長。」這番話顯然是講得很重了，而且又是轉告給當時中國的最高領導人。如果沒有高度信任，胡適大概不會對陶希聖說出自己心中的如此焦慮。蔣介石似乎早有謀劃，對陶希聖說：「你現在就去北平請胡先生來擔任行政院長，所有政務委員與各部會首長的名單由他開，我不加干涉。」陶希聖當日下午三時乘坐蔣安排的空軍飛機抵達北苑機場，又在北京飯店給胡適打電話。胡適則說已知道他來北平的任務。胡適在1948年11月22日日記中只有一句話，「陶希聖從南京來，奉有使命來看我。可惜我沒有力量接受這個使命。」若干年後，陶希聖透露：當時他說明來意，胡適卻說「這是美國大使館及三兩個教授的主張，那是萬萬做不得的！」又說：「你看，現在滿地書籍，都沒有收拾，我根本不能動，我一動，學校裏人心就散了！」談到後來，胡適幽默地說：「我可以做總統，但不能做行政院長。」因為他認為目前這部憲法，既不是總統制，也不是內閣制，如果他做總統的話，就提名蔣先生為行政院長，這樣可以造成一部內閣制的憲法。陶希聖也不無幽默地說：「你若是做總統，我謀個小差事。」胡適問，想做什麼差事？「我做總統府的副秘書長」。胡適說：「你就做正秘書長嘛！何必屈就副秘書長。」「正的，太忙了。」其實，這是兩個友人之間的弦外之音，胡適又怎會去做這個總統呢？兩人約好第二天再談。第二天上午八時許，胡適就來到北京飯店。陶感到這裏不是談話的地方，因為新聞記者太多了。胡適則說：「你這次來，是背著黃包袱，我非來拜望不可。我們就走，到我家去。」於是兩人又折回胡府。談話的最終結果自然是胡適不願去南京組閣，陶希聖深知胡適內心「不願放棄獨往獨來的自由」，立即打電話給空軍華北區司令徐康良，請他派人來取給蔣介石的電報稿，將胡適的這個意思奉告[20]。蔣介石擬請胡適出任行政院長一事就這樣悄然發生又悄然結束，雖然在所謂行憲時期蔣某人仍具有一定的「提任之權」，卻可見胡適一以貫之「請政府為國家留一兩個獨立說話的人」的堅定立場。1949年1月，蔣介石下野，其引退文告由陶希聖執筆完成。這一天，陶希聖連代總統李宗仁的電話也不願接，而是與胡適、葉公超一同登紫金山，「我們三人直上山頂，俯瞰南京，一時感慨萬千，無話可說」[21]。4月，胡適赴美前夕，蔣介石從溪口打電話給滬上的陶希聖，請胡適在臨行前去一趟奉化。陶希聖回憶道：「我接到電話，便去看胡先生。他說：『抗戰初期，我由南京往美國，您

20　以上均參見〈關於敦請胡先生出任行政院長及其他〉，第18—19頁。

21　陳存恭整理：《陶希聖先生訪問紀錄》，第250頁。

到上海路來送行。今天我打算去美國，您來送行。十四年了，人還在，山河已改了。』言下不勝感慨。他又說：『我應該去溪口，拜望蔣先生。我想了一下，還是不去的好。我就是這樣一直往美國去，能不能替國家出一點力？總是盡心去看著做。請你把這個意思轉達蔣先生……』」[22]陶希聖心生淒涼：就這樣，胡先生走了……4月6日，胡適與王世杰在雷震處用過早餐之後，即乘坐上午十一點的「克利夫蘭總統號」離開了上海。這是胡適第六次出國，從此再也沒有回到過大陸。

陶希聖與胡適的交往並非始於北大任教期間，而是在北伐時的上海。那時胡適與徐志摩等人在辦《新月》雜誌，風行一時。陶希聖在上海辦一個小刊物，叫做《社會與教育》，有時也批評《新月》的文章，還與《新月》作家打過一兩次筆墨官司。那時陶希聖經常與胡適見面，但胡、陶二人過從甚密應當是在北大之後。陶希聖自詡一生只有兩種武器，即一張嘴與一隻手，亦即演講與寫作，前者被時人譽為政論家，後者為經常寫社論主導言論。但由於他對胡適自始至終有一種敬佩之情，並有過如此諱莫如深的特殊交往，兩人的友誼足以讓史家細察待辨其中的一些奧秘。陶希聖眼中的胡適是沒有經過人為修飾的胡適，也沒有更多意識形態的色彩，因而他對胡適的評價顯得更加客觀真實，他這樣說：「一個人在任何一個場合，一舉一動，恰好適應這個場合，無論是演說，或是談話，總有不失自己立場而又適應這個場合的一番意義。胡先生就是這樣一位學者。這話說起來容易，做到的人卻是少而又少。再從反面設想，假如一個人無論在什麼場

[22] 陶希聖：〈關於敦請胡先生出任行政院長及其他〉，第21頁。

合，一言一行，總有些不適應，無意義，這便可以反證胡先生為人行事，立言作文，真是『極高明而道中庸』，斷乎不是尋常的人可以想見與做到的……」[23]想想胡適在歷史上還真是這麼回事。在一個風雲激蕩的時代，尤其是面對知識與權力的兩難之境，處處顯見高明與遠見，同時又不失自己的立場。這樣的人在當時不多，即便在今天也微乎其微，書生陶希聖月旦人物的眼光有時也真夠準的。

[23] 同上。

附編

- 蔣介石日記中的「高陶事件」
- 名門之媛陶琴薰
- 驪珠之死／陶希聖

之一

蔣介石日記中的「高陶事件」

2004年12月，蔣氏後人蔣孝勇遺孀蔣方智怡女士決定將兩蔣（蔣介石、蔣經國）日記暫存美國斯坦福大學胡佛研究所（五十年），並授權開放，海內外諸多專家、學者聞訊紛紛前往閱讀或抄錄。蔣介石日記從1917年到1973年，即蔣離世前兩年。其日記涉及無數歷史人物與重大歷史事件，如著名「高陶事件」中的兩位主角高宗武、陶希聖便是一例。

在中國現代史上，陶希聖是一位頗具爭議的人物。在某些正統史家眼中，他是一個「漢奸」，1949年後被列為第四十一名國民黨高級戰犯；在蔣介石眼中，陶一度追隨汪精衛推動所謂對日和談的「和平運動」，1938年底隨汪等人出走河內，無疑是一個背叛。然1940年初「高陶事件」發生，不僅未受任何處罰，仍受到重慶政府重用，在汪精衛、周佛海等人眼中，陶希聖、高宗武一夜之間脫離其組織，並在香港《大公報》上披露汪日密約《日支新關係調整要綱》及附件，使其內部大亂，周佛海在日記中恨之甚切：「……高、陶兩動物，今後誓當殺之也。」（1940年1月22日）而在一些學者眼中，如顧頡剛等，陶希聖則是中國社會史派始祖、大師級人物。

高宗武當年為國民政府外交部亞洲司司長。在上世紀三十年代中國，他是「赫赫有名的日本通……，雖然不在高位，卻肩負國家對日外交重任，當道倚為股肱左右之臣，春風得意之時不過而立之年……」（周谷語）1940年4月，高宗武化名「高其昌」，持重慶國民政府國防最高委員會秘書廳參事官員護照，偕夫人沈惟瑜經歐洲抵達美國。初在駐美大使胡適身邊協助工作，不久便銷聲匿跡，隱於異邦，其從政生涯提前畫上句號。

2007年7月至9月間，陶希聖之子陶恒生先生三次前往胡佛研究所，摘抄蔣介石日記中有關高宗武、陶希聖的內容片斷。陶先生早年畢業於臺灣大學機械系，國際知名水泥工程專家。1977年退休後定居三藩市，以其十年之力寫出《「高陶事件」始末》一書，先後在臺灣與內地出版。著名史學家唐德剛作序，評價甚高，認為「可以發掘的史料，除蔣公大溪一檔，尚待大量開採之外，也所餘無多。恒生之書，應該可說，也是接近結論階段的一家之言了」。不過，陶先生當年寫「高陶事件」，尚無法見到蔣介石日記，在印證其父的某些回憶，尤其是當年蔣對待汪等人發起「和平運動」的真實態度，大都引徵其他史料，說起來，無論如何都是一個遺憾。

陶先生摘抄的蔣介石日記，自1937年7月8日至1940年2月17日，也就是從「盧溝橋事件」爆發，抗戰甫始，到兩年多後高宗武、陶希聖二人在杜月笙秘密安排下脫離汪組織，從上海逃到香港這段時間。從其內容看，涉及高、陶二人似不甚多，但對蔣在抗戰初期順應民心與時勢、下決心抗倭的內心世界則多有揭示。

一、盧溝橋事變：祈和平而不求苟安，應戰而不求戰

1937年7月7日晚，日軍（駐屯軍第一聯隊一木大隊）在北平郊外盧溝橋演習攻戰，夜十一時藉口搜查失蹤哨兵，突攻宛平

縣城；國民黨宋哲元第二十九軍第三十七師馮治安部吉星文團奮起抵抗。此戰成為中日戰爭的發端，史稱「盧溝橋事變」。

從相關史料看，針對這一嚴重事件，日軍內部有「擴大派」與「不擴大派」之爭。「擴大派」主張，中國反日情緒高漲，若不加以制裁，勢必引起全面衝突，而未來日本與蘇聯或開戰，中國必支持蘇聯，所以應「對華一擊」；「不擴大派」則強調，一旦大舉出兵中國，將陷入長期戰爭的泥淖而無法自拔，不如專心經營「滿州」，準備將來對蘇一戰。

實際上，中國人反日情緒自袁世凱簽訂「二十一條」與五四運動以來，可說愈演愈烈；加上1927年「濟南慘案」、1931年「九一八事件」（製造偽滿州國），以及入侵華北，逼簽《塘沽協定》等，更成燎原之勢。「盧溝橋事變」標誌著日本推行所謂「大陸政策」，「跨入了妄圖征服中國，變中國為日本的獨佔殖民地的新階段」。

蔣介石對此有清醒的認識，7月8日日記云：

注意：一、倭寇在盧溝橋挑釁……甲彼將來乘我準備未完之時俾我屈服乎？二、與宋哲元為難乎？三，俾華北獨立化乎？……三、決心應戰，此其時乎？四，此時倭寇無與我開戰之利。

預定：一、為中倭衝突案通令各省。

注意：一、乘此次衝突之機，對倭可否進一步要求撤退豐台之倭兵？或取消冀東偽組織？二、歸宋負責解決。三、倭對宋有否進一步之要求？四、令宋乘機與倭折沖見面。五、積極運兵北進備戰。

（陶先生抄錄如是，或有省略，照錄不誤。蔣日記本無標點，均為後加。本文作者注）

7月10日，蔣介石電令各軍仍切實準備，並令宋哲元星夜趕築防線工事。

這一天，北大教授陶希聖奉召離開北平，經天津過南京，乘長江輪船達九江，再坐轎上廬山，出席蔣介石在牯嶺召開的茶話會。

7月16日，蔣介石向出席茶話會的全國知名之士發表談話，表明中國「希望和平而不求苟安，準備應戰而不求戰」的立場。當天蔣介石日記：上午在廬山圖書館開談話會，正午宴客。

這篇講話就是後來發表的〈對於盧溝橋事件之嚴正表示〉，係程滄波起草、陳布雷修改。其中有幾段未見於發表的內容。1986年6月12日，陶希聖接受臺灣「中研院」近史所兼任研究員陳存恭等人訪問時回憶，蔣當時說「什麼是何梅協定，我把它撕了；我已經命令關、黃兩師進駐保定，並且命令宋哲元回北平，他現在已經過天津回北平。現在除非不打，否則戰端一開，即無中途妥協，中途妥協就是投降」。

關、黃兩師，即中央軍關麟征部第二十五師、黃杰部第二師。

7月17日日記：約宴馬寅初、陶希聖談話。

蔣單獨召見陶希聖，是要他回北平指導國民黨的言論。

陶希聖在接受陳存恭等人第五次訪問說：「陳布雷來找我去見委員長。布雷說：『在會中，你是客人，現在則是以黨員的身份見主席。』蔣委員長見了我，說：『你在北平做得很好，你還是回去指導他們繼續努力。』我說：『總裁，國民黨有四個單位四個組織，我指導誰?』委員長起身說：『我叫他們聽你的話。』出來後，我問布雷：『這是怎麼回事?』布雷說：『這是命令。』我很惶恐……」

陶希聖是1925年加入國民黨的，當時正在上海主編獨立青年社之下《獨立評論》週刊，其政治思想路線左不至共產主義，右不至國家主義，提出過「民族自決、國民自決、勞工自決」這樣的口號，被國民黨上海執行部認為符合三民主義之要旨，遂成他接近國民黨的第一步。1927年北伐時期，陶希聖接到一紙電令，受聘為中央軍校武漢分校政治教官兼軍法處處長，授銜中校，才與國民黨有了實際接觸。

這一次召見，改變了陶希聖個人之命運。國難臨頭，以其精英意識「應時而出」，毅然離開了北大校園，從此棄學從政。這一年8月，陶希聖加入軍事委員會委員長侍從室第五組，從事國際宣傳工作；9月，應聘為國民參政會議員。

二、積極應戰之外，仍謀求和談之接觸

上述蔣介石日記未提及高宗武，至1938年6月24日，才出現有關他的內容：高宗武荒謬妄動，擅自赴倭，此人荒唐，然亦可謂大膽矣。6月26日日記：注意：一，高宗武行蹤與處置。……四，敵軍盛造求和空氣。6月28日日記：注意：一，倭寇求和甚急，此時應剛柔得宜，方不失機。言論尤應慎重。二，對英、美、俄、法，應積極運用，美國反倭之日加矣。三，告倭民書。

盧溝橋事變發生時，高宗武正在上海治病（肺結核），7月14日才回到南京。蔣介石在廬山發表全面抗戰的談話，但一般認為兩國交惡，「和與戰」不可相容，實則戰爭與和平交涉有時是並行的，和談對打仗而言是一種政治作戰。1937年7月24日，蔣介石

接見英國大使許閣森，希望英方居中調解；7月25日，接見美國大使詹森，呼籲在道義上協助制裁日本；7月26日，與德國大使陶德曼見面，希望出面調停中日戰事；下午又接見法國大使那齊雅。

在日本方面，軍中「不擴大派」在政府決定出兵中國華北之後並沒有停止活動，在七、八兩月內，推動過兩次以「和平交涉」為招牌的對華政治誘降活動。一次是敦促近衛首相派密使對南京政府進行試探；另一次就是向昭和天皇獻策並推動政府開展的「船津工作」。其計劃是：由正在東京的在華日本紡織同業會理事長船津辰一郎擔任誘導中國方面之任務，派他速赴上海，將所謂全面調整邦交、停戰條件方案內容，作為他個人聽到傳聞中的日本政府意向，秘密傳遞給中國外交部亞洲司司長高宗武。此外，另有「梅工作」、「竹工作」、「桐工作」、「錢工作」、「對伯工作」等秘密接觸，試圖透過戰爭與和談交叉進行，對國民政府施加更大的壓力。

日本人之首選高宗武為試探對手，主要他是國民政府中第一流的「日本通」，與日本各方關係良好。平津失陷後，1937年7月31日，蔣介石邀梅貽琦、張伯苓、胡適、陶希聖、陳布雷等人談話，宋美齡亦在場。臨告辭時，胡適對蔣說：「外交路線不可斷，外交事應尋高宗武一談，此人能負責，並有見識。」這一天的胡適日記有記載：「他（蔣）說：我知道他。我是要找他談話。下午汪精衛先生到了南京，找宗武去長談。談後宗武來看我，始知蔣先生已找他談過了。宗武談甚詳……」

同年8月9日上午，高宗武在滬上與船津辰一郎見面；下午與日本駐華大使川越茂秘密會晤。這天晚上，上海發生了「大山事件」，兩名日本軍人闖入虹橋機場被保安隊擊斃，從而引發「八一三」淞滬之戰。高的談判無以為繼，不得不暫停下來，「船津工作」因此而流產。

高宗武與日本人的談判停下後，這一年11月，在漢口與蔣有過一次談話。

高後來在回憶錄中這樣寫道：「我向他報告我在外交部的工作不再有需要，我提議：鑒於目前政府對於日本人在幕後到底在想什麼、做什麼一點都不知道，我應該到香港和上海去。在那裏，我可以從戰前的日本朋友和舊識那裏取得有價值的情報。委員長同意了。」

按：1944年高宗武在美完成的英文回憶錄《深入虎穴》（Into the Tiger's Den），整整塵封了六十一年之後，2005年上半年在斯坦福大學胡佛研究所已故美國外交官羅倫斯・索斯伯瑞（Laurence Salisbury）的檔案匣中被意外發現，巧合地與蔣日記同存一處。大陸迄今尚未能出版，2006年10月至2007年6月臺灣《傳記文學》予以連載，譯者即陶恒生先生。

從高的回憶錄可知，1938年3月，他辭去外交部任職，在香港成立了日本問題研究所，實則就是一個搜集日本情報的機關，其活動經費從國民政府軍事委員會列支領取。儘管蔣介石並不排斥打通「外交路線」，但從上述日記看，對謀求和談一事始終持審慎的態度。這一年1月16日，日本首相近衛發表「帝國政府爾後不以國民政府為對手」的聲明，全文二百六十五個字，決定放棄與中國談判，即意味德國調停終止。

6月9日日記：……注意：一、倭外務省發言，以其一月十六日所發表不以國民政府為對手之意義，不過不與往來，並無不承認蔣政權之意，此或其如圓圜自圓其說之意乎？危哉！

6月23日日記：……二、對倭事亟須統一。

高宗武離開外交部後，一直自認為是受命在尋找對日折衝之途徑。然求和之心太切，導致一時頭腦發熱，這一年6月，在蔣不知情的情況下，擅自去了東京，以他本人的說法，為搜集日方意向的情報，實則與日軍陸軍大臣、參謀次長等重要人物密談，並無意中給日方實力人物傳達了一個錯誤信號，即汪精衛等人所謂「和平主張」，在國民政府內部未被採納，於是將設法從政府之外來推動或開展目前的「和平運動」……高6月22日香港登船、次日出海，蔣介石立刻得到了情報，大為震怒，故在日記中痛斥「此人荒唐」，隨即停掉高在香港的活動經費。這件事的嚴重後果，是一個月之後，日本內閣五相會議根據大本營陸軍部的建議，通過〈適應時局的對中國謀略〉，決定採取「推翻中國現中央政府，使蔣介石垮臺」的方針，「啟用中國第一流人物」，「醞釀建立堅強的新政權」。所謂「中國第一流人物」，無非是汪精衛、唐紹儀、吳佩孚這些人。

應當說，國民政府一開始確有不放棄求和之打算，特別是在重大軍事失利與汪精衛「南京政府」成立前後，在「陶德曼調停」、「高宗武香港使命」、「孔祥熙對日秘談」、「宋子良香港使命」、「張季鸞議和」等密談中，蔣介石始終堅持以恢復「盧溝橋事變」前的狀態作為議和條件，以證明其抵抗的決心。這些和談或為延緩日軍的進攻，或為阻撓汪精衛政府的成立。

三、汪精衛等人脫離重慶政府，試圖推行所謂「和平路線」

正當抗戰進入慘烈之境，1938年12月18日，國民黨副總裁、國防最高會議主席、國民參政會會長汪兆銘秘密出走重慶，與總裁蔣介石正式決裂，兩人從此分道揚鑣。

從12月16日蔣介石日記看，這一天與汪還見過面：上午看書、會客，與汪先生談黨政問題。下午批閱寫龍志舟信。兩天之後，汪便出走了。汪出走的原因複雜多端，自孫文死後，汪與蔣之間，不獨政見兩歧，且私下不和，由來已久。與汪一同脫離重慶政府的，不僅有陳璧君、周佛海、梅思平，還有陶希聖和高宗武。這是蔣沒有想到的。

12月12日日記：預定：下令嚴拿不規之中央人員。二、設密告信箱定規則。三、會陶希聖、張君勱、李璜。四、運棉花。五、擬定向華秘書長電修轉告。

這時蔣對陶希聖尚無任何懷疑，否則不會在日記中預定約談。蔣與陶最終是否見了面，從現有史料看，似未有記載。這時陶已在成都，緊接著，即前往昆明，將在那裏與汪會合。可以肯定的是，在這之前，汪單獨與陶密談過。

1986年7月31日，陶接受陳存恭等人第九次訪問時說：「汪先生在會商之外，單獨接見我，問我的意見。我說：『主和是一件事，但在淪陷區日本刺刀下組府是另一件事。在武漢時，先生曾說離開抗戰則無和談，所以這次和委員長合作，必須合作到底，決不中途分手。我希望先生貫徹初衷。』汪頗不以為然。會商多次，意見無法一致。陳璧君堅決主張就走，她說：『這個談判是無法長期保持秘密的，一旦洩露，我們的生命都保不住，你們只要有骨頭的，就決定走。』」

陳璧君說的「談判」，即11月20日，梅思平、高宗武在上海與日方代表今井武夫、伊藤芳男、影佐禎昭等人的秘密會談。雙方簽署「日華協定記錄」及「日華協定記錄諒解事項」等檔（即所謂「重光堂協議」）。這一切陶希聖全然深知。他之所以在大戰之時離開重慶政府，從陶夫人萬冰如女士未刊回憶錄《逃難與思歸》中或許可找到些許答案：「希聖從重慶來成都，只有兩次。第一次是10月間，回家看我們母子生活的情形，並在四川省黨部講話。……第二次是12月，他來到成都，對外不公開，只見省黨部主任委員陳公博。公博與他談話之後，即往重慶。再過兩天，公博電報來，他接到電報，臉色大變，心神焦灼，這才告訴我，說他決定去昆明，在昆明與汪精衛、陳公博諸人會同出國。他叫我隨後往昆明，暫且住下，等候他的消息。我又疑惑，又憂慮。他也知道事情不妙，但是他從十七年在武漢，十九年在上海，二十六年再到武漢，一直是汪派，他們決定走，我阻止不了，也只好走……」

若從一個人的文采流韻、器宇見識，氣質修養來講，像陶希聖這樣的書生很容易對汪產生好感，並不是一件奇怪的事。加上陶對戰爭情勢亦不甚樂觀，與汪等人的看法如出一轍，這使得他們在政治上同聲相應、同氣相求，以及先前「改組派」這一層關係，書生陶希聖最終隨汪出走，雖在意料之外，又在情理之中。

12月19日，陶希聖與汪精衛、陳璧君、周佛海、梅思平等人一同從昆明搭機前往河內。蔣介石內心極為震驚。

12月21日日記：雪恥，聞汪先生潛飛到滇，殊所不料。當此國難空前，未有之危局不顧一切，藉口不願與共產黨合作一語拂袖私行，置黨國於不顧，豈是吾革命黨員之行動乎？痛惜之至！惟望其能自覺回頭耳。

12月22日日記：雪恥：黨國不幸，乃出此無廉恥之徒。無論如何誠以義膽，終不能當其狡詐奸偽之尤者也。注意：一，接龍志舟電，稱汪臨行時明言與敵倭有約，到港商談中倭和平事件，不料糊塗卑劣至此，誠為無可救藥矣！二，汪去後，對黨政軍以及多地之關係應特加審慎。三，近日肝氣旺盛，驕矜之態漸起，應特別戒慎，以免隕越。四，汪去後，外交與對敵或存有影響乎？上午準備講稿、會客，下午訓話二次，自覺肺腑之言太直太硬，但此時惟有以一片忠誠處理一切，至於成敗利鈍則聽之於天而已。

12月23日日記：注意：閻受□□愚弄挑撥已深。二、廣東軍人是否受汪影響。三、政府內部受汪影響之人幾何。四、速定開會日期。五、對汪表明態度。六、整軍實施。

12月24日日記：雪恥：以德報怨固人情之常，但救人而所以自殺，忠恕待人、寧人負我，惟此心之所安而已。注意：一，對汪處置，究以積極為妥。二，駁斥近衛荒唐之聲明。三，對粵將領說明汪之行動……約各友會談，知汪確有整個背叛黨國計謀，乃決心發表宣言，使其賣國奸計不售，亦以挽救其政治生命。彼雖有意害余，而余應以善意救彼，對於此種愚詐之徒，只有可憐與可痛而已。……此種狂人所為之事，而彼竟出之，是則何怪其今日通敵圖降、以打破我抗戰計畫，使我不能成功？其不識大體、不顧國家至此，余乃復與之合作，尚難使之自拔，豈不拙乎？

從「汪先生」之謂到「無廉恥之徒」之慨，可見蔣介石對汪等出走重慶的憤懣心情，以致一時身體出現不適。12月27日日記：上午批閱似有心跳之象，精神亦甚不佳。但能勉強辦公，越時則寧靜如常矣。下午清理積案完會客，見汪友彭浩然，囑電汪駐港不如赴歐，以至誠感動之。

12月22日，日本近衛首相發表第三次聲明，提出所謂「日華調整關係之基本政策」，妄言「徹底擊滅抗日之國民政府，與新生之政權相提攜，以建設『東亞新秩序』」。汪簽署聲明擬響應，囑陶希聖、陳公博攜稿往香港見顧孟餘，顧堅決反對，痛斥為何不阻止，認為「萬萬不可發表，這是既害國家又毀滅自己的蠢事」。

12月29日，汪仍堅持按原文發表——〈致蔣總裁暨國民黨中央執監委〉，其中主張中止抗戰對日求和，此即歷史上臭名昭著的「豔電」（中文電報為節省字數，以詩韻的去聲代表日期，「豔」代表29日）。國民黨中央在重慶召開臨時常委會，宣佈開除汪精衛黨籍並撤銷一切職務的決定。高宗武在回憶錄中承認：「發出電報後的主要後果為：（一）汪立即被國民黨開除黨籍，造成汪對蔣的痛恨；（二）連汪的同情者都批評那封電報。汪獲得民眾支持的希望徹底破滅。」

此「豔電」12月31日在香港見報。

蔣介石同天日記：汪離黨遠遊國外，此後政府內部統一，精神團結。倭敵對我內部分裂與其利誘屈服之企圖，根本消除，吾知倭寇不久必將對我屈服矣。汪對敵始終聯繫謀和，使敵對我政府之真意觀察差誤。六月以來，宇垣出長外交，本擬向我合理謀和，因汪向之乞憐，使其倭閥態度轉強，以致粵漢失陷。汪之所為，害己害敵、害國害黨，其罪非淺。今幸自行暴棄，必於黨國與抗戰前途一大進步也。本日，見汪回應敵相斥衛宣言之明電，其通敵賣國之罪已暴露殆盡，此賊不可救藥矣，多行不義必自斃也。

1939年1月1日日記：注意：去年十二月二十六日之講演詞與本日開除汪精衛黨籍案發表，已奠定國基、克服國難矣。早起，在渝遙祭總理之靈，感想無窮。到國府團拜後，為汪電開談話會。下午召集臨時中央常會及駐渝各中委討論汪電，決議開除其黨籍，解除其一切職權。元旦決定此案，實足為黨國之大慶也。

一連數天，蔣日記中均有對汪處置的想法。如1939年1月7日日記：注意一、滇龍對汪之處置意見應予考慮，但汪不可救藥也……從相關史料看，時任雲南省政府主席兼軍事委員會昆明行營主任龍雲悉知汪等的行動，並非如他後來所言：事先一無所知。儘管陳誠、龍雲、薛岳等人在1月3日通電擁蔣，主張制裁汪兆銘，蔣對此仍心存疑慮。1月19日日記：注意：……二，滇龍對汪態度不明，此事關係重大，成敗存亡，全系於雲南惟一之後方，不可不察。1月20日日記：……昨夜睡眠不熟，故今日心神不寧，為敵與汪勾結已深，而滇省是否受有影響？汪之背景何在？皆不得不研究也。

蔣從一開始就認定汪等所謂「和平路線」不可能成功。在1月7日日記「上星期反省錄」中這樣說：……二，汪言行暴露無遺，此為黨國之幸，而實有補於抗戰。精衛之失敗，即近衛之失敗，此為抗戰勝利最先之福音也。1月8日日記：汪見無路可走，又想轉彎，卑劣已極！宜乎其生無立足之地也。2月18日日記：汪真偽無賴、無恥，其未有見卑劣狡詐之徒如此者也。

四、高、陶二人中途醒悟，脫離汪組織，戴罪立功

1939年初春，汪為打探日本人的真實意圖，派高宗武再訪東京，於2月21日長崎登岸。蔣3月13日日記：注意一、汪積極活動；二、應否發表汪勾敵之陰謀；三、通告汪陰謀預防。3月15日日記：……注意三、對汪陰謀之對策。六天之後，汪的親信、至友曾仲鳴在河內被錯殺。這件事最直接的後果，若以高宗武個人看法：此非重慶所為，而是日本人「企圖讓汪相信蔣介石是幕後策劃者，從而離間汪、蔣，以誘使汪一頭栽進日本人的圈套」。蔣3月22日日記：汪未刺中。不幸中之幸也。語氣甚堪玩味。高與汪私交一直很好，當年進入國民政府外交部就因為得到汪的賞識。高與第二任妻子沈惟瑜上海結婚時，汪是證婚人。

蔣對高宗武等人背叛重慶政府並「指導通敵」（唐德剛語）一事始終耿耿於懷。

3月28日日記：注意一、高宗武、周佛海二奸逆猶欲藉中央名義為汪欺倭寇，痛心之至……

4月1日日記：汪、高勾敵，不料其仍以中央代表名義賣空。此種賣國、賣友、欺敵、自欺劣性，誠狗彘之不如矣。而敵國不察其欺偽，乃竟照其言行而行，更為可笑！

這一年8月24日，國民黨中央常會議決開除梅思平、高宗武黨籍；8月26日，通緝周佛海、陳璧君，惟獨沒有陶希聖。後來知道，國民黨中央執委會通過通緝名單時，蔣把陶的名字給圈掉了。

中國決定對日抗戰，在一開始，其勝算有很大一部分是寄託在國際援助上。汪氏等人則根據當時形勢，估計國際援助決不會來，只有儘快對日謀和，以免一敗塗地；但中國軍民苦撐抗日

的決心，終於贏得西方各國的信任，漸感中國足以成為它們在遠東制衡日本勢力的夥伴，一改原來冷眼旁觀的態度，開始對華援助。汪精衛、周佛海等人對形勢估計一錯再錯，最終變成淪陷區裏的日本傀儡。高宗武是一個極為敏銳的人，最終也認定日本人靠不住。汪曾多次問他：能相信日本人嗎？高回答說：百分之六十不可相信。

汪組織內部開始出現分裂。在許多重大問題上，高宗武、陶希聖與周佛海等人意見相左，其中最關鍵的一點：即使汪要組建新政府，一定要在日軍佔領的地區之外；周佛海等人則認為汪缺乏實力，不得不依賴日本的支持，應在南京建立政權。隨著「周佛海路線」漸成主流，高、陶二人被邊緣化，其影響力日漸式微，客觀上形成日後高、陶二人決定脫離汪組織的潛在因素。

11月1日起，「梅機關」（日本陸軍少將影佐禎昭在上海成立的事務所，位於北四川路一座取名「梅華堂」的住宅，故稱「梅機關」，負責扶植汪等成立「新中央政府」。）與汪組織開始正式談判，會議地點先在上海虹口「六三花園」，後改在愚園路1136弄60號。日方提交的「日支新關係調整要綱」及附件，其條件之苛刻，遠超出一年前的「重光堂協議」和「近衛聲明」。陶希聖意識到問題的嚴重性。11月3日，分別致函汪精衛、周佛海二人，表示不願再出席這樣的會議。

蔣密切關注汪等之動向，11月3日日記：最近，消息朝夕變動無常，而且相反。傳昨敵閣要求其政府先承認偽政權汪逆，然後再與英美開始談話，並須由其內閣決議，奏准倭王。今稱：敵國反對汪逆偽組織，擬與國民政府交涉議和，要求其內閣棄汪。又傳，汪已於昨午在東京求近衛助其成立偽組織。此息果確，則皆不出余所計者：敵閥以威脅不理汪，貨不奇，乃轉而由其軍閥出面求和乎？此間各類消息，確紛亂已極。如汪精衛者，並不在東京，仍在上海。

一個「策反計劃」正在秘密進行中。

蔣介石12月18日日記：下午與俄使談外交，與月笙談汪事。

12月21日日記：下午與黃溯初談話。黃溯初，浙江溫州人，高宗武之父高玉環的至友。

這一年春，高去日本時，兩人在長崎見面，以溫州鄉音密談。黃對高追隨汪精衛等人不以為然，曾出言相勸：儘早脫離。高宗武後在回憶錄中承認：「……幸好我事先已經做好一切安排，雖然連我太太都不知道這事。」

12月24日，汪日談判告一段落。12月26日，汪召開「幹部會議」，最後審議談判條文。

12月31日，汪等在密約上簽了字。陶希聖稱病未往，高宗武亦藉故未出席簽字。當晚，高往環龍路陶宅看望陶希聖。寒暄中，彼此發現對方早已萌生「脫離」之意，兩人一拍即合，作出了決定。

1940年1月3日，高、陶二人搭乘「柯立芝總統號」輪船潛離上海，1月5日安全抵達香港，陶夫人及子女則滯留滬上以應付汪精衛、陳璧君等人。

陶希聖抵港後不久，給今井武夫一信，「……深知汪氏無力量以解決中日問題，其他諸氏只求利祿權位，毫無和平誠意。弟由於失望以至於出走……」

1月7日，高宗武託杜月笙呈送蔣介石一信：頃晤玉笙、溯初兩先生，得悉鈞座愛護之情無以復加，私衷銘感，莫可言宣。宗武於五日抵此，回顧一年以來，各方奔走，祗增慚愧而已，今後唯有閉門思過，靜候尊命，先此奉達，並託玉笙先生代陳一切。另帶上密件三十八紙，照片十六張，敬請查收。玉笙即杜月笙。

陶希聖家屬在杜月笙門人萬墨林的保護下分批於12月13日及1月20日安全離開上海。

1月13日日記：昨夜，由高宗武派杜月笙攜汪逆與倭寇所訂密約、與其交涉經過之內容及其照相底片來告密，閱之，殊不能想像汪逆賣國之實情竟至於此也！彼對國土與主權之喪失毫不關心，而惟以關稅存款與四千萬圓預付金為組織偽政府之預付金是爭，是豬狗不若矣。

注意：一、倭又派神田正雄來港，探知此即宣傳汪偽組織，用意之所在，果不出所料，倭奴拙愚可憐。……上午屬岳軍（張群）研究對敵汪密件發表之辦法與宣傳要旨，批閱。

1月14日日記：預定：二、定月笙赴港日期。上午研究倭汪密約之內容與敵閥倒後之人選。注意：一、倭汪密約發表之效用，足以增加敵國內部之崩潰。二、此次對汪似以不多加攻擊，僅發表敵方條件，使敵與汪疑忌。

1月15日日記：本日研究對密約宣佈與宣傳計劃，頗費心神乎……

1月17日日記：……本日會客，約月笙來談發表日汪密約之手續。手函宗武慰勉之。

1月20日日記：注意：……三、汪逆已飛青島開會，其密約即速發表不可。

蔣指示中央通訊社社長蕭同茲專程由重慶飛往香港，親自指揮發稿事宜。稿件公佈時的標題均由重慶決定。

1月21日日記：高宗武、陶希聖在港發表日汪密約。

「日汪密約」被揭露，震驚海內外，亦即轟動一時的「高陶事件」，史稱「小西安事變」。今井武夫在回憶錄中說：「……他們內心所受的打擊是難以掩飾的，這為和平運動的前途，投下了陰影是無可爭辯的，我與阪垣總參謀找一起，從1月22日至27日在青島的東洋飯店，聽到這個消息後，立刻見汪、周、梅等。當時最傷心的是周佛海……」

1月22日，陶希聖、高宗武聯名致電汪精衛等人，勸其懸崖勒馬。電云：……希聖宗武等主持並參加先生與日本之外交談判，在道義上應有保持秘密之責任，惟希聖宗武等認為日本方面割裂及滅亡中國之企圖，非獨先生及幹部舊友不可得而私為秘密，以為求取一時之成功，亦終必須為日本有識之政治家所拋棄。先生及幹部舊友若期待如此之成功，亦即為中華民國之失敗。……切望先生及諸舊友懸崖勒馬，放棄此於無益於國有害之運動，則國家幸甚，民族幸甚，希聖宗武亦幸甚……」

1月25日日記：預定：……八，陶希聖經費。

此即陶希聖在香港創辦「國際通訊社」，編印《國際通訊週刊》，以供戰時首都重慶領導人士參考，以及關心世界局勢及國際問題的機關和個人用作材料。由重慶資助經費。「國際通訊社」的編譯者，有連士升（經濟史專家）、戴杜衡、林一新（經濟理論家）、李毓田（經濟學專家）、唐錫如（英美文學專家），洪力生（法學博士）、黃薔薇（洪夫人，長於英美文學）等多位專家學者。

高、陶二人在汪精衛「南京政府」正式成立前（1940年3月29日）中途醒悟，乘桴過海，戴罪立功，揭露密約，雖終不謹細行，大節有虧，但好在「漢奸」這個罪名可免去了，這從重慶政府對高、陶二人的態度即可看出。蔣介石囑陳布雷致電駐美大使胡適先生，讓使館及領館對高宗武「多予照拂並維護」（1940年6月14日），另有一電報：「高宗武君通緝令，國府篠（十七）日下令撤銷，已交國府公報登載。但不欲舊事重提，故報紙上不發表消息。此事當局去秋即有意辦理，今始實現。可慰高君愛國之心……」（1942年5月28日，以上均《胡適任駐美大使期間來往電稿》：陳布雷致胡適電·中華民國史資料叢稿·專題資料第2輯。）

惟弔詭的是：1941年12月8日，太平洋戰爭爆發，香港淪陷；翌年2月，陶希聖輾轉來到重慶陪都。在老友陳布雷奉蔣之命悉心安排下，任委員長侍從室第五組少將組長。高宗武則遠沒這般幸運，出走異國他鄉，並多年未允返回，從此依商為生。在當時中國隱微複雜的現實政治中，人生殊不可逆料，說來亦有黯然神傷之處，誠如高後來在美國對張君勱、曾琦兩人所坦承的「對蔣已失去價值……」，更說過「政治是危險的」這樣的話，歷史的一頁就這樣翻了過去。

之二

名門之媛陶琴薰

1978年8月22日，對大多數中國人來說，是波瀾不驚的一天。然而，香港《大公報》當天一則消息，則讓此時已退出臺灣權力中樞的陶希聖不禁黯然神傷。八天前，他年僅五十七歲的女兒陶琴薰患類風濕晚期不治而在北京去世。這時海峽兩岸，正風高浪險，忽忽阻隔卅年，一朝永訣，惟「淚撒長空」，徒喚奈何！早在六十年前，三歲長女驪珠之死，曾讓這位年輕的父親痛不欲生，而今次女再亡，無法持杖作墳頭一別，遂成晚年最不堪的痛！這一年陶希聖已是八十老人，家人顧及年事高邁，不得不向他隱瞞了女兒病逝的噩耗。可是長期以來陶希聖與臺灣新聞界之間有著一種特殊的關係，老人很快就知道了。深夜時分，內心淒苦的陶希聖提筆寫下「生離三十年，死別復茫然；北地哀鴻在，何當到海邊」這樣感傷的詩句（陶詩注曰：琴薰兒病逝北平，近始得確息。所遺男兒二，女兒一。小女燕兒既失學，又喪母，何以為生？憐念之餘，口占如右）；三年前，當患難與共的妻子萬冰如夫人過世時，他收到過女兒陶琴薰一封大陸來信，當時是中共中央統戰部為陶琴薰送去了臺北報紙的訃聞。

1949年5月，大陸局勢逐漸明朗，國民黨敗勢已定，此時陶希聖正隨蔣介石乘坐「太康」艦至上海吳淞口復興島一帶，心中對女兒陶琴薰及女婿沈蘇儒拒絕一同前往臺灣而感到了失望。1948年底，陶琴薰曾隨母親抵達香港，次年初卻毅然返回大陸。以陶希聖當時的聲望及地位，如果女兒、女婿願意重新作出選擇的話，至少全家人大可不必天各一方，從此相見亦難。對於國民黨急劇潰敗、新政權即將誕生，在當時一般民眾心裏激起過希望，尤其有著政治熱情和理想的青年知識份子更是無須待言。後來成為臺灣知名歷史學家、陶琴薰四弟陶晉生院士回憶過這樣一件事：「1948年我從南京市立一中休學，有一個老師在我的紀念冊上題了這樣的字：『以逃避易進取』。當年多少人，像我的老師一樣，對新的政權抱著極大的希望，希望和新中國一起『進取』……」沈蘇儒也回憶：「1948年底，南京政府已岌岌可危。……叔叔（指陶希聖，作者注）在陳布雷自殺後接替了陳的位置，成了蔣介石的『侍從秘書』（正式職務是總統府顧問，仍兼國民黨中央宣傳部副部長）……有一段時間，家中只叔叔和我兩人，有一次去中山陵散步，我們談論時局，他的表示也是毫無信心。他說只有退守臺灣，我問臺灣守不住又怎麼辦？他苦笑著說：『乘桴浮於海。』這句話給我的印象很深、影響也很深。我感到他也毫無退路，我如跟他去臺灣，勢必為國民黨殉葬，他是國民黨大員，義無反顧，我連國民黨員都不是，何必如此？因此我下決心不去臺灣。」（沈其如、沈蘇儒《始言堂記事》，未刊稿）剛剛結婚後三年的陶琴薰，對自己的丈夫堅信不移，完全取決於他的態度。她曾在一封信中明確表示：沈留下，則留下；沈若走，跟著走，「生死禍福，在所不計」。當時是新聞記者的沈蘇儒，總藉口說由於在香港找不到工作，只好回上海。事實上，陶希聖已替他安排好做臺灣《新生報》採訪部主任一職。暨南大學同窗好友金堯如夫妻時在香港《文匯報》主事，也說只要他去，必可任用（長子沈寧等若干年後在美國拜見金堯如先生，金埋怨沈蘇儒當時不去找他）。由此可見，沈蘇儒骨子裏就是不想離開上海，儘管其內心也坦承「無法預知未來」，但仍有兩個基本判斷在支配著他的運思：一是從未參加過任何政黨或組織，在政治上是中立的；儘管有陶希聖這樣的國民黨要員是自己的岳父，但也有沈鈞儒這樣的左派民主人士是自己的堂兄；二是在思想上「崇尚自由主義」，雖然從小接受國民黨教育，但對「中國共產黨並無偏見」，甚至認為「馬克思列寧主義是一種科學理論，應承認其存在並加以研究」。在對中共代表團的採訪中，沈蘇儒接觸過周恩來、范長江（沈鈞儒女婿）、梅益等人，他感到這些人「可親可敬」，並非「青面獠牙」。對沈的這一感性認知，參加過「五四」運動、教授出身的陶希聖自然心中有數，在國共兩黨多年的碰撞中，他與周恩來也有過多次交鋒與溝通。但作為父親，此時仍對女兒抱有一絲親情濡染的幻想，他出人意料地請求蔣公介石稍停兵艦，再次給陶琴薰發出電報，並派出一隻小汽艇接陶琴薰至吳淞口會合，試圖再一次說服他們。陶希聖最終失望了，在歷史與人生的十字路口，最鍾愛的女兒選擇了與自己分道揚鑣。陶希聖在5月24日這一天日記中寫道：「蘇儒、琴薰決心不離滬。彼等前途悲慘而不自覺，可哀也。余夫婦均已盡心勸其出險，余並為設各種情形之下離滬之方法，彼等不聽，無可奈何。」第二天日記中又有「為琴薰及寧寧悲傷。彼等之悲慘命運乃自取耳……」之句。若干年後，陶琴薰對長子沈寧亦憶及這一幕：「外公身居要職數十年，罕見為私謀便利。吳淞口這一次是大大的破例。而蔣先生竟然准許了外公的請求，十萬火急之中，停下兵艦，專門等候一個普通少婦的媽媽。無論怎樣愁腸寸斷，媽媽還是決意留在上海。外公不得不忍痛遠行了……」（沈寧〈我心中的媽媽〉）

陶琴薰這一決定看起來似乎是因為自己的丈夫沈蘇儒，但我們透過更多的史料與細節則不難發現，這位西南聯大、重慶中央大學外文系畢業的高材生在政治上已受到當時大環境的深刻影響，同時對新政權的出現充滿了一種渴望。2005年，筆者與目前定居美國的陶琴薰三弟陶恒生先生（《「高陶事件」始末》作者）在南京一同看望過著名翻譯家楊苡先生（楊憲益胞妹，以翻譯艾米莉勃朗特的小說《咆嘯山莊》名噪一時），從她的口中得知當年陶琴薰最要好的一位中大同學，就是1947年以共產黨嫌疑在北平遭至被捕的陳布雷之女陳璉。在陶恒生少年記憶中，他見過陳璉其人，「圓圓的臉，穿著藍布長旗袍，態度文靜而沉著」。陶琴薰在西南聯大時與陳璉相識，中大後同寢室三年，由於父親與陳布雷生為至交，兩人的關係似又平添了一層親密。不過，與有心疏離政治的陶琴薰不同，陳布雷之女陳璉「在西南聯大時已經加入共產黨，而且是學生地下活動的活躍分子，轉入中大也是中共中央安排以吸收同志的」（陶恒生〈一面之緣的陳布雷與陳璉〉）。陶琴薰也承認：「陳璉為人非常好，大家敬愛她，她痛恨國民黨、三青團，平時談話對我總有影響」。當陳璉夫婦遭至國民黨當局拘捕時，陶琴薰私下問：「難道這樣善良的人會是殺人放火的土匪？」這多少可以反映陶琴薰在內心對國民黨當局的不滿。事實上，還有一個人在政治上對陶琴薰有或多或少的影響，此人就是陶琴薰的堂哥陶鼎來。可以說，陶琴薰與他的親情遠勝於其他人。1940年「高陶事件」發生，各種謠言甚囂塵上，「有的說陶希聖已被日寇逮捕，剝了皮；有的說我母親帶著幾個弟弟全家跳海自殺了」——陶琴薰在昆明讀書，其震驚與不安可想而知。陶鼎來此時正在西南聯大讀機械系，聞訊後趕來始終陪伴在陶琴薰的身邊。據陶琴薰回憶說：「他對我非常關心、體貼，曾陪我到報館和通信社去打聽消息，還經常帶我去看電影。當時昆明幾乎天天有敵機轟炸。每次轟炸過後，我立即跑到工學院去看他，怕他被炸傷，有時他也跑來看我。……他說我們兩家只有我一個女孩子，伯父母一直把我當作自己的女兒，萬一我父親母親一家真是罹難了，以後我就跟著他們過……」陶鼎來長陶琴薰一歲，很小的時候一度從廣州來上海在叔父陶希聖處念書，由於懂事、聰穎、愛看書，陶希聖一直視如己出。青年陶鼎來十分厭惡三青團之類黨派社團，一再囑咐堂妹陶琴薰要「潔身自好」，這位堂哥對共產黨抱有希望。當然還有浦熙修與高集這兩個人對陶琴薰也有影響，前者是陶琴薰初中時的國文老師，陶琴薰感到她「人非常好，多年來我一直記得她」。浦熙修後來成為一代紅色新聞工作者，1949年後任上海《文匯報》副總編輯兼駐北京辦事處主任。高集是《大公報》的一名記者，陶琴薰對他的印象也頗好。這兩人都被視為是共產黨的同路人，陶琴薰始終不理解的就是國民黨當局為何要那麼仇恨他們？再加上1946年北平「沈崇案」，陶琴薰深寄同情。「沈崇案」有其隱微複雜的內幕，而之後出現的較大規模學生示威活動更是有著深刻的政治動因。「當時重慶談判已經破裂，內戰即將爆發，美軍駐華成為一個非常敏感的問題。對於抗戰以後的國民黨來說，此時已開始失去民心……」（謝泳〈重說沈崇案〉）儘管陶希聖一再告誡女兒學生運動有人在背後挑唆，陶琴薰仍半信半疑。「我對沈崇受辱和學生的挨打是同情的，因我既是女人，又是學生。1948年底，我就是這樣對國民黨感到絕望……」上世紀四十年代中國學生及青年知識份子受其民族主義、左傾思潮的影響非常強烈，著名作家邵燕祥就說過，當時「像我這樣的年輕學生，主要是從自己所持的是非、善惡這些道義標準決定去取。師友之間的互相影響也會起作用甚至決定的作用」（《世紀學人自述》第6卷）。陶琴薰當然也不例外，她與夫君之所以拒絕隨父親去臺灣，儘管原因多多（如孩子、公婆贍養問題等），但受其現實氛圍的直接影響是不爭的事實。陶希聖未必不知道這一點，無奈中委託學生沈巨塵又送來金條一根，並附有一函，大意是：時勢如此，他本人亦無奈，但願你們夫妻二人永遠互愛互助，共渡困難，並祈禱上帝保佑你們……這一封信，在1955年肅反審幹運動中被他們夫婦倆上繳給了組織。

自父親吳淞口愴然心傷離去，陶琴薰帶著一種陌生心情忐忑不安地步入了新的社會。這時她突然發現，不僅多年來受之於家庭蔭庇的優勢不復存在，還成為政治上的一個沉重包袱。1948年12月中共宣佈的四十三名頭等戰犯名單中，陶希聖被列為四十一號，「國人皆曰可殺者」，陶琴薰對此不能不感到心有餘悸。好在夫妻二人冷靜地重新開始自我定位，「我們一直是奉公守法，靠自己本領吃飯的老百姓。因此不論是國民黨當權還是共產黨當權，我們都不反對，只要不打仗，能使我們安居樂業，我們都歡迎……」由於社會地位出現巨大落差，陶琴薰以其低調口吻說出這番話，實際上還抱有一種觀望的態度。自1946年1月，陶琴薰與沈蘇儒在上海結婚後，即經馬寅初之女馬仰蘭介紹進中國善後救濟總署編譯處擔任翻譯。不久因小產失調乃辭職，此後一直沒有尋找新的工作。就陶琴薰個人而言，父親當年最大的一個心願，就是將她培養成像謝冰心那樣的女教授、名作家，並多次囑咐女兒要「好好讀書，不要過問國家大事」；陶琴薰也認為

「自己是搞文學的」，「文學是清高的東西，而政治是齷齪的東西」，「心地單純的人就不要去勾心鬥角，搞什麼政治」。然而，此時的人生節奏已完全被打亂，陶琴薰不可能再去實現少女時的夢想。不僅丈夫沈蘇儒失業，她前往保險公司、教育出版社、電臺應聘，筆試時全無問題，進入口試後均被刷下。「我之不被錄取，是因為我的家庭社會關係所致。我開始苦惱和自卑，感到前途黯淡」。在一度找不到工作的鬱悶時期，報紙上公佈了一批反革命分子名單，有兩個熟悉的名字赫然閃過，陶琴薰看了不禁心驚肉跳，其中一位是當年在西南聯大時的熱烈追求者，此人就是政治系四年級學生陳志兢。陶琴薰與之相識皆因同窗好友許湘蘋和她的表哥，陳當時與許湘蘋表哥同班。1942年夏天，陶琴薰轉學至重慶中央大學，陳志兢也在重慶《中央日報》社工作，經常跑來沙坪壩找陶琴薰。陳志兢是一個對政治有著極大興趣的年輕人，陶希聖非常反感，甚至討厭這個人。在給陶琴薰信中說此人「不求長進，非為望之人」。兩年後，陶琴薰與之「一刀兩斷」。抗戰結束後，陳志兢在上海做過區長（第二十五區），被新政權列入反革命分子名單中，一度誤傳遭到鎮壓。當陶琴薰耳聞這些訊息，第一個反應就是：「我本人的情況，如果再沾上和『反革命分子』的關係，那就是跳進黃河也洗不清了……」這個細節真實地刻畫出在上世紀五十年代初陶琴薰內心的恐懼，「雖然後來政府沒有把我怎麼樣，而且家庭婦聯代表幾次來動員我參加里弄活動，我也參加了，但是我的家庭關係給我背上了沉重的包袱，我老怕別人懷疑我是反革命分子」。這一年陶琴薰剛滿三十歲，已是兩個孩子的母親。一家人住在陝西南路一間朝北的二樓上。次子沈熙甫生不久，因居住條件逼仄，小保姆每晚只能把床板鋪在浴缸上睡覺。在陶琴薰三個孩子中，沈熙個性最為突出。繈褓中就大哭不止，學步後惹人四處尋找，稍大時複以「反抗」，有一次竟出腳踢了陶琴薰，致使臉撞在箱子角邊，眼睛腫了數日。其實，沈熙的性格頗像陶琴薰。據楊苡回憶，在大學時代，陶琴薰性情開朗，笑聲不斷，但若遇不順心之事，其率性也發揮得淋漓盡致，最典型的一個動作就是雙手猛抓頭髮。沈熙天性倔強，父親沈蘇儒則另有解釋：「孕婦的物質和精神生活狀況對胎兒身心形成有影響，可能這有道理。薰懷寧時，生活狀況較好，懷燕時也較安定，只有在懷熙時我們正經歷解放前後這一段承受重大精神和生活壓力的時期，他的脾氣也許正是對我們在這個時期使他來到人世表示抗議。」正是由於這種性格，使沈熙能夠在逆境中長成。據陶恒生披露：三兄妹中，沈熙是最後一個從大陸來到美國求學的。1985年他在亞利桑那大學獲經濟學碩士學位，幾年後又攻讀紐約州立大學經濟與財務博士學位。在這之前，沈燕、沈寧已先後到了美國，學有專攻，知有所長。沈寧以母親為原型數十萬字的紀實體小說《嗩吶煙塵》經由臺灣聯經出版事業公司正式出版，轟動一時。不過，這已是後話。

陶琴薰懷小女沈燕時已是1952年秋天。在這之前，沈蘇儒的處境開始略有好轉。作為「舊新聞從業人員」進入華東新聞學院學習，是對這類人進行思想改造，「實際上是對他們的個人經歷、階級出身、政治黨派關係、社會關係等進行審查，然後決定如何使用、信任程度等」。儘管如此，沈蘇儒仍感到了一種「再生感」，他不僅把學到的一點辯證唯物主義、歷史唯物主義回家向妻子傳授，甚至覺得「如今才懂得真理」……應當說，此種形式的「思想洗澡」初見成效，以沈蘇儒為例，若想被這個社會所接受、躋身於人民之列，就必須「向黨靠攏」。「……任何人只有兩種立場可供選擇：革命（即擁共）或反革命（即反共），短時間的『不革命』也『不反革命』是可能的，但終究必須做出選擇」（《始言堂記事》）。在堂兄沈鈞儒的疏通之下，沈蘇儒得以進入上海《英文新聞》報社工作，「走上革命工作崗位」，沈蘇儒用「興高采烈」來形容當時的心情。或許還有其他一些因素在起作用，這就是陶琴薰的伯父陶述曾「為革命立過功」，在湖北省是地位最高的民主人士之一，先後任交通廳長、水利廳長、副省長等職；堂哥陶鼎來從美國歸來不久，成為農機專家，後加入中共，更為農業部黨組成員。陶琴薰作為陶氏家族這一代唯一的女兒，且留在了大陸，其間的「微妙」只可意會而不能言傳。當第三個孩子沈燕出生時，沈蘇儒被分發至北京外文出版社《人民中國》編輯部任編輯，他十分珍惜這來之不易的工作，以致父親滬上病故時，竟未能前往奔喪。隨丈夫也到了北京的陶琴薰，此時經沈鈞儒民盟好友馮亦代之妻鄭安娜的介紹，始入中華全國總工會國際部編譯處工作，一干就是八年。在經歷了1950年代初困惑、焦慮、搖擺甚至痛苦之後，心高氣傲的陶琴薰已失去了往日的開朗與快樂，她變得謹小慎微，「平日連話也不敢隨便說的」……1955年夏天肅反運動開始，這是陶琴薰參加工作後所經歷的第一次政治運動，其內心惴惴不安，「怕領導上把我當作暗藏的反革命分子」，以至國際部一個領導突然來到她所在小組，竟以為是沖著自己來的。一番動員大會之後，陶琴薰主動「把自己的歷史和社會關係作了交待，並且盡可能地提供了證明人和證件」。實際上是虛驚一場，這一次「是對組裏一個三青團骨幹分子和一個教會聖母軍的成員進行了嚴格審查」。陶琴薰一如驚弓之鳥，較之1939年底隨母親從香港前往上海掩護父親脫離汪組織時表現出來的那種鎮靜，簡直判若兩人。1937年盧溝橋事變不久，被時人稱為「低調俱樂部」成員之一的陶希聖，成了汪精衛「和平運動」最早發起人和重要參與者。1938年12月，他跟隨汪精衛出走河內；次年11月又參與汪組織與日本和談代表為時兩個月之久的密談。陶希聖之妻萬冰如為幫助其夫脫離汪組織，帶著五個子女毅然從香港回到上海，巧妙地與汪精衛、陳璧君二人周旋，甚至留下陶琴薰等三個孩子為人質，終使書生陶希聖跳出了火坑。在整個驚心動魄的過程中，參與營救的萬墨林在《滬上往事》一書中有一段記述可見陶琴薰當時的機智與勇敢：「……立刻就跟陶大小姐通電話，叮嚀她如何按部就班，從容走出。陶小姐跟她的兩個弟弟密議一番，事畢，泰來和恒生兩公子聲聲說外面壓路機太吵，無法做功課，也睡不著覺。陶小姐被他們吵得『沒法』，便跟監視人員講明瞭，把她兩個弟弟送到滬西姑母家住一天，明日由姑丈姑母派人送他們上學。監視人員聽她說她把弟弟送去就回來，當夜由她看家，果然不疑有他……陶氏三姊弟，真是有其父必有其子，一個個都那麼沉著鎮靜……」安全抵達香港九龍塘家後，陶琴薰即在香港《國民日報》發表〈我家脫險前後〉一文，「文章寫得親切動人，富有傳奇色彩。重慶、昆明的報紙立即轉載，在大後方引起一陣轟動」（陶鼎來序《「高陶事件」始末》）。這一年陶琴薰才十八歲，是香港廣州私立培道女子中學高二的學生。母親之所以將她與弟弟留在上海以應付汪精衛夫婦，雖然出於無奈，又是對這個女兒寄予了一線希望。在日本人及汪集團的嚴密監控下，此舉不無冒險，稍有差池，必釀大禍。若干年後，陶琴薰對沈寧談及此事，「為了掩護外公從

日寇和汪精衛手裏逃出上海，我讓日本鬼子扣住做人質，差點就給殺死了呢……」（沈寧〈媽媽〉）

在西南聯大同學耿連瑞的記憶中，陶琴薰是一個「天真活潑的姑娘」。「個子高高的，所以上課經常坐在後排。……記得琴薰上課來經常穿著一件藍灰呢大衣（春秋穿印花旗袍），手裏提著一個書包。她頭髮捲曲，略披雙肩，愛說愛笑，天真活潑，而又雍容大方，一看就知道是一位出身書香門第有教養的姑娘。琴薰英語底子好，學習十分刻苦，經常見她抱著書本詞典和同學們一起到圖書館、閱覽室，一坐就是半天」。這是男同學眼中的陶琴薰，與楊苡的描述毫無二致，楊苡與陶琴薰同處一寢室，閨中無話不談，知其更深矣。自陶琴薰1953年進入全國總工會國際部編譯處，至1957年被打成右派，以認真的工作態度及低調的政治姿態相對穩定渡過了這四年。不過，鑒於一波接一波的政治運動，她的膽子變得越來越小，甚至不敢與大學時代的同學通信或交往，「不知他們在肅反中到底有沒有問題」。這種有意識與當年同窗好友疏遠，對陶琴薰來說是必要的。陶琴薰這樣說：「開展政治運動是很可怕的，它使大家互相警惕」，互相檢舉，六親不認，人心惶惶……雖然平日裏的工作態度是認真積極的，但我心裏總有一種消極情緒，覺得我有一個很不利的條件，所以處處比別人差一等。」又據沈寧回憶：「媽媽在全國總工會國際部做翻譯工作多年，兢兢業業，任勞任怨。部裏同事輪流出國，一輪又一輪，卻永遠也沒有媽媽的份。媽媽有一次對我說：真希望有個機會出國，就可以打聽外公舅舅們的消息。她卻不懂，就是因為海外關係，她才永遠也不會被允許邁出國門一步」。其實，陶琴薰何嘗不懂！身負「頭等戰犯之女」的政治包袱，在階級鬥爭大行其道、幾近瘋狂而喪失理性的時代，即便「俯首稱臣」，想當一個順民，仍要看人家的眼色。「此情無計可消除」，陶琴薰一度甚至萌生離開國際部的念頭。因為「部內有一種空氣使我很不好受，我和祥林嫂一樣，領導上看見我不愉快，這也不許我摸，那也不許我動。我的父親是『戰犯』，因此領導上對我的懷疑和不信任比任何非黨同志都深……我只能感恩地、無聲無息地在這兒幹下去，什麼要求都不必提……領導對黨員說話親密，對非黨同志冷冰冰……領導是否把幹部分成兩類，一為得力幹部，比較吃香的事總是想到他們；一為落後分子，總認為他們水平低、效率差，應當倒楣……」這些不合時宜的話，是1957年陶琴薰在那場引蛇出洞的「鳴放」中說出來的，讓人頗感意外。陶琴薰之所以不知深淺地猛然發聲，從客觀上講，受當時大環境使然（一段短暫的百花時期，費孝通在《人民日報》發表〈知識份子的早春天氣〉後，隨即嚴冬來臨，百花凋零。參見王若水〈壓制思想的思想運動〉一文）再加上骨子裏性格倔強，其內心之鬱結委實到了非爆發一次不可的程度，我們從「祥林嫂」(魯迅〈祝福〉中的祥林嫂，捐了「門檻」也洗雪不清罪過)、「我很不好受」這些怨艾的字眼中，就能真切地感受到這一點。但誰也不可能想到「鳴放」竟是一場「陽謀」（參見李慎之〈毛澤東是什麼時候決定引蛇出洞的？〉），也就是「安排香餌釣金鼇」。毛澤東並不諱言這一點：「去年下半年，階級鬥爭有過緩和，那是有意識地要緩和一下。但是，你一緩和，資產階級、資產階級知識份子、地主、富農以及一部分富裕中農，就向我們進攻，這是今年的事。我們緩和一下，他進攻，那也好，我們取得主動。正像人民日報一篇社論說的，『樹欲靜而風不止』。他要吹風嘛！他要吹幾級颱風。那末好，我們就搞『防護林帶』。這就是反右派，就是整風。」（《毛澤東選集》第五卷第475—476頁）陶琴薰、沈蘇儒等人當然不可能知其內情，一直以為「誰要是真心擁護黨、靠攏黨，就對黨提意見，不提意見就是不信任黨、不愛護黨」，如果「我們這些從舊社會來的知識份子再不提意見就不識抬舉了」。沈蘇儒不僅寫下〈請把知識份子當作自己人看〉這樣的小字報，回到家還把黨支部竭力動員群為對黨提意見那些話和做法告訴了陶琴薰。且不論這張小字報內容如何，單從標題看，就可知這些人在當時渴望得到組織上信任、愛護、乃至重用的一種迫切心情。然則，當一個社會對知識份子持有一種「很深的異己感」（學者許向陽語）時，這不過是夢中幻覺而已。陶琴薰聽了竟很興奮，「認為這才是黨中央的精神」，一改以往的謹小慎微，將八年來心中的「委屈」一吐為快，遂成國際部第一張大字報。應當說，不諳政治的陶琴薰天性單純，與更多「言詞激烈」的批評相比，這張大字報只局限於個人的某些感受，或是一種善意與怨尤複雜的夾纏與掩飾，並不存在「向黨進攻」之心，無非是希望當局能夠與所謂「舊知識份子」改善彼此之間的關係而已。但這一次出人意料地發聲，其結局殊可料見。「一轉到反右，她自然成了目標。但她並沒有什麼具體『罪行』，批判她的所謂『右派思想』（如比作「祥林嫂」等）其實都是她自己檢討的，國際部領導本不想把她打成右派，但上報到全總主席劉寧一那裏，劉說她是國民黨反動派陶希聖的女兒，單憑這一條也夠了。於是，她被扣上右派的帽子」（《始言堂記事》）。

像陶琴薰這樣的人，在當時只要三緘其口，大概就不會有什麼問題。她最終未能沉住氣，被打成了右派。丈夫沈蘇儒從內心對陶琴薰感到了一種負疚，「如果不把我單位那位元支部書記的話告訴她，也許她就不會寫那張大字報」。好在陶琴薰的大字報相對溫和，加上某些部領導的憐憫與慈悲，或許還有其他不可言說的原因（如與周恩來辦公室的單線聯繫，詳見下文），「按最輕的處理，即不降級、不減工資、不下放勞動，繼續在原單位工作」。之後，儘管受到諸多歧視，「許多會議不能參加，許多文件不能看，還得每天比別人早到，把辦公室打掃乾淨、開水打好……」這一切，陶琴薰都默默忍了下來。惟三個孩子漸大，已到了「爭取戴上紅領巾的年齡」，及至後來申請加入共青團，屢屢受挫。老大沈寧在班上是最優秀的學生，有一天竟忍不住跑到班主任跟前欲「討個公道」，卻被告知不能入團的真正原因：對組織不忠誠，沒有主動交待自己的反動家庭背景。少年沈寧一下子驚呆了，「我不知道老師說的一切，爸爸和媽媽從來沒有對我們提過一句什麼反動家庭背景的話，我完全昏了，回家大吵大鬧，要求媽媽說明白……」（沈寧〈媽媽〉）陶琴薰始終耽心也是最不情願面對的事情，終於出現了。在這之前，她去三個孩子的學校，找到黨支部，坦言個人的處境，並懇求校方配合，暫緩把「反動家庭背景」告訴孩子，至少可以讓他們「多保持幾年無憂無慮的童年和少年歲月」。校方並沒有理解一個母親的苦心孤詣，「教育意識形態化」可見一斑。正好陶琴薰的伯父來北京開會，她將三個孩子帶到民族宮賓館，委請伯公對他們講述陶希聖其人其事，「在一間燈光柔和的賓館房間裏，我終於知道了：我的外公名叫陶希聖，是國民黨的要員，蔣介石的筆桿子，四九年逃到臺灣去了。我也知道了：我的媽媽五七年被劃做右派分子……」（沈寧〈媽媽〉）。陶琴薰對孩子們講述了獨自前往學校的經過，可天真無邪的孩子又怎能接受這突如其來的殘酷現實。沈寧深陷沙發中，神情絕望，「我知道做一個反動家庭的兒子，在學校將有多倒楣，老師同學會怎樣看我，好像我是一頭怪獸，我受不了，想一想都會渾身發抖」。見孩子們的痛苦狀，陶琴薰內心無比沉重，突然「身體癱軟，跪倒地毯，雙手蒙面，痛嚎不已」，沈熙、沈燕二人見狀撲過去，摟住母親，哭作一團；沈寧卻一動不動，伯公忍不住，衝沈寧大吼：「寧寧，你不要媽媽，我就把她帶走，帶回武漢。你不愛媽媽，我可很愛這個女兒……」。這一年沈寧十四歲，少年慘綠，不知誰是惜花人，以他當時的感受，「好像被人升起半空，然後再丟進一個無底深淵。所以我心裏充滿仇恨，恨我的媽媽」。陶琴薰的心在滴血，她何嘗不想保護自己的孩子，這是母性中寧死不惜的一種天然情感，卻感到無能為力！1942年4月26日，陶希聖給在西南聯大讀書的陶琴薰寫過一封信，其中有這樣一段話：「人非家庭的動物，乃為社會的動物。而處社會之方法必須在社會生活中學習之。如能在社會中學得冷靜的眼光，養得熱烈的感情而練得堅強的意志，則其人即能始終在社會中立足……」忽忽二十年去矣，在精神上雖渴望養得「熱烈的情感」，在現實中亦可練得「堅強的意志」，仍未能在這個社會中真正立足，甚至家庭內也枝節橫生。陶琴薰被打成右派後，心情更加抑鬱不堪。以沈寧的回憶，她與丈夫沈蘇儒之間的爭吵越來越多，以致幾次深夜裏，兩人穿起大衣，說是要跑出去辦離婚……或許這只是一個小小的插曲，並不能真實地反映他們夫妻之間相濡以沫、互依為命的全貌。但作為陶希聖的女兒，其失落是不言而喻的。一次春遊時，陶琴薰獨坐香山頂端鬼見愁上，「許久許久，一動不動」，孩子問她在看什麼？陶琴薰說：春天來了，大雁從南方飛回來，真希望能找到一隻大雁是屬於自己的……

1962年，沈蘇儒被下放至安定農村，陶琴薰也被調出全國總工會國際部，來到北京教師進修學院外語教研室任教研員（先在北京外國語補習學校待過一陣）。幾乎與此同時，陶琴薰在西南聯大時的好友許湘蘋的丈夫因莫須有的「政治歷史問題」被調出對外貿易部；另一好友黃泳薺的丈夫亦因同樣問題被下放到山西南部一個煤礦工作；沈蘇儒好友陳德墀則被下放重工業部在鄭州的一個工廠，「這三家的變動使我們在北京減少了許多友情的溫暖」。儘管如此，在沈蘇儒看來，陶琴薰「對於這一調動倒是高興的，因為她在『全總』國際部這樣政治性強的單位工作，總是感到精神上有壓力，去教書就好得多，而且她也有興趣」。又一年，沈蘇儒堂兄沈鈞儒故去，這位被中共領導人周恩來稱之為「民主人士左派旗幟」的老人，數十年來對這位小於自己四十多歲的堂弟多有照拂，或許這也是沈蘇儒最終未被打成右派的一個原因。當年的小字報並未釀成大禍，只作了「深刻檢查」。而幾年後，在「四清」運動中（最初的「清賬目、清倉庫、清工分、清財物」發展到後來帶濃厚政治色彩的「清經濟、清政治、清思想、清組織」，亦即為十年浩劫之前奏），沈蘇儒寫了入黨申請書。若從這件事來看，當年拒絕隨岳丈陶希聖前往臺灣，不願「為國民黨殉葬」的心態是真實的。相比之下，陶琴薰內心遠沒有這樣簡單，儘管也說過「生死禍福，在所不計」這樣的話，但此一時彼一時，在經歷了幾度挫折之後，白雲蒼狗，人生無常，已是「試燈無意思，踏雪沒心情」，或如沈蘇儒所說：「革命的暴風雨沖掉了我們的夢境，我們像在一條失去了舵和槳的小船上漂流，終於被一個巨浪捲入了汪洋之中……」（《始言堂記事》）陶琴薰特別想念在水一方的親人。有一天，她特意讓沈寧陪著去前門的一家郵局（當時北京只此郵局接受國際郵件，沈寧語），給父親寄去了一件景泰藍。她對沈寧說：再過一個月，是外公的生日，我買些景泰藍，給他做生日禮物……沈寧萬萬沒有想到，母親竟一直在思念「頭等戰犯」的父親，感到十分震驚，茫然地望著她。「……外公以前和周恩來很熟，我曾上書周恩來，要求與外公取得聯繫。周親自批准，所以可以跟外公通信。來往信件郵包都經有關部門檢查，郵局備案，通過香港轉道臺北。這樣外公、外婆和舅舅們，至少能得到一點資訊，知道我們一家人都還活著……」陶琴薰說這話時一腔哭音，沈寧大膽問：你很愛外公嗎？陶琴薰點點頭：他很愛我，我也很愛他，很多年了，我一直都在想念他。這件事給少年沈寧留下銘心刻骨的記憶，似乎一下子也長大了許多，「她多麼孤獨，多麼痛苦，可是她一直對我們微笑，一個苦字都沒說過。這樣想著，我再也無法繼續恨媽媽。不管她是不是國民黨反動派家庭出身，不管她是不是反黨的右派分子，她是我的媽媽，她愛我，我也愛她，我不可能恨她……」（沈寧〈媽媽〉）陶琴薰與父親秘密通信這件事，得到中共高層人物的默許，卻也是當時統戰工作的一部分。此事緣於周恩來1954年發表關於和平解放臺灣的文告，其中號召國民黨軍政人員脫離蔣介石集團。這時陶琴薰從上海到北京方兩年，抓住這一契機上書周恩來，「表示願意做陶希聖的工作，為和平解放臺灣貢獻一份力量」。陶琴薰此舉未免膽大或許天真，她的父親陶希聖在本質上是一個三民主義者，這從他為蔣介石捉刀的《中國之命運》一書中可觀察其思想全貌，中共不止一次對他進行統戰，周恩來也親自找過他。由於政治上的南轅北轍，以及此時國民黨初步完成內部之改造，進一步鞏固了在台的統治地位，作為黨內主管輿論工作的高層人物，陶希聖更不大可能接受彼岸的「統戰意圖」。但陶琴薰已顧不上這一切，目的十分清楚，無非是想「使陶希聖這個沉重的政治包袱，在一定程度上轉化為『政治資產』，稍稍改善我們的政治處境」，同時，「這樣的通信也是我們在中共政權下同父母及弟弟們溝通消息、稍慰思念之苦的唯一辦法」。周恩來可能更看重其中的統戰效力，在看了陶琴薰的信之後，「認為對陶的分析是正確的，希望把工作做好，不要有顧慮」；這個工作由他領導，採取「單線聯繫」的方式。周恩來辦公室具體負責此事的人名叫海瀾（1962年後此工作轉交中共中央統戰部負責，作者注）。陶琴薰的伯父陶述曾也參與其事，由於陶述曾本人官至副省級，是中共所信賴的民主人士之一，使這件事更具政治色彩。陶琴薰在自述文字中始終未提及此事，倒是沈蘇儒後來在《始言堂記事》一書中披露：「我們寫了信，請他（係指海瀾，作者注）審閱，收到回信，抄一份留底，正本交給他。」「有事總由他到頒賞胡同宿舍來找我們，孩子們都認識他，就是不知道他是來做什麼的。後來，我們熟了，有一次他半開玩笑地說，你們知道我們現在在做什麼嗎？我們是在『通敵』呢」。這件事從上世紀五十年代中期一直進行至七十年代陶琴薰病故，其間陶雖被打成右派，卻按最輕的處理，1959年底又摘掉右派帽子，「名義上算是回到了人民內部」。我們完全可以猜測這件事於陶琴薰個人來說有或多或少的幫助……陶琴薰給父母兄弟寫信，一直經由香港有關人士中轉，其中余啟恩（廣東臺山人，香港註冊會計師。1941年珍珠港事變香港淪陷，翌年與妻子羅月好輾轉逃到重慶，陶希聖曾為他安排工作）曾在陶希聖主辦的「國際通訊社」（香港）擔任過會計，1949年後與陶希聖仍保持私人聯繫。陶琴薰先後收到過母親萬冰如、弟弟們的回信及寄來的照片，「說明去信都已收到並獲善意回應，這樣就算工作有了成績」。但始終未見父親陶希聖的作覆，沈蘇儒認為：「國民黨在那些年代裏在臺灣也實行嚴厲的政治控制和無情鎮壓的政策，所以叔叔和母親對於大陸通訊（即使是間接進行）也頗戒懼。」當時的臺灣正處於一個人人自危的「白色恐怖時期」，從1955年的「孫立人案」到1960年的「雷震案」，均為當局整肅和打壓其政治敵手，將「匪諜案」模式作為「執政者排除異己、掌控權力的重要方式」（薛化元〈《自由中國》與民主憲政〉），在國民黨內部位居要津的陶希聖十分清楚這一點，更知道與女兒「秘密通信」的危險性，他無疑也是小心翼翼，如履薄冰。筆者與臺灣清華大學歷史研究所陳華教授在南京大學一次會面中就陶希聖其事交換過看法。陳教授乃陶希聖四公子、歷史學家陶晉生院士之學生，手頭握有陶先生赴台後日記片斷的複印件。他告訴我說，這些日記因當時臺灣政治利害關係等因素，大都記述簡約如流水賬一般，全然不見個人之心情，可見臺灣政治環境的同樣惡劣。在大陸這一頭，陶琴薰一發而不可停下，「為這工作花費了許多時間和精力，她把所有有關此事的文字材料，保存完整。直到1966年8月27日因『文革』大動亂形勢的出現，她怕紅衛兵來抄家時把這些材料抄走去公開，造成多方面的危害，因此把全部檔案包好，親自送到中南海北門傳達室，請他們轉給總理辦公室」（《始言堂記事》）。到了1971年7月，美國總統尼克森國家安全事務助理亨利·基辛格博士秘密訪問大陸，恢復了中斷二十餘年的交往。陶琴薰抓住這一時機，於1971年8月2日第二次上書周恩來，「提出恢復對陶希聖和弟弟們做工作」，不料石沉大海，未見回音。1973年5月，陶琴薰獲知中共統戰工作行將恢復，再次給高層寫信，才終於獲准。次年抵達武漢，經與伯父陶述曾商量後，仍通過香港中轉並與表弟阮繼光（1949年隨陶希聖去台）取得了聯繫，又恢復了與在台家人的通信。不過，依然只是收到母親的回信和一些照片，陶希聖本人還是沒有回應。在海峽兩岸形格勢禁的非常年代，「家書抵萬金」，卻亦是心存疑慮，各自一表。上世紀八十年代後期，陶琴薰五弟陶範生給在美的沈寧寫過一封信，言及與姐姐通信時的心態：「記得那時我和瑞華（陶範生之妻，作者注）不顧一切當時環境的壓力和姐姐（你媽媽）通信，是一件非常值得懷念的事情。當時我們通信的心情是：一，我們非常想念姐姐……二，想知道姐姐及姐夫的現況，及家裏親戚朋友的現況；三，希望用間接的方式，告訴姐姐我們這邊的生活及現況；四，希望姐姐能從大陸出來和父母親及兄弟們團聚；五，希望能寄一些國外的特效藥，為姐姐診治風濕。其中第四項，由於環境的關係，我們不敢明確的表達，也沒有達到目的……」此類「秘密通信」原本包含更多的統戰意圖，到後來其政治因素卻意外地消解至最低程度，只見親情而不見政治。但無論如何，這件事畢竟緩解了陶琴薰一家當時的險惡處境，其用心可謂良苦矣。據沈蘇儒回憶：當時周恩來辦公室的海瀾經常給他們家送來一些內部票，「讓我們帶著孩子去參加『五一』國際勞動節遊園會、『十一』國慶日焰火晚會，到人民大會堂去看《東方紅》、《長征組歌》的演出——在中共體制下，這些不是單純的娛樂活動，而是被視為一種『政治待遇』、一種顯示政治地位和社會地位的標誌」(《始言堂記事》)。對於失去家庭庇護的陶琴薰來說，此時太需要這些「政治待遇」了，至少可以藉此來保護自己或家人。在海峽另一頭，陶希聖內心的痛苦絕不亞于陶琴薰，不能親自與女兒通信，思念之情更加彌深。在沈寧敘述的一件往事中，可讓我們捕捉到這位歷史人物悽愴複雜的心情：1986年，沈寧三兄妹赴美已四年。沈熙、沈燕在1949年後出生，外公並沒有見過他們，尤為想念。兄妹三人決定前往臺北探望，由於所持大陸護照無法入台，陶希聖獲悉後竟不顧年事已高直進「總統府」，向蔣經國獲取一張特許令，「准許我們三兄妹進入臺灣，祖孫團圓……「(沈寧〈下跪〉)。一切妥當之後，三兄妹又猶疑起來，「1986年夏天，還沒有聽說過哪個大陸人，進入過臺灣。從小到大，無數磨難不斷警告我們，萬事不可為人先，出頭鳥一定要被打落。……而我們的老父親，則還留在北京，就住在皇城根下，不能不是我們深切的後顧之憂，中國歷有一人落罪，誅連九族的傳統」，他們最終放棄了赴台計劃。這時陶希聖已屆望九之年，有一天突然發下話，說要親赴美國去看望這些孩子……1987年7月的一天，坐在輪椅上的陶希聖抵達三藩市機場。三兄妹在見到外公的一剎那，「不知不覺地跪了下去……」陶希聖的目光在每一個人臉上停留片刻，然後又轉到下一張臉。沈寧突然發現，外公的目光正越過他們的肩頭，「向後面望去，彷佛在繼續尋找著什麼」。他的心驟然緊縮，一下子明白了，「我知道外公在尋找誰，他在尋找我們的媽媽，他的女兒。媽媽已經去世將近九年了，外公不會不曉得。可是他不甘心，他希望那噩耗只是傳聞，不是真的，他渴望人間會有奇跡發生……」老人知道再也見不到自己的女兒了，他閉上了雙眼……十個月後，即1988年6月27日，陶希聖在臺北逝世。臨終前，他說：「九十歲……連感慨都沒有了。」（1987年10月3日給陶恒生信）

陶琴薰罹患類風濕晚期而早逝。最初發現時是急性類風濕關節炎，1966年春。一天早晨，她突然感到全身疼痛，不能動彈。經過及時診治，即猛用激素，病情才被控。遵醫囑，停藥後需靜養，則可基本痊癒。但不久「文革」遂到，與許多不幸的中國人一樣，陶琴薰不可能逃脫「人為刀俎，我為魚肉」的悲慘命運。這一年秋天，所在單位「革委會」強令一些教職員工去潭柘寺農村勞動改造，這一折騰導致陶琴薰的病情出現反復，逐漸惡化。從陶琴薰生前一份「思想檢查」中可以知道，這一次是「革委會」給她報的名。「……當時我的手腳腫疼，不能勞動，就沒有自動報名，本想去醫院拿病假證明，但革委會已給我報上名了，這時我怕再交上病假證明，會使人覺得我有意逃避鬥爭，就硬著頭皮下鄉去了……」在懲罰性勞動中，陶琴薰累得彎不了腰，就乾脆跪在水田裏幹活，終於有一次一頭栽倒在農田裏，「再也不能動彈了。敞篷大卡車送她回城，路上又遇上大暴雨」，從此遂成慢性，久治不愈，形同殘廢一般。那年月不論大小會議，人人都要手捧「紅寶書」（《毛主席語錄》）山呼萬歲，最經典的動作就是將「紅寶書」緊貼胸口，「呼口號時要很快地用右手把它高舉過頭，有規律地左右搖動」。陶琴薰已不能高抬右手，「必須強忍著疼痛跟著做」，否則就是對毛的不忠，當場便會挨鬥……早在1927年5月，陶希聖就與毛相識。當年北伐軍唐生智領軍北上，繼續討伐北洋軍閥殘部。武漢北伐軍政府令，將軍政學校師生與農民運動講習所師生，合併為中央獨立師，與葉挺率領的十一師會合，由武昌出發，西往迎戰夏斗寅先頭部隊萬耀煌部。陶希聖時為中央軍事學校武漢分校政治教官，兼任軍事委員會總政治部政工人員訓練委員會常務委員，農民運動講習所的主任就是毛澤東。陶希聖一生著述甚多，尤在史學方面的造詣及其貢獻，奠定了他在二十世紀中國史學史上的重要地位；從政後又親歷中國現代史若干重大歷史事件。但就是像他這樣人，也未曾料到在中國大地上竟出現如此造神的荒唐一幕。陶琴薰長子沈寧始終堅持認為「不是疾病奪去了媽媽的生命，而是荒誕殘暴的中國大陸政治，摧殘並殺害了她」（沈寧〈我心中的媽媽〉）。陶琴薰在其短暫的一生中，兩次想到過死。其中一次是在1971年寒春，沈蘇儒莫明其妙地被誣捲入一起「謀殺案」。這時她已行動不便，仍被勒令去參加沈蘇儒的批鬥大會。據次子沈熙回憶：「劇場滿坐數千人，媽媽在最後一排，看著臺上不成人樣的爸爸，覺得整個天地都在沉陷，世界不復存在。大會一完，爸爸又立即被押走，甚至不知媽媽的在場。而媽媽手腳冰涼，站不起身。媽媽對我說：那天她覺得真完了，永遠也見不到爸爸。……天已全黑，媽媽怕與別人同坐一部公共汽車，怕聽人們的議論，就柱著拐一個人步行……兩三站後，她再也走不動了……她身體無力，腦中一片混沌。她想到了死……」（沈熙〈媽媽和我〉）這是陶琴薰一生中最為絕望的時刻。萬念俱灰之時，她突然想到三個無辜的孩子，「那年月，自殺也是大罪」，陶琴薰終於放棄自殺念頭，回到家，與女兒沈燕抱頭痛哭。在沈蘇儒出事第二年，陶琴薰接到提前退休的一紙通知，這時她才五十一歲。此後陶琴薰的病情不斷惡化，「四肢關節的手指腫脹疼痛變形，有時右手疼得不能握筆。到處求醫，均不見效」。

1974年，她前往武漢伯父處治病時，收到過母親的一次回信，信上「……我有八個孫子，四個孫女，你們的兒女，我一樣地愛他們」云云，母女之間的那種繾綣離情，躍然紙上。1975年初，收到五弟陶範生美國的來信，說想給姐姐寄藥。陶琴薰果然收到一次從美國寄來的藥，非常見效，不知為什麼，之後竟遭至檢查扣留。她在給陶範生去信時說：「這瓶藥輾轉萬里，卻到不了我手中，真是遺憾之極。」若干年後，陶範生在一封信中回憶：「……可惜那是臺灣藥，經過我的重新包裝，不敢把說明寄到大陸，只是將說明另抄了一份寄給大陸檢查機關。這批藥好像遲遲不能到達姐姐手中。後來我們又寄了幾批，結果都如石沉大海，不知下落……為什麼當時的藥不能寄到姐姐的手中？是不是政治引起的悲劇？」（1988年6月19日致沈寧）不久，陶琴薰胃部出現大面積壞死，乃長期服用激素所致。在沈鈞儒孫女沈瑜醫生的幫助下，儘管手術較為成功，又不能不再服用激素，醫生們終究未能找出一個兩全的辦法……陶琴薰在最後彌留之際，身體已虛弱不堪，「皮膚腫脹發亮，而且又薄又脆，輕輕一碰就會破裂。所以在每兩小時一次翻身就是極難的事。她必須定時翻身，否則著床一邊皮肉就爛了，每次翻身就會遍體鱗傷，讓人淚下……」（沈寧〈我心中的媽媽〉）。可陶琴薰並不甘心這樣撒手人間，她在病榻上以小說的曲筆將其一生的經歷、痛苦、思念化作對親人的最後呼喚，其中一段描寫到吳淞口海面上瞬息萬變的幻境，「碧綠的海連著天，蔚藍的天連著海，看到鑲著金邊的白色、粉紅色和淡紫色的雲光映在海波上起起伏伏，形成了瞬息間千變萬化的霞光異彩，多么遼闊絢麗的景色呵！媽媽又是驚訝，又是讚歎，她高興極了。……到了北京，我們看不到江和海，也看不到輪船了……」（陶琴薰〈望眼欲穿〉，1978年3月12日）如此雅致的筆觸，一語雙關，暗藏泣血人生記憶，似乎又看到了當年的吳淞口，父親陶希聖那悽愴無奈的眼神，以及海面上漸遠的風帆，從此天茫茫、海茫茫，真的是什麼再也看不見了……1978年8月14日，在陶琴薰入院五個多月後，一個寧靜而又慘澹的黃昏中，沈寧獨自守護在母親的病榻前。就在這時，只見「媽媽突然要求翻身面向窗外，那是不該翻身的時候，可是她堅持要翻，甚至發脾氣叫起來……媽媽一聲不響，睜大眼睛，望著窗外的天空，許久許久。那神情、那目光、那雕像般的靜止，突然使我想起香山頂上的一幕……忽然，媽媽的眼皮慢慢垂落……」沈寧大叫醫生，陶琴薰有氣無力地喊著：「大夫，我要……」

名門之媛陶琴薰就這樣走了，五十七年的佳人薄命，如此不堪一擊，留給親人們的慘澹記憶竟是「臉上的皺紋」、「彎曲變形的手指」、「拄拐蹣跚的身影」。還有一個令人匪夷所思的細節不應忽視：在陶琴薰最後的日子裏，有關部門突然安排她出任北京市政協文史資料研究委員會辦公室專員，但這又能證明什麼呢？是對行將消失的生命一種安撫，還是在人性的黑洞中再一次受到折磨，抑或以一紙虛名遮蔽數十年冷漠之種種？答案可能是多個，只是陶琴薰已不再需要這些，她就像在風雨中走失的一隻孤雁，誤入藕花深處，幾聲哀鳴，濺起幾多離愁……

之三

驪珠之死

陶希聖

前言：方岳先生及鳳屏夫人是希聖夫婦同鄉世交。這篇記錄是他們口述其長女的一段傷心史，由我寫下。惟所記人名或不免遺誤。

方岳先生十九歲在鄂東故里結婚，以臘月二十四日「老日子」行親迎禮[1]。鳳屏嫁時，才二十歲。婚禮之後，新夫婦北上，至雲庭公的任所。方岳本人隨即赴燕京繼續求學。次年雲庭公卸任，全家還故里。那是一座大鎮市，老家就在正街之下街[2]，是四進的房子。大門之內是寬敞的榨油作坊，如今將榨拆卸，改建客廳與住房。第二進是正廳，正廳的兩邊是正房與廂房，樓上是倉與庫。第三進是後廳，兩邊是臥房。第四進是廚房與打穀磨面醃菜的工作場。後門之外是與左鄰右舍共通的院子，再出去就是由鄂東到河南的一條大路。

大路的對過是幾家炸油條、賣客飯的小店，供往來客商歇腳打尖之用。

1 方岳先生說：鄂東舊俗，用臘月二十四日結婚，即無須求算命先生擇吉合婚，是日家家祭灶神，接祖宗，百無禁忌。親迎禮者，新郎坐花轎，由媒人坐轎伴隨，親詣妻家，轉門求門，新娘方才上轎，相偕回家。往返路上，掌旗放炮者百餘人。

2 上街是商店區，下街是住宅區。

唐家從官衙退到鄉間，一切家俱、箱籠、行李安置就緒了。雲庭先生在任所辦交代，後來又停留武昌訪舊友，尚未回裏。唐夫人現在是兩個媳婦的婆婆了。雲庭先生以忠厚待人，夫人以精勤治家。家事大抵安頓之後，一日清晨，召集家屬，首先說明我們不是住衙門，如今是住鄉鎮。你們不能坐吃坐喝，都要打下身子做家務。

婆婆指著大媳婦，叫道「項小姐！你是官家小姐，不會打雜，要學紡線子。」大嫂[3]聽著，不敢答話。婆婆又叫鳳屏：「方大姐！」鳳屏聽見婆婆這樣叫她，禁不住身上冷了半截[4]。

「方大姐！家裏的事情見什麼做什麼！你一天要紡八兩棉線。項小姐也是一樣，每天八兩。」

婆婆接著說：「我請了老媽子，是要紡花牽布[5]。你們各做各的事，不要攀她。」兩個媳婦聽完就各自退去。她們自己思量，既是回到鄉里，要做家事才是正理，從今以後應該打下身子去做。

鳳屏隨家回裏的時候，已經懷孕。肚子是一天一天的大起來了，體力一天一天減弱了。只是不敢說。眼見大姐[6]已經生下兩個男兒，現在一樣懷孕，一樣肚子大起來。大姐有信心，她那第三胎必將是男孩子，毫不存疑。再看大嫂，不是也有孕麼？鳳屏懷胎算得什麼？更沒有任何把握生男或生女，這過門未滿一年的新媳婦，哪有發言權？

---

3 方岳的大哥亦在北京讀書。大嫂姓項。其父原在北方為知縣，與方岳之父雲庭公是同寅。方岳稱項小姐為大嫂。

4 鳳屏的父親此刻還在安徽任省長的秘書，並署理縣長。太太叫鳳屏是「大姐」，即是說她鄉村女子，否認她的家世。

5 牽布即是將線子漿好，牽起來，上織機，以備織布。

6 已出嫁夫家但長年住在娘家的唐大小姐。

家中叫了四個裁縫，在正廳裏擺起案板，做大人的衣服，也替未來的孩子們出世後，準備衣服。大姐要為她的第三個兒子做「和尚袍」[7]。大嫂前年生了男孩子，可惜活了幾個月就死了。她也算不清從前到後受了多少氣，從早到晚哭了多少次。她頸上的歷瘰一串串的，吃什麼藥也消不了。她望兒真是眼都望穿了，這回當然要做和尚袍。只有鳳屏還是新媳婦，既沒有臉說話，更沒有膽要求做什麼袍和褂。

鳳屏的辦法就是見事就做。婆婆的、大姐的、外甥們的、所有的衣服、尿布、都收來在後廳的天井邊洗，洗了拿到後院去曬。再就是打掃後廳與正廳，抹了桌子再抹椅。如有一點工夫坐下來，就要幫著大姐做外甥們的鞋子、帽子、要繡花、紮花，一面做，一面聽她的閒話和責備。可是她也只有忙著工作，才可以避免說話與答話，尤其可以避免插嘴裁什麼衣服的事。

次年三月，鳳屏要生產了。後街有一個資格老些的產婆，來家接生。新媳婦生孩子，家裏比母雞生了蛋要熱鬧得多，嘈雜得緊。所幸她不是難產。不幸她生下的是一個女孩子。一家人頓然沈默下來。婆婆自去她的房裏躺下。那些湊熱鬧和看熱鬧的小姐太太們早已各自散去了。

大姐去到她的婆家，果然又生下男孩子，滿了月就回到娘家來，婆婆先前預備的雞與雞蛋、掛麵、白米，早已叫二把手車子推了兩三車去了。現在大姐回來了，對婆婆說：「我哪裡發胖，我身體虛了，臉都腫了」，大嫂也在家生了男孩子，也是每天吃雞蛋和雞腿，卻未見她的臉腫。

---

7 方岳先生說家鄉的風俗，初生的男孩子要穿和尚袍，其實是漢人反抗滿清，男孩子初生下來，不穿右衽的滿人袍子。

鳳屏生下女孩子兩三天，睡在床上，渾身發冷，又沒有力氣拉棉被。耳聽得臥房門窗外面有人走過，便用盡力問一聲：「是誰！」廳上每次有人往來，她每次問話，一直得不到回音。要水喝要不到手。直至夜飯時候，老媽子送了一碗面來，方才替她蓋上棉被。面擺在桌上，送面的人走了。她轉熱了，渾身是汗，頭也發暈，到了半夜，大嫂進房來，才把棉被揭開。她什麼也吃不下。

大嫂見弟媳生下女孩子，是這樣的慘，很表同情。雖然她在兩個月之前生了男孩子，但是此刻的問題是她沒有奶。她進月子房是犯禁忌的。她就是偷偷的進來看望月裏人的。她坐在床沿，不敢說什麼話，單是坐了一會就出去了。

滿月之後，鳳屏寫信給方岳。信上問「女孩子取名，可否叫做驪珠？」方岳得信喜極若狂，立刻回信，贊成這個名字。[8]

鳳屏在月子裏[9]，發高熱約有半月之久。還是那產婆說一個方子，讓她坐在盆上，用艾煮開水來熏，方才消炎退熱，但是她仍然兩眼發黑，胃口很壞。鄉里習慣，新媳婦生孩子報喜到娘家，娘家要送三十只雞，好叫產婦一天吃一隻。可是一天兩次，老媽子送進房來的雞湯總是不熱，而且兩條雞腳架在碗上，看著也吃不下。到了滿月之後，每頓飯就要隨著大嫂到廚房去吃，廳上的飯桌照例沒有媳婦們的坐位。

---

8 在北京同時讀書者，方岳與我，各人皆勤於家信，最高紀錄是一個月四十封。方岳此刻已有一個多月，未得家信，著急得緊，忽收此信，喜極若狂。

9 方岳先生說：「坐蓐」傳訛為「做月子」或「做月裏」。因而未滿月的產婦稱為「月裏人」。

正廳裏此時又擺了案板，坐上四五個裁縫，替新出生的孩子們做衣服。驪珠是女孩子，只好用外婆家「送粥米」帶來的衣服包片，這案板上沒有她母女的份。

暑假到了。方岳由北京趕回家，帶了北京特產：剪子、針、針鉗子，以及獨角蓮、百花膏藥，同仁堂的名藥。他進門之後，一起送給婆婆，分送家中的人，每人都有。但是他未曾準備任何東西，可以留給自己的妻女。他的短褂與長褂要掛在廳上，才能進自己的臥房，以事實表明他未曾私下帶什麼東西給妻女。

驪珠是三個月的嬰孩了。每天清早，天亮時候，鳳屏起床，首先到婆婆房門口聽著房內的動靜。若是婆婆起來了，她就要進去服侍，扣衣服，穿鞋子，收取被子床單，帶出來漿洗。同時要到大姐房，將小外甥抱出來，好讓大姐安睡。如其遲了一點，大姐就開口責罵：「這家裏的人死絕了！鬼也沒有一個了！」

清早說破口話是鄉里習俗上的禁忌。大姐罵多了，婆婆也煩了：「我家裏死絕了，你有什麼好處！」為了免於吵鬧，鳳屏與大嫂約好，一人一天，輪班起早去抱外甥出來，自己的孩子就只得留下不能照管。方岳將要回家了。家中第一件事就是先期遣散裁縫，第二件事是警告鳳屏，說道：「二少爺要回來，你說話要留神。」方岳進了家門之後，看見家中安靜、和睦，也就放心。每當鳳屏忙著家事的時候，他抱著驪珠，在廳上走來走去，走出走進。他也聽見一些閒話：「一個女花子，還要愛」[10]。他只好不理會。

---

[10] 「花子」就是乞丐。

這年伏假〔按：暑假〕，家裏的問題集中在大嫂的房裏。她沒有奶可以喂飽自己五個月的男孩子「小鈞」。她要請奶媽餵奶。鄉里找奶媽不容易，因為很少放下自己的嬰兒，出來做奶媽的女人。若是自己的女兒夭折了，又是不吉利的東西了。偶然尋得一個年紀不大，而又可以放下嬰兒、出門做奶媽的女人，那大嫂當然不得不百般安撫她，留住她，每天每餐，還要選一些好飯菜讓她吃飽，才有充足的奶來喂小鈞。家裏就不免閒言閒語，那奶媽只得辭工而去。大嫂也就只有流淚的份兒，小鈞仍是日夜啼哭。家中煩躁的氣氛好叫方岳實在坐立不安。

婆婆聽了大姐的意見：「二少奶的奶充足，可以搭著喂小鈞。」婆婆就問：「扯了驪珠的奶，怎樣好。」大姐說：「女孩子是賠錢貨，要什麼緊」。鳳屏聽見這些話，又看見小鈞哭個不停，喉嚨也啞了，實在可憐，就去抱過來餵奶。原想喂他一隻奶，留下一隻奶。殊不知那男孩子一口氣將兩個奶吃幹了。小鈞再也不哭，撇下驪珠吃不飽，日夜哭，家裏又煩起來了。

家裏仍然用盡了方法找奶媽。但是小鈞吃娘娘[11]的奶吃順了，雇來的奶媽即使有很好的奶，他也不吸不吞。原來奶媽餵奶要吃好飯菜。鳳屏吃不飽，奶水不夠，只得大量喝白開水來補給。鳳屏瘦了，驪珠的體重也減輕了。家裏人還要說：「嬰兒太重了，不好養」。婆婆實在聽得多了，有時指責他們：「不要咒我家的女孩子！」

鳳屏的父母此時到江西的縣長任所去了。她的姨母從鄉間上漢口，路過方岳家，便中看望鳳屏，發現她喂兩個孩子來不及

11 侄兒稱嬸母為「娘娘」。以後小鈞叫鳳屏是娘娘，驪珠跟著叫娘娘。

的事情。姨母責備她：「殺命養命是不可做的。你不應該答應，不應該負起這個責任。」姨母不上漢口，接鳳屏到鄉間去小住。母女二人的健康才漸漸複元。

伏假過了，方岳北上求學去了。鳳屏和驪珠在家中還是一天一天的這樣過。

大嫂的父親自辛亥革命以後，不再做縣官，而且中風去世。項大哥跟隨雲庭先生任秘書，文理精通，是一把好手。雲庭公卸任歸裏，項大哥奉母攜眷暫住漢口，不幸病死寄寓。於是項夫人帶著寡媳及一孫依靠大嫂，在正街的前巷租下兩間房子，暫且居住。項家原是鄂西的世家，兼以項先生游宦中原多年，家藏衣物、首飾、家俱，除粗笨者外，帶來的東西不在少數。大嫂隨時取出一些，托人變賣，以其所得，供項家之日常用度。東西賣得低廉，日子過得儉省。

不料項少奶生下遺腹子，就在月子裏病死了。項夫人扶養兩個孤孫，一個兩三歲，一個未滿月。大嫂在家中要紡線子，伺候婆婆，一有機會抽身去看望她的母親和侄兒，將她的工作交給鳳屏代做。她雖然一轉身就回來，若被大姐發覺，報告婆婆，那一天就不得安心渡過。

項夫人悲痛過度，害了重病。大嫂抽空去視病，更受責難：「傳染病到我家，害了我家，如何得了。」她每天偷偷去打一轉，一切由鳳屏代為掩飾。但是外甥們隨時跟蹤報告：「大舅媽又去了」。這一天還是過不去。

項夫人不幸去世，大嫂辦喪事。鳳屏亦去協助。妯娌二人撫棺痛哭。大姐知道了，指著鳳屏說：「又不是你的娘，哭什麼？擱著家務不做，去哭別人的娘」。此後便不敢再去了。項夫人安葬在後門之外大路盡頭的公墓[12]，妯娌二人一同拜墓，又痛哭一場。大嫂更是吐血不止，甚至用臉盆接著。家裏的指責是「誰叫她去傳染上肺病？」

次年，驪珠一歲半，會走路。更會說話。大姐第三個男孩比他大兩個月。兩個小孩便變成家裏問題的中心。外甥撞了禍，驪珠便要挨罵挨打。鳳屏若是不打，大姐就不依。若是打了，婆婆就不饒。

一天的清晨，驪珠蹲在天井邊大便，小孩子不會扯起衣服，將衣角弄髒了。鳳屏正在洗衣服，就擱下來照料她，口裏說道：「下次再弄壞衣服，就要打」。婆婆聽見了走出來，拿起一條竹棍，指著鳳屏說：「你打孩子，我就打你」，一連打了十幾下。鳳屏跪下，請婆婆饒恕這次，「再不打了」！驪珠跟隨跪下，一面哭，一面用手壓住婆婆的竹棍，又哭又說：「婆婆！不要打娘娘，打我好了」。

大姐從正廳走上後廳，看見那一歲半的女孩子跟隨她的母親，一同下跪在婆婆面前，便大聲嚷著：「歲半的女花子，太刁了，會做作。弄壞了衣服，還不快打，打死她」。鳳屏不敢回話，帶起孩子進自己臥房。驪珠一面哭，一面說：「我怕婆婆，更怕大伯伯」[13]。鳳屏一面哭，一面說：「你怎樣長得大！這日子怎樣過！」[14]

---

[12] 現在雅稱為公墓，當時俗稱「亂葬崗」。

[13] 侄女稱父親的大姐為「大伯伯」。

[14] 這段事情，鳳屏存在心裏，五十年了，未曾告訴任何人，亦未曾對方岳說過。老夫婦今年過七十歲，方才追懷此事。他們對我敘述之時，不禁涕淚交流。我夫婦亦感歎不已。

日子怎樣過？鳳屏每天自己紡了八兩線子，還要幫助大嫂再紡八兩。因為大嫂不會紡線，把紡車拉得像牛叫，若到夜間交不了卷，就沒有日子好過。線子積多了，便架起機頭，由鳳屏織布，每天限定至少織一條脈，夜裏加工，次日清晨就拿布下來，到上街的布行去賣。[15]

驪珠坐在機頭旁邊的小凳子上，不敢動。手裏拿一樣東西，就被三哥搶走，也不敢哭。鳳屏有時拿出幾個銅元，叫人到後街對過，買油條分給幾個孩子吃可以暫時哄過一番。但是問題又在這錢是從何而來的。又有時將家裏收租取回的紅薯，送到爐子裏烤幾個，分給孩子們吃，也可以平息一下，但是鳳屏亦須負擅取紅薯，驪珠亦須負「偷吃紅薯」之責。

家裏養了很多雞，後廳的桌椅上經常有雞屎要掃。尤其雞蛋要收集起來，準備大姐吃。若是驪珠的外婆家送十個八個雞蛋來了，那就難辦了。鳳屏若是煮一個給這女孩子吃，就要冒「偷吃」之險，必求「先生」作證，證明其來路，才可免於責罵[16]。

驪珠也有一段似乎較好的日子可以過得去。這一段時間卻是唐家的不幸。

雲庭先生解官歸裏之後，原想隱居故鄉，讀書、寫字、吟詩，以度晚年。不料唐小妹出嫁，遇人不淑。因此，雲庭每天每夜受家裏的批評與怨懟，自己也深覺沉痛。於是家裏難於久居，便隻身出遊鄰近各縣看地[17]。

---

15 一條脈是多少？我寫不出來。

16 「先生」者，家中收租的人員，是方嶽同族的兄長。

17 方岳先生說，他家藏有「撼龍經」、「疑龍經」等堪輿之學的圖書，皆是雲庭公遺存。

這位老先生有時清晨起來，出門步行，或幾天不回，或一個月不回。老太太口裏不問，心裏很煩。媳婦們怕婆婆難過，便排天排日，泡清茶、熬蓮子、做點心，敦請鄰居牌友到家中打牌，讓婆婆消遣光陰。夏天在家中打牌，媳婦用手打芭蕉扇，不許扯風扇，那是「懶婆娘的懶主意」[18]。冬天婆婆到鄰居去了，媳婦們半夜還要在大門口等候。寒風大雪之下，衣服凍在牆上，走動時要扯開，扯得直響。鳳屏更沒有時間與工夫看管驪珠了。

忽一日，唐家叔父由武昌帶信來，說是雲庭先生在門級營德安棧重病倒床。老太太得信，立刻赴武昌，將病人搬上帆船，帶回鄉里。一面打電報到北京，召回兩個兒子。

方岳隨大哥搭京漢車，趕回家裏。雲庭先生不喜大哥。方岳日夜專心侍病。鄉鎮沒有好醫生，從漢口請世交鄉誼的老醫生來診治，另外搜求醫書，如「醫門法律」、「景嶽全書」之類，自己研究。全家均不信西醫，單靠中醫與醫書，開方下藥，並派人持方到漢口配上好的藥品。每天的藥方由方岳自行煎理。

驪珠將近兩歲。這女孩子每天早上起床走出房門，便去到爹爹房門裏，站著等候爹爹招手，才到床前問病。病人的眼睛閉上了，她才放輕腳步，走出房來。夜間睡覺之前，先問病，再回自己房裏上床就寢。暑期過去了。雲庭先生力促方岳上京完成學業。病床搬到後樓之上。長病久臥的祖父，有了這長孫女每日幾次上樓陪伴談話，頗不寂寞。驪珠雖然可以獨自爬上樓梯，卻又不會下樓。她要下就站在門口，叫她的母親扶她下來。

[18] 風扇是用布做的長方形，用繩子掛在梁上，另用繩子拉扯，有風下來。這是電扇之前最方便的風扇。

大姐第二個兒子，驪珠叫他「二哥」。有一次，他要背驪珠上樓。那女孩子站在矮凳子上，爬上二哥的背，忽然失腳，摔到地上。她哭了。爹爹在樓上聽見女孩子哭，高聲叫道：「什麼人摔了驪珠！」樓下的人說「二哥背她上樓，失錯摔下來了！」

爹爹在樓上高聲說道：「叫他上來，我要打他」！於是鳳屏一手扶著二哥，一手牽著驪珠上樓。驪珠見了爹爹，一面哭著，一面央求：「二哥是失錯，不要打他」！事情就這樣過去了。婆婆是從鄰居親戚家回來，上樓就問「什麼事」？爹爹說：「驪珠是這樣聰明，懂事，你們為什麼總是不愛她？」大伯伯在樓下聽見這話，氣得回自己房裏睡下了。婆婆也埋怨：「你偏心」！

祖父的愛不長久。這年臘月，雲庭公病篤，由後院樓上搬到前廳房間。這房間與鳳屏母女的房間相對，兩房中間是長而寬的過道。有一天深夜，鳳屏偶然聽見爹爹與婆婆談話，大為悲傷。

爹爹說道：「兩個兒媳都是世家女子，一心一意做家務，侍候公婆，養兒育女，沒有什麼差錯。你不可老是把嘴擱在她們頭上。大姐的小話不可偏聽。」婆婆答道：「你不要管媳婦的事。媳婦是我管的」。

次日一早，鳳屏把這話轉告大嫂。妯娌二人相對痛哭一場，小聲說道：「爹爹要是死了，這日子更難得過」。

陰曆年關過了，雲庭公囑咐家中，現在可打電報催方岳回來，並且說：「我等他回來。我要看他一下」。方岳在北京接到家中急電，立刻搭火車南下，及趕到家門，他的父親已經瞑目入棺，尚未加蓋，等候他回來蓋棺。

先一日，祖父斷了最後一口氣，由病床搬下來，躺在席墊上。驪珠走到近旁，一面叫「爹爹」，一面爬上席墊。祖母擋她不住。這時候，鳳屏懷著第二胎，原不能哭泣，眼看此情此景，不由得昏倒在地板上。

方岳回來了。蓋棺下釘。驪珠大哭大鬧，要爬進去。有幾位從鄉間來弔喪的姑娘們將這可憐的女孩子和她的大肚子母親，一齊扶進房門，放在床上，勸其止哭。

祖父去世之後，夏天到了。方岳自北京回裏，打算與妻女共渡三個月平靜生活。哪知道鳳屏第二胎又生一個女孩子。鄉鎮習俗不許丈夫住在「月裏人」的房裏。方岳堅持在房裏另支鋪位住下。家裏不服氣，便禁止驪珠進房。每日的白天，方岳牽著驪珠到前廳，或出後門，蹓躂一番。到了夜間，這兩歲多的女孩子被人們拉到後院，或牽上後樓，放進搖籃要她睡覺。孩子通夜哭泣，她的母親通夜在房裏失眠。

一天挨一天。鳳屏是滿月了。方岳與驪珠父女都患瘧疾。女孩子一個星期就好了。方岳是隔一天發冷發熱，病了幾個月[19]。這年夏季又是苦難的假期。假期過後，方岳北上繼續求學去了。

老家裏一日三餐，飯桌上沒有這女孩子的坐位。老屋裏四進也沒有她可以存身的處所。她清早醒了，坐在床上等候鳳屏料理婆婆，侍候大姐，諸般工作都做了，然後回房招呼她穿衣起床。驪珠小聲說道：「快些起來，到後街去。我怕她們！快走！」

鳳屏送她出後門，過大路，走進那炸油條的棚子之下，帶小板凳給她坐下，拜託那炸油條的老太婆看管著，不要讓她走開

[19] 鄉鎮缺乏醫生。據說瘧疾分三天、七天的各種。如果七天不好，就會打三年六個月。

了。鳳屏再三託付之後，即便回家掃地、抹桌、上機織布、洗衣、收衣，有做不完的事。

一天一天過去了。氣候漸漸冷了，又漸漸熱了。鳳屏每天上午送出去，中午接回來。除了大風雨之外，日子就這樣過！至少上午就是這樣才能平安渡過。下午如何，就要碰碰運氣了。

次年三月，驪珠滿三歲。四月的天氣，變化無常。這女孩子在後街的棚子下，早晨冷，中午熱，身穿棉襖無法脫換。她的母親出門過街引她回家。她是滿面通紅，滿頭大汗，只要水喝。幾天之後，驪珠口腔發炎，喉頭漸腫，一直不能吃飯，到後來，水都難咽下去。

這一時之間，上下街與前後街，流行著兒童麻疹。二姐住在上街，三個女兒先後傳染病症。驪珠姊妹，小的在床上，大的在搖籃裏，都發高熱，兩家一樣沒有醫生診治。

方岳的妹子，驪珠稱她為「小爺」。那小爺從武昌婆家回到娘家，帶了幾份禮物，其中有什錦餅乾兩盒。一盒送給大姐的幼兒，一盒送給大嫂的長子，卻沒有分給驪珠。這女孩子小聲對她母親說：「怎麼我沒餅乾，我想吃一片」。鳳屏答道：「我帶信給外婆家，托人去漢口帶一盒給你。你等著。」

症候流行益覺猖獗，鎮裏雖有一位中醫，自己躺在床上，放下帳子，在那裏喘氣。上街下街卻有很多病倒的兒童。二姐的大女兒與二女兒先後死去了。婆婆哭著去看她們，又哭著回來。大姐坐在正廳上哭。驪珠聽見了哭聲，也聽懂了這不好的消息，病更加重。喉頭口腔紅腫有化膿模樣，也許還加上肺炎。她在高熱之中，三番四次，要搬到婆婆房裏，好像依靠老人的保護，才可小睡一下。婆婆出房去了，她就發抖。

餅乾是帶到了。鳳屏拿盒子給驪珠看。她笑了，可是口痛喉梗，不能吃了。她伸手拿盒子放到枕邊，時時轉眼看一下。後來眼睛也模糊了，看也看不清了。

自出世以來。三年苦難的長女就是這樣死在婆婆房裏。

鳳屏聽得：「女孩子是賠錢貨，死一個，好一個。你哭什麼！」但這傷心的母親忍不住痛，回房上床拉棉被蒙著頭哭，忽覺天昏地暗，頭暈眼黑，不僅哭不出來，連話也說不出來了。

她隱約聽得家裏的人們會同商量，說是：「二少奶就要死了。她的父母現在江西。只有姨母在鄉間。我家不能不通知她的姨母，要她來看一下。否則她的娘家將來要質問她是怎樣死的」。

不知道什麼時候，姨母來了，坐在床邊，一連叫了幾聲：「大小姐！大小姐！」鳳屏漸漸從昏悶中醒過來，伸手抱著姨母的頸和肩，嗚咽半向，才哭出聲來。

姨母告誡她說：「女兒家是要服從，也不可過分懦弱。當說的要說，當辯的還是要辯。我們方家一族世代讀書，女兒出嫁以後，不可辱沒婆家，也不該受婆家辱沒。你還是要站起來，活下去！」鳳屏這時又能說什麼呢？只是擺手。姨母說一聲「保重」，便起身告別回鄉去了。

二姐在苦難中聽說，驪珠死了，來到鳳屏房裏，抱頭痛哭一場而去。六七天之後，二姐只有五個月的第三個女兒又死去。鳳屏勉強起床，出了大門，一路哭，到她家去，倒在她床上，相抱大哭，哭完就趕回家。因為驪珠是去了，剛滿一歲的妹妹還病在床，要水喝。

方岳夫婦說到這裏，我也記到這裏。方岳太太又補充了幾句話，說道：「這些事情裏，有幾件是我從來不肯告知方岳的。如今我們二人都是七十歲了，五十年未曾說出的話，說出來吧。」

（1969年5月20日記畢）

陶希聖有兩女，長女驪珠，次女琴薰。驪珠於三歲苦難中早逝，遂成陶氏夫婦早年悲傷之痛。恒生先生曾云：「這是我家家史之中最悲慘、最不忍回顧的一段往事。文中的『唐家』即湖北倉子埠陶勝六的陶家。父親在臺北寫這篇文章時已七十高齡，母親直到這時才把隱忍了五十年，當年父親在北方從不知悉的淒苦點滴，告訴了父親，兩人燈下相對，涕淚交流……」此文寫於1969年5月20日，距「驪珠之死」整五十年矣！陶希聖以第三者口吻曲筆記述之，可見其內心不堪之痛，經年累月而未能釋懷也。文中「唐方岳」之化名，即陶希聖本人，「方鳳屏」乃夫人萬冰如女士，「雲庭先生」指陶父月波公，「婆婆」即陶母揭氏……恒生先生又云：「母親嫁到陶家被婆婆稱為『大姐』，坐實了她在陶家備受歧視的地位。祖父一生在河南為官，官聲廉介，祖母卻不免染上滿清官太太一派『老佛爺』的習氣。她對與祖父同朝為官的向家的小姐另眼相看，而對世代讀書，祖上在有清一代隱居不仕的萬氏一族，不屑一顧。她不瞭解祖父與外祖父當年為兒女指腹訂婚，不僅是尊崇萬家的氣節，更敬佩他們樂善好施、孝慈和睦的家風。至於那驕奢刻薄的大伯伯（即大姑母），我生也晚，未曾領教過她的嘴臉。只記得抗戰期間在重慶時，每次大伯伯到訪，父母親總是以禮相待，客客氣氣，她老人家再也不叫我們『花子』了。我們萬萬無法想像可憐的大姐姐，是怎樣在全家上下的漠視冷待之下，絕望地熬過那短短三年的無情歲月！」（以上均引自陶恒生著《海隅文集》）陶希聖為文素以「所向無敵」（胡適語）而著稱，陳布雷曾稱其「鋒芒太露」，此文卻纏綿悱惻、肝腸寸斷，甚至欲哭無淚，實為陶希聖一生中罕有的感性文字。此文同年7月刊於臺北《自由談》雜誌第20卷第7期，說起來，也是近四十年前的往事了。現徵得恒生先生允許，收錄於茲，特作說明。（范泓）

主要參考書目

陶泰來編撰：《陶希聖年表》，未刊稿。

陶希聖著：《八十自序》，原載臺北《中央日報》，1979年。

陶萬冰如著：《逃難與思歸》，自印本。

陶希聖著：《潮流與點滴》（臺北傳記文學出版社，1964年12月）

陳存恭等：《陶希聖先生訪問紀錄》（臺北「國防部」史政編譯局，1994年6月）

陶恒生著：《「高陶事件」始末》（湖北人民出版社，2003年9月）

劉光炎著：《梅隱雜文》（臺北食貨出版社，1983年10月）

陶希聖著：《夏蟲語冰錄》（臺北法令月刊社，1980年）

陶希聖著：《中國社會與中國革命》（上海新生命書局，1929年）

曹伯言整理：《胡適日記全編》（1—8冊）（安徽教育出版社，2001年）

陳布雷著：《陳布雷回憶錄》（臺北傳記文學出版社，1967年）

廣東革命歷史博物館編：《黃埔軍校史料》（續篇）（廣東人民出版社，1994年）

鄭超麟著：《鄭超麟回憶錄》（東方出版社，2004年）

張治中著：《張治中回憶錄》（文史資料出版社，1885年）

中共中央黨校黨史教研室選編：《中共黨史參考資料》（人民出版社，1979年）

[美]阿里夫·德里克著：《革命與歷史：中國馬克思主義歷史學的起源1919—1937》（江蘇人民出版社出版，2005年）

陳公博著：《苦笑錄》（東方出版社，2004年）
張灝著：《張灝自選集》（上海教育出版社，2002年）
[英]迪克·威爾遜著：《毛澤東傳》（中央文獻出版社，2005年）
張國燾著：《我的回憶》（東方出版社，2002年）
[蘇]達林著：《中國回憶錄1921—1927》（中國社會科學出版社，1981年）
金冲及主編：《毛澤東傳》（中央文獻出版社，1996年）
楊天石著：《蔣氏密檔與蔣介石真相》（社會科學文獻出版社，2002年）
[美]費正清主編：《劍橋中華民國史1912—1949》（中國社會科學出版社，1993年）
中共中央黨史研究室第一研究部編：《共產國際、聯共（布）與中國革命文獻資料選輯（1926-1927）》（北京圖書館出版社，1998年）
何虎生著：《蔣介石傳》（華文出版社，2007年）
羅元錚主編：《中華民國實錄》（吉林出版社，1998年）
軍事科學院軍事歷史研究部著：《中國抗日戰爭史》（下卷），（解放軍出版社，2005年修訂本）
朱漢國主編：《南京國民政府紀實》（安徽人民出版社，1993年）
[美]黃仁宇著：《從大歷史的角度讀蔣介石日記》（九洲出版社，2008年）
[日]古屋奎二主筆：《蔣介石秘錄》（湖南人民出版社，1988年）
中央檔案館編：《中共中央文件選集》（1-15冊）（中共中央黨校出版社，1989—1992）
[美]費正清著：《美國與中國》（世界知識出版社，2001年）

鄧野著：《聯合政府與一黨訓政》（社會科學文獻出版社，2003年）
楊奎松著：《國民黨的「聯共」與「反共」》（社會科學文獻出版社，2008年）
[蘇]彼得・弗拉基米若夫著：《延安日記》（東方出版社，2004年）
中國社科院近史所中華民國史研究室：《中華民國史資料叢稿》（中華書局，1979年）
[荷]方德萬著、胡允桓譯：《中國的民族主義和戰爭》（三聯書店，2007年）
張樹軍等主編：《中國共產黨重大會議實錄》（湖南人民出版社，2006年）
王建朗、曾景忠著《中國近代通史》（第九卷）（江蘇人民出版社，2007年）
中共中央文獻研究室編：《毛澤東年譜（1893—1949）》（中央文獻出版社，1993年）
[日]家近亮子著：《蔣介石與南京國民政府》（社會科學文獻出版社，2005年）
耿雲志、歐陽哲生編：《胡適書信集》（北京大學出版社，1996年）
杜春和編：《胡適家書》（河北人民出版社，1996年）
陶恒生著：《「高陶事件」始末》（湖北人民出版社，2003年）
金雄白著：《汪政權的開場與收場》（香港春秋雜誌社出版，1965年）
胡適著：《胡適來往書信選》（中華書局香港分局，1983年）
王奇生著：《中國近代通史——國共合作與國民革命》（江蘇人民出版社，2006年）

任建樹著：《陳獨秀大傳》（上海人民出版社，1999年）
《蔡和森的十二篇文章》（人民出版社，1980年）
中共中央黨校黨史教研室選編：《中共黨史參考資料》（人民出版社，1979年）
王明著：《中共50年》（東方出版社，2004年）
[英]韓素音著：《周恩來與他的世紀》（中央文獻出版社，1992年）
楊奎松著：《開卷有疑——中國現代史讀書札記》（江西人民出版社，2007年）
王凡西著：《雙山回憶錄》（東方出版社，2004年）
[德]奧托·布勞恩著：《中國紀事》（東方出版社，2004年）
[蘇]季米特洛夫著，馬細譜譯：《季米特洛夫日記選編》（廣西師範大學出版社，2002年）
羅志田著：《激變時代的文化與政治——從新文化運動到北伐》（北京大學出版社，2006年）
余英時著：《重尋胡適歷程——胡適生平與思想再認識》（廣西師範大學出版社，2004年）
高華著：《紅太陽是怎樣升起的——延安整風運動的來龍去脈》（香港中文大學出版社，2000年）

陶希聖先生年譜簡編

1899年

陰曆九月二十六日生於湖北省黃岡縣孔家埠附近之小村。名匯曾，字希聖。其父名月波，號月舸，字炯照。丁酉科拔貢。陶希聖為其次子。

1903年

辛丑和約之後，清廷將行新政，開經濟特科。山西提學使沈衛薦舉月波先生應試，考試結果，梁士詒為第一名。月波先生居第四。時慈禧太后專政，見名列榜首者為廣東梁士詒，斥為「梁頭康尾」，全榜及第者，均不進用。月波先生遂以知縣到河南省候補，舉家由黃岡故里移居開封。其時四歲。

1904年

適逢各省鄉試及第之人士（時稱舉人）集開封參加會試。湖北黃梅之湯貫予先生寄居陶宅，以三才略教陶希聖讀。三才略為當時之常識教材，天文之太陽系，地理之五大洲，歐美及中國之地理歷史，皆以圖畫及文字說明。於讀此書之後，始讀詩經及四書。

1905年

月波先生署理河南夏邑縣知縣。隨家往夏邑縣署。

1907年

月波先生署理新野縣知縣。隨家往任所。從其父初讀漢書。

1908年

在開封，隨其兄述曾入旅汴中學。

1909年

旅汴中學改名第一中學。寄住新宿舍，常與同學遊鐵塔，登城牆，在沙堆中之柳叢下坐地，講說革命。

1910年

仍在第一中學，國文教師郭興額，為滿人，常批評清廷，同情革命。

1911年

十二歲。武昌起義。開封傳聞武昌有匪亂，同學間不信此說法。陶希聖亦為之憤慨，推測武昌事變必為革命之起義。

1912年

春季，月波先生解職歸裏。其家亦由陶勝六村遷至倉埠鎮。陶希聖讀完史記，重溫漢書，續讀後漢書及三國志。

1913年

夏季，休學。讀唐宋諸家詩文集，學作散文及詩。

1914年

其父辭黃陂縣長職務。陶希聖亦由黃陂縣署回黃岡倉埠鎮老家，續讀資治通鑒及老子、莊子及韓非子諸書。

1915年

十六歲。春，隨父進京。藉國會議員湯貫予先生之助，考入北京大學預科為旁聽生，秋季，編入預科文科一年級。受教於沈尹默等先生。

1916年

升入預科之文科二年級。自修課程，以宋儒學案和明儒學案為最得力。

1917年

由二年級升入三年級。讀呂氏春秋、淮南子、劉勰文心雕龍、顧炎武日知錄、錢大昕十駕齋養新錄、章實齋文史通義及章太炎國故論衡等。領悟中國哲學及文學演變之概略。

1918年

二月，與同邑萬信民先生之長女冰如結婚。時十九歲。夏，預科畢業，至秋季，升入北大法科一年級，學德日法，兼習英美法。對國事亦漸關心。

1919年

「五四運動」發生，參加學生運動，到趙家樓。在宿舍研讀羅馬法。三月，長女驪珠生。

1920年

四月，忽得家中來電，告以「父病即歸」。在家侍病五個月，又隨父到漢口就醫。月波先生在病床上痛責其廢學，嚴令前往北京就學。

1921年

陰曆正月初三日，家中急電，以「父病篤」召其歸里，趕至家中，父去世已二日。七月，次女琴薰生。

1922年

長女驪珠在倉埠鎮家中病死。夏季，自北京大學法科法律系畢業。往安慶的安徽法政專門學校任教。其課程以民法親屬與繼承為主，另兼講商法總則、公司法、商行為；甚至兼講保險、票據，乃至海商法。每月薪金一百三十元。

1923年

仍在安慶之法政專門學校講授法學。夏季，暑假回鄉路過武昌。在舊書店購得績溪胡培翬的《儀禮正義》。詳加研讀。對其中國社會制度研究工作，有進一步啟發。五四運動之後，各省學潮迭起。安徽學潮以安慶的法政專門及第一中學與蕪湖的第五中學為中心。其間，力勸學生聯絡各校立即復課。俟學期結束，即不再接受聘約。十一月，長子泰來生。

1924年

七月，接曾劭勳先生杭州電，上海商務印書館編譯所擬聘為編輯。即到漢口，搭江輪往上海，轉杭州，與曾先生晤談，隨即折回上海，到閘北，入所工作，每月薪資八十元。在法制經濟部擔任法律、政治和經濟各科書稿的審查及編譯。

1925年

五卅慘案發生，被上海學生聯合會聘為法律顧問，後為商務印書館三所一處罷工最高委員會顧問，參與上海學術界十人連署宣言。在《東方雜誌》上發表文章。於右任創辦上海大學，經由編譯所同人推介，講授「法學通論」。與曾琦、陳啟天、李璜、葉聖陶、鄭振鐸、胡愈之諸人多有交往。醒獅派人士邀其主編《獨立青年》之下的「獨立評論」，標榜「民族自決、國民自決、勞工自決」，其社會政治思想路線，左亦不至共產主義，右亦不至國家主義。國民黨上海執行部認為「三自決」的主張，符合三民主義，力勸其加入中國國民黨。始為接近國民黨的第一步。

1926年

四月。次子福來生。六月，患傷寒，後轉為肋膜炎。經濟拮据，寫信老家匯五十元錢作為醫藥費。扶病前往上海法政專科學校兼職講授親屬法，同在東吳大學講授政治學。年底，完成《親屬法大綱》，交商務印書館出版。稿費五百四十元，其中一半還債。眼睛變為近視。

1927年

年初，辭商務印書館編務之職，往武漢就任軍事政治學校武漢分校中校政治教官，兼任軍事委員會總政治部政工人員訓練委員會常務委員，同在武漢大學任政治法律教授。汪精衛到武漢主張北伐，下令軍事政治學校與農民運動講習所合組中央獨立師。時農民運動講習所主任為毛澤東。惲代英指定陶希聖為軍法處長兼特務組長，指導政治工作隊。在咸寧，與農民協會負責人發生衝突，被對方指控為「反動的軍閥」。回軍校，周佛海已逃往上海，政治部主任由施存統接任，被任命為政治部秘書。7月中旬，汪靜衛宣佈「分共」。未隨第二方面軍南下。藏匿於福壽庵住所，通讀《資治通鑒》。年底離開武漢。

1928年

春，再到上海。一度至南京任總政治部宣傳處編纂科長，後改任中央陸軍軍官學校政治總教習，兼任政治部訓練科科長。年底，辭所有職務，回上海賣文為生。同鄉堯鑫曾在臺灣湖北同鄉會出版的《湖北文獻》中撰文描述當時之情形：「這時期陶先生絳帳授徒，閉門寫集，過的雖是文人的刻苦生活，不過硯耕心傳，逐漸建立了學術地位。」在復旦大學中文系與新聞學系講授《中國文化史》，在暨南大學、中國公學及上海法學院兼課。《中國社會之史的分析》一書連銷六版，約兩萬冊。加入國民黨改組同志會。

1929年

一月，編遣會議舉行，全國國民屬望和平。無固定收入，論文稿費與著書版酬，以維持家庭生活之必要費用。寫作最高記錄每月十四萬字。這一年的論文，結集為《中國社會與中國革命》，交由新生命書局出版。《中國之家族與婚姻》、《中國封建社會史》等，以千字五元的稿費賣給其他書店。

1930年

應商務印書館新任總經理王雲五之邀，在總管理處為總經理中文秘書。不久因商務內部紛爭而辭職。《辯士與遊俠》、《西漢經濟史》兩本小書，交商務印書館出版。兩本小書表明了所用的「社會史觀」，亦即社會的歷史的方法。年底，中央大學聘為法學院教授，每月薪金三百二十元。

1931年

一月，三子恒生生。在中央大學授課。在《社會與教育》週刊發表頗有諷刺及批評現實政教的文章，被上海市黨部檢舉。將一年來的論文，收輯為一冊，名為《中國社會現象拾零》，仍交新生命書局出版。此時上海又有一場「中國社會史論戰」。為民國十七年那一次論戰的延續。陶希聖不再參加論戰。他反對公式主義的史論，力主以資料為根據，尋求社會演變的軌道。接北京大學法學院院長周炳琳先生函，邀為北大教授。中大校長朱家驊挽留未果。

1932年

在北大任教。四月，與蔣夢麟、胡適、周炳琳等人南下參加國民政府洛陽國難會議。與會者意見分為兩派。其一派主張召開國民大會，結束訓政；另一派反對此一主張。在雙方爭持未決之中，與蔣夢麟、王世杰、皮宗石、錢端升、周炳琳諸人提出一個折衷案，即在五院體制之下，召開國民參政會。此為抗戰時期國民參政會之先聲。《中國政治思想史》第一、二冊先後出版。

1933年

教育部次長段錫朋轉達部長王世杰之意，擬任為湖北省教育廳長，回信婉拒。七月，四子晉生生。

1934年

創辦《食貨》半月刊，著重於中國社會經濟史資料的搜集與方法的探討。並成立「食貨學會」。在中國社會經濟史研究的領域中，發生重大影響。各地大學漸次開授中國社會史或經濟史的課，而熱心講授者亦益見增加。學界有其「中國社會史開山祖」之謂。《中國政治思想史》第三、四冊先後出版。

1935年

七月至八月之間，共產國際第七次大會在莫斯科召開，季米特洛夫提出「統一戰線」的報告，力主中國共產黨在中國建立「廣泛的抗日反帝統一戰線」。八月一日，中共發出宣言，要求組織「全國人民聯合國防政府」，共同抗日。一二九學生運動發生。北京大學教授每兩星期以聚餐的方式，交換意見。馬敘倫及尚仲衣等屢次鼓動風潮，與胡適等人力持反對。

1936年

一月，五子範生生。華北局勢益形險惡。冀察政治分會下令搜查北京大學三院，中國大學及清華大學，逮捕學生多人與教授數人。在胡適支持下，出面解決這一事件。秋季開學。北京大學法學院政治主任張忠紱先生休假一年，代理系主任。著手撰述《中國經濟史》一書。與「左派教授」矛盾加劇。

1937年

五月，捲入新舊學聯鬥爭之漩渦。七七事變爆發，與蔣夢麟、張伯苓、胡適等人應邀參加於牯嶺舉行的廬山茶話會。《食貨》在七月一日刊出第六卷第一期後即停刊。隨後棄學從政，加入軍事委員會委員長侍從室第五組，從事國際宣傳工作。九月，應聘為國民參政會議員。其間奉蔣介石之命，從南京到武漢，指導抗戰工作。

1938年

軍事委員會參事室成立。參加蔣介石官邸每星期舉行一次的參事會議。藝文研究會業已創辦，在漢口第三特區天津街設立辦事處。周佛海為總務總幹事，陶希聖為研究總幹事。中國國民黨臨時全國代表大會舉行於武漢。大會通過抗戰建國綱領。閉幕之後，籌開國民參政會，亦列為參政員。高宗武時為外交部亞州司司長，往來武漢與香港之間。梅思平與他奉汪妻陳璧君之命，試探日方的企圖與和議條件。蔣與汪發生重大政治分歧。被汪單獨接見。年底，即隨汪精衛等人赴河內。

1939年

一月，由河內轉香港，與周佛海、梅思平同住九龍約道。其間，汪精衛應否進入淪陷區之爭議，愈趨激化。派學生武仙卿赴北平考察日軍佔領實況，特別囑其前往九道灣拜訪周作人。武仙卿回來後，轉達周的忠告：幹不得！八月，從香港隻身去上海。即被接至虹口。虹口是日本軍區，隨處有日軍警戒。參加所謂「中國國民黨第六次全國代表大會」。指定周佛海為「中央」秘書長、梅思平為組織部長、陶希聖為宣傳部長。重慶國民政府下通緝令，中央監察委員會亦決定開除黨籍。在通緝與開除黨籍的名單中沒有陶希聖，被蔣介石圈掉。九月，長沙會戰。汪日開始談判，多有參與。十一月三日，即分別致函汪、周二人，表示不願再出席會議，更對陳璧君強調：這份「要綱」實質是德蘇瓜分波蘭之後，日蘇再瓜分中國；所謂談判，不過是這一瓜分契據，由幾個中國人簽字而已。汪靜衛等簽署《日支新關係調整要綱》。稱病未去。

1940年

一月三日，與高宗武一道攜帶「密約」副本和縮微膠捲乘美國客輪「胡佛總統號」逃離上海，五日抵達香港。從香港致函駐美大使胡適，述其心路歷程。一月二十一日，與高宗武在香港《大公報》披露汪日密約《日支新關係調整要綱》及附件，震驚海內外，史稱「高陶事件」，又稱「小西安事變」。即奉重慶政府之命在香港創辦國際通訊社，編印《國際通訊》週刊。十二月，六子龍驤（後改名龍生）生。

1941年

太平洋戰爭爆發，香港既陷；日軍佔領九龍，險遭緝捕。

1942年

二月，隨惠陽還鄉隊逃離香港，輾轉來到重慶陪都。在陳布雷奉蔣之命的悉心安排下，任委員長侍從室第五組少將組長。修訂《中國政治思想史》，交南方印書館重新排印發行。十月，蔣介石擬起草《中國之命運》（原名《中國之前途》）一書，囑其擔任搜輯資料，整理文稿工作。最初文稿三萬字，後經蔣修改二十次，全稿在十萬字以上。後由王寵惠（國防最高委員會秘書長）主持翻譯成英文。溫源寧、吳經熊諸人負責校訂。

1943年

中美及中英平等互惠新約簽字。《中國之命運》出版後，蔣介石又指定其搜輯資料，準備撰寫姊妹篇。書名預定為《中國之開發》。後時局動盪，半途擱置未就。中央日報改組，胡健中為社長，陳訓悆為總編輯，陶希聖為總主筆。

1944年

其母在貴陽寓所患病。搭郵政車往貴陽視疾。

1945年

歐洲戰場形勢急轉直下。俄軍從東面，美英聯軍從西面，進攻德國。四月，北義大利之德軍潰散，墨索里尼被捕。五月，柏林之戰，希特勒死亡。國民黨第六次全國代表大會於五月五日在重慶復興關國民大會會場開幕，二十一日閉幕。目睹大會實況，感慨國民黨組織渙散與派系紛歧以及思想混亂之缺失。次女陶琴熏自中央大學外文系畢業，獲學士學位。在重慶美國新聞處任翻譯。日本宣佈無條件投降。陳布雷積勞久病，辭去侍從室第二處主任之職。侍從室亦即撤銷。轉職為國防最高委員會參事，仍兼中央日報總主筆。

1946年

一月，次女陶琴薰與沈蘇儒在滬上結婚。五月，國民政府還都南京，落住田吉營。十一月，當選為制憲國大代表。

1947年

應聘為總統府國策顧問，任中央宣傳部副部長，繼續兼任中央日報總主筆。

1948年

第一屆國民大會開幕。蔣介石當選第一任總統，李宗仁當選副總統。十二月初，蔣派其往北平，邀胡適任行政院長。胡適力辭不就。蔣改提孫科為行政院院長。為蔣介石撰書「1949年元旦文告」。十二月下旬，琴薰、沈蘇儒偕母弟同自上海赴香港。

1949年

敗局已定。一月，蔣介石宣佈引退聲明。二月，中央日報社由南京遷移臺北。董顯光力勸頂下一幢房屋，即新生南路之住宅。赴台大晤傅斯年。傅說：「希聖！你以為我是來做校長，我死在這裏。」四月初，琴薰、蘇儒決定離港回上海。四月底，隨蔣介石乘太康兵艦（艦長黎玉璽）從寧波航行到上海視察，在艦上草擬「為南京撤守告國民書」。十天後乘江靜輪遊舟山群島，在馬公住了幾天，即乘飛機降落台南。五月廿四日日記歎曰：「蘇儒琴薰決心不離滬，彼等前途悲慘而不自覺，可哀也。」六月十五日，妻率五子乘海輪抵達臺灣基隆港。七月十四日，蔣介石首次蒞廣州。隨行。八月，國民黨總裁辦公室在臺北草山成立任第五組組長，負責宣傳研究工作。十一月，隨蔣介石自臺北飛重慶視察，兵荒馬亂之中到成都，會見中央日報西南各分社負責人交待善後事宜。十二月十日自成都飛回臺北。

1950年

辭中央宣傳部副部長之職。改造委員會成立。初任設計委員會主任委員，後改任第四組主任。主管宣傳政策及宣傳業務。

1951年

接「革命實踐研究院總講座」之職。解除第四組主任職務，繼續擔任中央日報總主筆。以「候補立法委員」資格遞補為「立法委員」。

1952年

三月，跌斷右腿。開兩次刀，至十月，勉強扶杖行走。其間，「革命實踐研究院總講座」由崔書琴代理。八月，解除中央日報總主筆，中央日報亦即改組。當選「國民黨第七屆中央委員會中央委員」，「中央常務委員」。接受基督教洗禮。恢復「革命實踐研究院總講座」之職。

1953年

這一年論文，均為收編為《世局轉變中之自由中國》專集，自辦全民出版社發行。

1956年

五月，任中央日報社董事長。

1957年

十月，連任國民黨第八屆中央常務委員。

1963年

十月，連任國民黨第九屆中央常務委員。

1967年

二月，從臺北出發環球旅行：臺北－香港－吉隆玻－新加坡－曼谷－貝魯特－安卡拉－伊斯坦堡－雅典－羅馬－米蘭－漢堡－倫敦－華盛頓－紐約－波士頓－底特律－芝加哥－洛杉磯－東京－臺北。長子泰來隨行。四月，與闊別二十七年的高宗武在華盛頓重逢。

1969年

四月，當選國民黨第十屆中央委員會中央評議委員

1970年

籌辦食貨出版社及食貨半月刊復刊。向銀行貸款購臺北市信義路四段一幢房屋，作為社址。

1971年

《食貨》在臺北復刊，改月刊發行。至一九八八年七月逝世停刊，共發行十七卷，由臺北食貨出版社出版。

1972年

九月，辭中央日報社董事長。

1975年

九月二日妻萬冰如病逝臺北市中心診所。

1976年

十一月，連任國民黨第十一屆中央評議委員。

1978年

八月十四日長女琴薰病逝於北京。聞之寫下「生離三十年，死別復茫然；北地哀鴻在，何當到海邊」感傷詩句。並注曰：琴薰兒病逝北平，近始得確息。所遺男兒二，女兒一。小女燕兒既失學，又喪母，何以為生？憐念之餘，口占如右。

1979年

三月，任中華戰略學會理事長。

1981年

四月，連任國民黨第十二屆中央評議委員。

1987年

轉任中華戰略學會名譽理事長。七月，啟程赴美探望諸子孫。琴薰三子女適已定居美國，特往舊金山市恒生住處拜見。十月五日，中央日報宴請在臺灣之歷任董事長及主要負責人慶祝九秩大壽。

1988年

六月二十七日晨二時三十分病逝於臺北市忠孝東路中心診所醫院。享年九十歲。臺北各大媒體競相報導，《聯合報》大字標題：陶希聖注入歷史洪流……

【後記】

這本書由若干單篇研究文章彙編而成。作者係兩人，在行文上或有一定差異，但從全書的宏旨來看，視角卻是完全一致的，即以實證主義的史學觀，對中國現代史上備受非議的陶希聖重新認識和研究，並有待在新的歷史條件下，起到「拋磚引玉」的作用。

從目前掌握的大量第一手史料來看，廁身學政兩界的陶希聖確是一個簡單而又複雜的歷史人物。一如他晚年所言：自問此一生，前一時期由學生而教授，大言之為「講學」，質言之仍是求學。後一時期由教授而記者，妄言之為「從政」，實言之只是論政……（陶希聖《八十自序》）陶在晚年之所以將自己的一生一分為二，甚至將從政後的大多半重要政治活動，輕描淡寫地簡約之，或許是緣於彼時一種「天高雲淡」的心態，即對長期以來位居要津、活躍於國民黨權力中心這一事實早已淡然——充其量不過是為蔣公寫寫文告或起草什麼書，就好比只要是一個「記者」，似乎都能幹的事，若這樣說起來，真是夠「簡單」的了；然而，其「複雜」則又不能一筆勾銷。即：人自稱為講學者，則謂「我志在求學」；人自命為從政者，復謂「我志在論政」，不求名，甚至自毀其名，而名益彰……正是這樣：先隨汪精衛，後侍蔣介石，與陳布雷、胡適等人均為至交，與陳獨秀、惲代英、周恩來的關係也不錯。加入國民黨「改組派」，又是「低調俱樂部」成員之一，更鬧出歷史上一樁「翻江倒海」事件（即「高陶事件」）。之後，同道高宗武不允返回，遠渡重洋去了胡適那裏（時為駐美大使），他則從香港回到陪都重慶，不僅沒有被殺頭，反得以重用。蔣介石一生兩本重要的書，均由其捉刀起草。從大陸潰退時，蔣介石乘「太康」號到了臺灣，他是船上為數不多的貼身隨從之一。蔣晚年送其一條幅，親書「希聖同志，歲寒松柏」八字以褒揚；而與威權體制進行殊死抗爭的雷震則對他有所不滿……等等復等等，其間的曲直是非，乃至沉沉浮浮，細想想，也真是夠複雜的。所以，簡單中的複雜，往往為一般人所不易看透，更不是罵一兩聲「漢奸」就可蓋棺了事。其率而操觚者，應當說是對歷史的一種不負責任。

以個人之見，當年在學術界已立足成勢的陶希聖，之所以在國難時期，捨棄書齋中那一份飲茶夜讀、著書立說的從容和自得而奉召從政，實與他本人長期以來對現實政治的關注有著一種內在邏輯的關聯。讀過舊書的陶希聖，自有滿腹「修齊治平」一套，「學成文武藝，貸與帝王家」的政治情結還是有的，陶希聖晚年就說過「早歲嘗懷經世志」。若比照當代西方學人薩依德的說法：像這樣的現代知識份子，實際上已是集編輯、記者、政客及學問於一身，「往往身不由己成為各種權力結構中一員」（陶希聖自詡「記者」，有異曲同工之妙）。尤其當國家處於動盪的情勢之下，一些具有精英意識的讀書人，抱以傳統的「吾曹不出如蒼生何」以及「捨我其誰」的救世心態，與國家、民族共同體發生一種血肉聯繫，從而彰顯其人格上的某種魅力。也就是說，在中國抗戰時期，知識份子大規模介入實際政治，其政治上的理想及試圖擔負起救亡禦侮的歷史使命，或許成為這些人從政的一種催化劑。從客觀上講，學人從政對國家來說，並非一件多麼糟糕的事情。但對其個人來講，遠離自身學術上的優勢，一頭紮入強大的政治集團勢力範圍，在不同的語境中可能出現「水土不服」之症候，或如胡適當年對傅斯年所說，弄不好就「成了政府的尾巴」。當然，在非常時期，政府也是希望能有一些在學術與人格上皆具聲望的人出來為國家做點事，這就勢必具備了雙方「一拍即合」的可能與條件。

不過，還應當看到，民國學人從政雖是上世紀二三十年代政治生態中一個令人關注的現象，但並不意味著政權的開放。就權力而言，國家出現危機或社會運行發生重大變革時，政府才可能放低其姿態、調整其政策，與知識精英在政治上保持某種互動。說到底，仍是權力自身的需要，我們不應當視為是一個常態；相反，在任何時候，對此都應保持必要的警惕。

如前所言，本書係兩位作者的研究文章組成，因此有必要作一簡單交代：中編的三章和下編的第一章，均為李楊撰寫；上編的三章和下編第二章以及附編中《蔣介石日記中的「高陶事件」》、《名門之媛陶琴薰》二文，均為范泓撰寫。其中若存在某些錯誤或失實之處，應由其本人負責。

最後，要感謝定居美國的陶希聖之子陶恒生先生（《「高陶事件」始末》作者）於百忙之中為本書作序。對於香港中文大學原中國文化研究所所長陳方正博士、中山大學袁偉時教授給予的指點，深表謝忱！廣州市黃埔軍校研究基地給予的支援，在此亦一併致謝！

是為記。

李楊於廣州社會科學院歷史研究所

2008年6月

國家圖書館出版品預行編目

重說陶希聖 / 李楊, 范泓作. -- 一版. -- 臺
北市 : 秀威資訊科技, 2008.10
面； 公分. -- (史地傳記 ; PC0054)
BOD版
參考書目 : 面
ISBN 978-986-221-084-0(平裝)

1. 陶希聖 2. 傳記

783.3886 97017981

史地傳記類 PC0054

重說陶希聖

作　　者 / 李楊、范泓
主　　編 / 蔡登山
發 行 人 / 宋政坤
執行編輯 / 賴敬暉
圖文排版 / 黃小芸
封面設計 / 蔣緒慧
數位轉譯 / 徐真玉　沈裕閔
圖書銷售 / 林怡君
法律顧問 / 毛國樑　律師
出版印製 / 秀威資訊科技股份有限公司
台北市內湖區瑞光路583巷25號1樓
電話：02-2657-9211　傳真：02-2657-9106
E-mail：service@showwe.com.tw
經 銷 商 / 紅螞蟻圖書有限公司
台北市內湖區舊宗路二段121巷28、32號4樓
電話：02-2795-3656　傳真：02-2795-4100
http://www.e-redant.com

2008 年 10 月　BOD 一版
定價： 430 元

讀　者　回　函　卡

感謝您購買本書，為提升服務品質，煩請填寫以下問卷，收到您的寶貴意見後，我們會仔細收藏記錄並回贈紀念品，謝謝！

1.您購買的書名：________________________________

2.您從何得知本書的消息？

□網路書店　□部落格　□資料庫搜尋　□書訊　□電子報　□書店

□平面媒體　□ 朋友推薦　□網站推薦　□其他__________

3.您對本書的評價：(請填代號　1.非常滿意 2.滿意 3.尚可 4.再改進)

封面設計____　版面編排____　內容____　文/譯筆____　價格____

4.讀完書後您覺得：

□很有收獲　□有收獲　□收獲不多　□沒收獲

5.您會推薦本書給朋友嗎？

□會　□不會，為什麼？____

6.其他寶貴的意見：____

____

____

____

讀者基本資料

姓名：______________________　年齡：______　性別：□女　□男

聯絡電話：_________________　E-mail：_____________________

地址：____

學歷：□高中(含)以下　□高中　□專科學校　□大學

□研究所(含)以上　□其他________________

職業：□製造業　□金融業　□資訊業　□軍警　□傳播業　□自由業

□服務業　□公務員　□教職　□學生　□其他__________

請貼
郵票

To：114

台北市內湖區瑞光路 583 巷 25 號 1 樓

秀威資訊科技股份有限公司　　收

寄件人姓名：

寄件人地址：□□□

(請沿線對摺寄回,謝謝!)

秀威與 BOD

BOD（Books On Demand）是數位出版的大趨勢，秀威資訊率先運用 POD 數位印刷設備來生產書籍，並提供作者全程數位出版服務，致使書籍產銷零庫存，知識傳承不絕版，目前已開闢以下書系：

一、BOD 學術著作—專業論述的閱讀延伸
二、BOD 個人著作—分享生命的心路歷程
三、BOD 旅遊著作—個人深度旅遊文學創作
四、BOD 大陸學者—大陸專業學者學術出版
五、POD 獨家經銷—數位產製的代發行書籍

BOD 秀威網路書店：www.showwe.com.tw
政府出版品網路書店：www.*gov*books.com.tw

永不絕版的故事・自己寫・永不休止的音符・自己唱